일본 백씨문집 훈점본의 해독과 번역

−국립중앙도서관 소장『백씨문집』권3·4 <신악부>를 대상으로−

일본 백씨문집 훈점본의 해독과 번역
－국립중앙도서관 소장『백씨문집』권3·4〈신악부〉를 대상으로－

초 판 인 쇄	2020년 07월 01일
초 판 발 행	2020년 07월 15일

저　　　자	오미영·신웅철·문현수·정문호
발 행 인	윤석현
발 행 처	박문사
책 임 편 집	최인노
등 록 번 호	제2009-11호

우 편 주 소	서울시 도봉구 우이천로 353 성주빌딩 3층
대 표 전 화	02) 992 / 3253
전　　　송	02) 991 / 1285
홈 페 이 지	http://jncbms.co.kr
전 자 우 편	bakmunsa@hanmail.net

ⓒ 오미영·신웅철·문현수·정문호 2020 Printed in KOREA.

ISBN 979-11-89292-65-2　93730　　　　　정가 36,000원

한문훈독연구 총서 5

일본 백씨문집 훈점본의 해독과 번역

-국립중앙도서관 소장 『백씨문집』 권3·4 〈신악부〉를 대상으로-

오미영·신웅철·문현수·정문호

박문사

추천사

고스케가와 테이지

(일본 도야마 대학 인문학부 교수)

이 책은 한국 국립중앙도서관에 소장된 1658년 간행 백씨문집 권제3과 권제4 〈신악부(新樂府)〉에 대해서 본문에 인쇄된 일본어 훈점을 정확하고 꼼꼼하게 해독하고 한국어로 번역한 다음, 작품별로 간명한 어구해설을 덧붙인 것이다. 또한 책의 첫머리에는 지은이 백거이와 백씨문집에 대한 해설을 두어, 이 책 한 권으로 백씨문집의 정수라 할 수 있는 신악부에 대해 한국어와 일본어 두 언어로 이해할 수 있는 훌륭한 학술서이다.

한문 본문에 달려 있는 훈점을 해독한다는 것은, 해당 훈점이 작성되었을 당시의 언어를 복원하고 그 언어 안에서 어떻게 한문을 독해하였는지 규명하는 것을 의미한다. 이러한 훈점이 달린 한문 자료는 한자문화권 곳곳에서 볼 수 있으며, 유럽에서도 중세 라틴어 문헌에 대해서 같은 현상이 존재한다. 그것은 고전어 문헌을 주변 각 언어 안에서 어떻게 읽고 해석하였는가라는 보편적인 연구

테마로도 발전시킬 수 있다.

훈점의 해독과 한문 독해 방식에 대한 연구는 일본에서도 예전부터 이루어져 왔다. 이러한 연구의 수 많은 성과들이 훈점어학회의 학술지인 『訓点語と訓点資料(훈점어와 훈점자료)』에 공표되어 왔다. 하지만 근래에 들어 훈점과 훈독 연구에 매진하는 연구자와 학생이 급감하여 훈점어학회의 앞날이 걱정스러운 상황에 처해 있다. 한국에서는 1973년에 석독구결 자료가 발견되고 그 후 2000년에는 점토구결 자료가 발견되어 많은 이들이 한국과 일본의 훈점 및 훈독 연구가 크게 발전할 것으로 기대하였다. 그렇지만 실제로 발전한 것은 한국뿐이고 일본은 발전은 커녕 쇠퇴일로로 들어서고 말았다.

그 이유로는 몇가지를 들 수 있겠지만, 이 책은 그 이유 중 하나를 훌륭하게 극복하였다는 점에서 훈점 및 훈독 연구에 종사해 온 일본인 연구자로서 경탄하게 된다. 그것은 이 책이 대표저자인 오미영 교수와 그의 제자들을 중심으로 오랫동안 이어져 온 공부모임의 성과로서 함께 힘을 모아 완성되었다는 점이다. 물론 일본의 대학 수업이나 공동연구에서도 하나의 문헌을 꼼꼼하게 해독하여 그 성과를 발표하는 일은 있다. 그러나 이 책이 그것과 결정적으로 다른 점은 제자들을 향한 오미영 교수의 깊은 애정과 그것에 부응하고자 하는 제자들의 진지한 자세이다. 나도 해당 연구회에 몇 번인가 참여할 기회를 얻은 바 있으며 이 책의 공저자인 신웅철 선생, 문현수 선생, 정문호 선생과도 교분을 나눌 기회가 있었다. 처음부터 그 연구회는 일본의 대학수업이나 공동연구와는 뭔가 다르다는 느낌을 받아왔는데, 그것은 바로 이러한 스승과 제자 사이의 아름다운 애정이 아니었나 생각한다. 오미영 교수가 지금까지 출판해온 해독자료 가운데 많은 것들이 이러한 사제간의 애정으로 맺은 결실이며 일본인 연구자로서 부러움을 금할 길이 없다.

돌이켜 보면 2005년 1월에 교토(京都)국립박물관에서 오미영 교수와 처음으로 공동 문헌조사를 하였을 때, 대상으로 한 문헌이 세설신서(世說新書) 권제6과 간다본(神田本) 백씨문집(白氏文集) 권제3·권제4이었다. 각필 스코프를 사용하여 며칠동안 복사자료에 꼼꼼하게 이점하는 작업을 하였다. 그해 4월 말에 나는 오미영 교수가 재직중인 숭실대학교에서 강연할 기회를 얻었는데, 일정 중간에 짬을 내어 오미영 교수의 연구실에서 세설신서의 훈점을 해독하며 함께 읽어가는 작업을 하였다. 더없이 행복한 시간이었으며 더불어 일본 훈점해독에 대한 오미영 교수의 지극히 높은 능력을 체감하면서 '일본 훈점연구는 이제 이 사람을 당해낼 사람이 없지 않을까'하는 외경심마저 품게 되었다. 그 후 속속 발표된 오미영 교수의 연구논문과 연구서를 보면서 그때 내 느낌이 적중했음을 알았고, 또한 그것이 내 일처럼 기뻤다.

이 책은 백씨문집의 연구서일 뿐만 아니라 일본의 훈점을 한국 독자들에게 알리기 위한 양질의 입문서이기도 하다. 이 책이 한국 뿐 아니라 일본에서도 널리 읽힘으로써 지난날 크게 기대되었던 한일 양국의 훈점과 훈독 연구의 발전이 다시금 실현되기를 고대하면서 이 추천사를 맺고자 한다.

번역: 신웅철

推薦の辞

小助川貞次

(日本富山大学人文学部教授)

　本書は韓国の国立中央図書館に所蔵される日本万治元年(1658)刊の白氏文集巻第3·巻第4(新楽府)について、刻印された日本語の訓点を正確かつ丁寧に解読した上で韓国語に翻訳し、さらに作品ごとに要領を得た語釈を加えたものである。また冒頭には作者白居易と白氏文集についての解説を置き、本書一冊で白氏文集の粋とも言える新楽府について日韓両言語で理解できる優れた学術書である。

　漢文本文に書き加えられた訓点を解読することは、書き加えられた当時の言語を復元し、その言語における漢文読法を解明することを意味する。このような訓点が加えられた漢文資料は漢字文化圏に広く見られるのであるが、ヨーロッパの中世ラテン語文献にも同様の現象が存在し、古典語文献を周辺諸言語でどのように読解していたのかという普遍的な研究テーマにも発

展する。

　訓点を解読し漢文読法を研究することは従来から日本でも行われ、その数々の成果は訓点語学会の機関誌『訓点語と訓点資料』に公表されてきた。しかし近時は訓点・訓読研究に取り組む研究者・学生が激減し、訓点語学会の将来展望が危ぶまれる状態に陥っている。韓国では1973年に釈読口訣資料が発見され、さらに2000年には点吐口訣資料が発見され、誰もが日韓における訓点・訓読研究が大いに発展することを期待していた。ところが実際に発展したのは韓国だけで、日本は発展どころか衰退の一途を辿ってしまった。

　理由はいくつかあるが、本書はその理由のひとつを見事に克服していることに、訓点・訓読研究に携わってきた日本人研究者としてまずは驚嘆するのである。それは本書が著者代表の呉美寧氏とその教え子達による息の長い勉強会の成果として力を合わせて完成した点にある。もちろん、日本の大学の授業や共同研究においても、ひとつの文献を丁寧に解読してその成果を発表することはある。しかし本書がそれらと決定的に異なるのは、呉美寧氏が教え子達に寄せる愛情の深さと、教え子達がそれに応えようとする真摯な姿勢との関係である。私もこの勉強会に何度も参加させてもらい、共著者の申雄哲氏、文玄洙氏、鄭門鎬氏とも交流する機会を得たが、当初から日本の授業や共同研究と何かが違うと感じてきたのは、まさにこの師弟愛の美しさだったのかと思う。呉美寧氏がこれまでに出版した解読資料は、このような師弟愛の結晶であるものが多く、日本人研究

者として羨望の念さえ禁じ得ない。

　思い返せば、2005年1月に京都国立博物館で呉美寧氏と初めて共同調査をしたときの資料が世説新書巻第6と神田本白氏文集巻第3・巻第4で、角筆スコープを使いながら数日を費やして複製資料に丁寧な移点作業を行った。その年の4月末、私は彼女が勤める崇実大学校で講演する機会をいただいたが、その時間の合間を縫って呉美寧氏の研究室で世説新書の訓点の解読読み合わせを行った。至福の時間であったとともに日本の訓点解読に対する呉美寧氏の極めて高い能力を感じ、「日本の訓点研究はもはや彼女には敵わないのではないか」と畏敬の念さえ抱かせた。その後、続々と発表される呉美寧氏の研究論文・研究書は、そのときに感じた思いを的中させた。自分自身のことのように嬉しかった。

　本書は白氏文集の研究書であるだけではなく、日本の訓読を韓国の読者に知ってもらうための良質な入門書でもある。本書が韓国のみならず日本においても広く読まれ、かつて大きな期待を抱かせた日韓両国の訓点・訓読研究の発展が再び現実となることに大きな期待を寄せ、推薦の辞とする。

머리말

오미영

(숭실대 일어일문학과 교수)

백씨장경집, 흔히 백씨문집이라 불리는 책은 당나라 시인 백거이(白居易)의 글을 담은 책으로서 총 75권에 이르는 방대한 분량의 문집이다. 자(字)가 낙천(樂天)이므로 백락천(白樂天)이라고도 불리는 그는 문학작품을 통해 정치의 옳고 그름을 비판하고 이를 통해 민의를 위정자에게 전달해야 한다는 신념을 갖고 있었다. 이러한 그의 문학관이 특히 잘 반영된 것이 권3과 권4에 실려 있는〈신악부(新樂府)〉이다. 여기에는 풍유시(諷諭詩) 50수가 실려 있다. 또한 백거이의 글은 일상의 평이한 언어로 쓰인 것이 특징인데〈신악부〉의 경우도 산문처럼 느껴지는 편안한 표현으로 이루어져 있다. 우리나라에서는 백거이보다는 상대적으로 두보(杜甫)의 글을 더 선호한 데 비해 일본에서는 백씨문집을 즐겨 읽었고 그 중에서도〈신악부〉를 즐겨 읽었다.

필자는 2007년부터 2011년까지 일본 도야마(富山) 대학 문학부 고

스케가와 테이지(小助川貞次) 교수님의 지원(일본 문부과학성 과학연구비: 国際的視点から見た漢字文化圏における漢文訓読についての実証的研究, 国際的共有知財としての漢文訓読に関する戦略的研究)으로 일본 내의 여러 고문헌 소장처에서 귀중한 문헌들의 원본 조사를 할 수 있었다. 조사 대상 문헌은 훈점본(訓點本)이라고 하는 책으로 한문책 위에 훈점(訓點), 즉 한문을 보면서 일본어로 번역해서 읽을 수 있도록 하기 위한 여러 부호나 가나가 기입된 책을 말한다. 훈점본을 가지고 한문을 일본어로 번역하여 읽는 한문학습방식을 한문훈독(漢文訓讀)이라고 하며 일본에서는 8세기 말 이후 현재에 이르기까지 이러한 방식으로 한문을 학습하고 있다.

조사한 문헌 중에는 화엄경과 같은 불경도 있고 논어와 상서 등의 유교경전도 있었으며 일본서기와 같이 일본에서 제작된 한문책도 있었다. 아울러 문헌들이 제작되고 훈점이 기입된, 즉 가점(加點)된 시기가 10세기부터 17세기에 이르는 다양한 자료를 조사할 수 있었다. 그중에는 국보와 중요문화재도 적지 않았고 유서 깊은 가문의 학자들이 해당 가문의 학문을 후대에 전하기 위해 제작된 것도 있었다.

고스케가와 테이지 교수님의 지원으로 이루어진 조사 후반기에는 본서의 공동저자 세 사람도 함께 참여할 수 있었다. 또 2012년과 2014년에 걸쳐서는 필자들이 속한 한문훈독연구회에서 독자적으로 몇몇 소장처에서 훈점본의 원본조사를 진행하였다.

소장처 중 가장 많이 신세를 진 곳은 교토(京都)국립박물관이다. 교토국립박물관에는 역사적으로, 학문적으로 가치가 높은 많은 귀중한 문헌들이 소장되어 있다. 현재는 은퇴하셨지만 아카오 에이

케이(赤尾榮慶) 선생님이 학예부 상석연구원으로 계시면서 조사를 위해 최대한의 협조와 호의를 베풀어주셨다. 또한 조사에 함께 하셔서 중국과 일본의 고문헌에 대한 지식을 전수해주셨다. 이를 통해 필자를 포함하여 조사에 참여한 한국 학자들은 일본의 훈점본에 대한 학문적인 기초를 쌓고 동아시아 한자문화권의 한문독법에 대한 학문적인 지평을 넓힐 수 있었다.

교토국립박물관에서 조사한 많은 귀중한 자료 중에서도 필자들 모두에게 강한 인상을 남긴 자료로 간다본(神田本) 백씨문집을 들 수 있다. 〈해설〉에서 밝히고 있듯이 12세기 초에 필사되고 가점된 자료로서 신악부 50수를 모두 전한다. 또한 이 자료에는 계통이 다른 여러 종류의 훈점이 가점되어 있어서 가문별 혹은 시대에 따라 백씨문집 신악부의 한문훈독에 차이가 있음을 확인할 수 있는 학문적인 가치가 높은 자료이다. 필자들로서는 현재도 그 학문적인 깊이를 충분히 이해했다고 말할 수 없는 자료이지만 간다본 백씨문집을 여러 차례에 걸쳐 실물로 접하고 훈점을 판독하고 그 내용을 이해하며 조금씩 읽어나가는 가운데 학문적인 성취감을 얻을 수 있었고 그 과정에서 연구에 대한 의욕이 고양되었다.

공동저자인 신웅철 선생이 숭실대학교 일어일문학과 대학원 석사과정 2년차였던 2010년 봄, 들뜬 모습으로 필자의 연구실에 들어와서는 우리나라 국립중앙도서관에 백씨문집 일본 간본이 사진으로 제공되고 있다는 이야기를 전해주었다. 『白氏長慶集』(古古5-79-나10)를 말한 것이다. 유감스럽게도 이 자료에는 간행기록은 없다. 그러나 이후 자료조사를 통해 확인한 결과, 선시후필본(先詩後筆本)으로 분류되는 마원조본(馬元調本)을 바탕으로 하여 간행된 명력간본(明曆刊本) 계통의 책으로 확인되었다. 동일한 훈점이 새겨진 동일한 간본이 일본 에도(江戶) 시대에 널리 유통되었던 것으로 보인다.

이 자료의 존재에 대해 알고 나서 얼마 후 신웅철, 문현수 선생과 함께 매주 한 번씩 만나 공부를 시작했다. 당시 고려대학교 국어국문학과 대학원 석사과정 2년차였던 문현수 선생은, 2009년부터 한문훈독연구회에 참여하고 공부하고 있었다. 한문훈독연구회는 2006년 6월 이래 필자를 중심으로 한국과 일본의 한문훈독 및 동양고전의 탐구에 뜻을 가진 일본어학자 및 국어학자 그리고 대학원생들이 함께 모여 공부하고 있는 모임이다. 문현수 선생은 일어일문학을 복수전공하여 한일 양국의 자료를 연구할 수 있는 좋은 조건을 갖고 있었고, 2013년에는 홋카이도(北海道) 대학에서 1년간 수학했다.

첫 번째 강독을 마쳤을 무렵 신웅철 선생이 홋카이도 대학으로 유학을 떠났다. 그 후 숭실대학교 일어일문학과 대학원 석사과정 1년차였던 정문호 선생이 참여하여 두 번째 강독을 마쳤다. 그리고 신웅철 선생과 문현수 선생이 박사학위를 취득하고 2018년에서 2019년 봄에 걸쳐 필자 네 명이 함께 세 번째 강독을 하면서 출판준비를 진행하였다. 정문호 선생은 홋카이도 대학 박사과정에 재학 중이었으므로 Skype를 통해 참여하였다. 시에 대해서는 물론이고 훈점과 관련해서도 아직 이해가 미흡한 부분은 있으나 여러분들의 질책과 가르침을 바라면서 일단 출판을 진행하기로 하였다.

이 책에서는 『白氏長慶集』(古古5-79-나10)에 기입되어 있는 훈점을 판독하고 그것을 바탕으로 한문훈독문을 완성하여 제시하고 이를 우리말로 번역하였다. 전자를 B(본문) 혹은 b(주석), 후자를 C 혹은 c로 나타내었고 그에 앞서 A 혹은 a에는 한문원문만을 제시하였다. 각 시의 제목 아래와 시 말미에 해설을 실었으며 필요한 경우 각주를 달아 나타내었다. 원본사진은 12장만 싣는데 그쳤다. 현재는 국립중앙도서관 홈페이지에서 본 자료의 흑백사진을 확인할 수 있고 가까운 시기에 컬러사진이 공개될 예정이라고 관계자께 들었다. 그렇게 되면 해당 사진과 이 책을 비교하는 것이 가능하게 될 것이다. 자료조사와 사진촬영, 그리고 원본사진게재를 허락해주시고 편의를 봐주신 국립중앙도서관 고문헌실 관계자 여러분께 감사의 말씀을 드린다.

이 책은 〈한문훈독연구회 총서〉 제5권으로 간행된다. 〈한문훈독연구회 총서〉는 일본의 훈점본을 대상으로 훈점을 해독하고 번역하고 연구한 책이다. 제1권과 제2권은 일본 동양문고 소장 『논어집해』를, 제3권은 동경대학 국어연구실 소장 『주천자문』을, 제4권은 동경대학 국어연구실 소장 『중용장구』를 고찰대상으로 하였다. 제1권, 제2권, 제4권은 한문훈독연구회 공동저서이고 제3권은 필자의 단독저서이다. 제3권 역시 해당 자료와 한국과 일본의 다른 천자문 자료를 다루면서 여러 사람이 함께 공부하는 과정을 병행하였다. 고문헌을 혼자 읽어내려가는 것은 대단히 어려운 일이다. 모르는 부분이 많아 자주 난관에 부딪치고 그러다보면 좌절하여 포기하기 쉽다. 함께 모여 공부하면 서로 지식을 공유하고 생각을 모으면서 보다 효과적으로 공부해나갈 수 있다. 시간은 오래 걸리지만 공부하는 그 과정을 함께 즐길 수만 있다면 혼자서는 이룰 수 없는 큰 결실을 이루기도 한다. 이번 책도 긴 시간 함께 모여 공부하였고 서로 힘을 보태며 학문적으로 조금씩 성장해온 필자 네 사람의 역사가 담겨있다. 그런 의미에서 참으로 보람되고 기쁜 작업이었다.

이 책은 고스케가와 테이지 교수님과 아카오 에이케이 선생님, 두 분이 계셨기에 세상에 나올 수 있었다. 필자를 포함한 공동저자들의 학문적인 기반은 두 분 선생님께서 만들어주신 원본 조사 기회를 통해 형성되었다고 해도 과언이 아니다. 두 분의 조건 없는 지원과 지지, 격려, 가르침 덕분에 필자들은 힘을 내어 학문에 정진할 수 있었다. 두 분의 은혜에 한없는 감사를 드리며 앞으로도 각자의 연구의 길을 묵묵히, 그리고 성실하게 걸어나갈 것을 약속드린다.

한문훈독연구회 총서를 비롯하여 필자의 연구서는 모두 윤석현 사장이 도맡아 해주었다. 출판사의 형편에는 도움이 되지 않을 책임에도 불구하고 제자들과 함께 나름대로 열심히 공부하는 필자를 좋게 여겨준 것이라고 생각한다. 또 훈점을 나타내야 하고, 동일한 책 내에서도 한자 자체가 몇 종류로 나뉘는 까다로운 편집을 숙련된 솜씨로 묵묵히 도맡아주신 최인노 선생 덕분에 이 책의 출판도 가능했다. 이 자리를 빌려 아낌없는 지지와 노고에 감사의 말씀을 드리는 바이다.

필자를 대표하여 2020년 6월

오미영 씀

白氏文集

三

권3 표지

白氏長慶集卷第三

唐太子少傅刑部尚書致仕贈尚書右僕射太原

白居易樂天著

諷諭三　新樂府共序〇凡二十首　元和四年爲左拾遺時作

明後學松江馬元調巽甫校

序曰凡九千二百五十二言斷爲五十篇篇無定句句

無定字繫於意不繫於文首句標其目卒章顯其志詩

三百之義也其辭質而徑欲見之者易諭也其言直而

切欲聞之者深誡也其事覈而實使采之者傳信也其

體順而肆可以播於樂章歌曲也惣而言之爲君爲臣

3권 1장 앞면

為民爲物爲事而作不爲文而作也

七德舞〇美撥亂陳王業也

武德中天子始作《秦王破陳樂》以歌太宗之功業貞觀初太宗重制破陳樂舞圖詔魏徵虞世南等為之歌詞名七德舞自龍朔已後詔郊廟享宴皆先奏之

七德舞七德歌傳自武德至元和元和小臣白居易觀舞聽歌知樂意樂終稽首陳其事太宗十八舉義兵白旄黃鉞定兩京擒充戮竇四海清二十有四功業成二十有九即帝位三十有五致太平功成理定何神速速在推心置人腹亡卒遺骸散帛收饑人賣子分金贖

貞觀初詔天下陳死亡卒遺骸致祭瘞理之尋又散帛以求之也

貞觀五年大饑人有鬻男女者詔出御府金帛盡贖之

3권 1장 뒷면

之還　其
魏徵夢見天子泣　魏徵疾甍太宗夢與徵別蹶院
父母碑云昔殷宗得良弼於夢御制
中今朕失賢臣於覺後　張謹哀聞辰日哭太宗
舉哀有司奏曰在陰陽所忌不可哭上曰君臣
義重父子之情也情發於中安知辰日遂哭之　怨女

三千放出宮　慇今將出之任求伉儷於是令左丞戴冑
給事中杜正倫於披庭放歸宮
西門陳出數千人盡放歸家今明
死罪者三百九十放出歸家令
年秋來就刑應期畢至詔悉原之
死囚四百來歸獄貞觀六年因徒
剪鬚燒藥賜功臣李
勲嗚咽思殺身太宗自詔悉原之勸常疾醫云得龍鬚燒灰賜之服范而愈勸叩
太宗常謂侍臣曰婦人幽閉深宮情實可
合血吮瘡撫士思摩奮呼乞効死中矢太宗嘗
而謝泣涕李思摩嘗
頭血為不獨善戰善乗時以心感人人心歸爾來一百九
十載天下至今歌舞之歌七德舞七德聖人有作垂無

極豈徒耀神武豈徒誇聖文太宗意在陳王業王業艱
難示子孫

法曲歌 ○笑列聖正華聲也

法曲法曲歌太定積德重熙有餘慶永徽之人舞而詠
永徽之思有貞觀之遺風故 法曲法曲舞霓裳政和世
高宗制一戎大定樂曲也 霓裳羽衣曲起於
理音洋洋開元之人樂且康 開元盛於天寶也 法曲法
曲歌堂堂堂之慶垂無疆中宗肅宗復鴻業唐祚中
與萬萬葉衰云近者樂府有堂堂之音唐祚再興之兆
法曲法曲合夷歌夷聲邪亂華聲和以亂干和天寶末
明年胡塵犯宮闕歷朝行焉玄宗難雅然諸夏之聲也故

3권 2장 뒷면

縛戎人縛戎人耳穿面破驅入秦天子矜憐不忍殺詔
從東南吳與越黃衣小使錄姓名領出長安乘遞行身
被金瘡面多瘠扶病徒行日一驛朝飱飢渴費杯盤夜
臥腥臊汚床席忽逢江水憶交河垂手齊聲嗚咽歌其
中一虜語諸虜爾苦非多我苦多同伴行人因借問欲
說喉中氣憤憤自云鄉管本凉原太曆年中沒落番一
落番中四十載身著皮裘繫毛帶唯許正朝服漢儀斂
衣整巾潛淚垂誓心密定歸鄉計不使番中妻子知有
如遲者逢子將軍之子也嘗沒番中自云番法唯正藏
一日許唐人之没番者服唐衣冠由是悲不自勝遂密
定歸暗思量有幾筋骨更恐年衰歸不得番候嚴兵鳥
計也

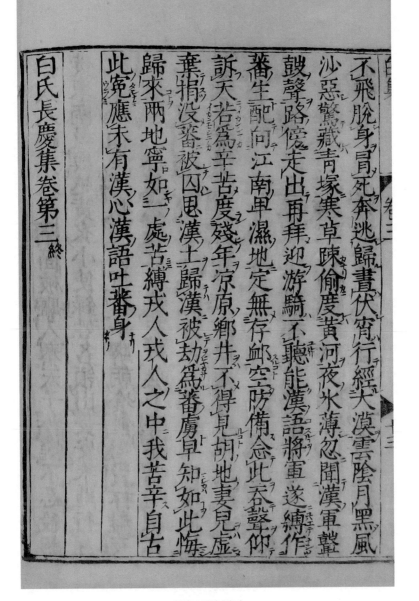

不飛脱身冒死奔逃歸晝伏宵行經大漠雲陰月黑風
沙惡驚藏青塚寒草疎偸度黃河夜水薄忽聞漢軍鼙
鼓聲路傍僥走出再拜迎游騎不聽能漢語將軍遂縛作
蕃生配向江南卑濕地定無鄕邑空防備念此吞聲仰
訴天若爲辛苦度幾年涼原鄕井不得見胡地妻兒見虛
棄捐没蕃被囚思漢土歸漢被劫爲蕃虜早知如此悔
歸來兩地寧如一處苦縛戎人戎人之中我苦辛自古
此冤應未有漢心漢語吐蕃身

白氏長慶集卷第三　終

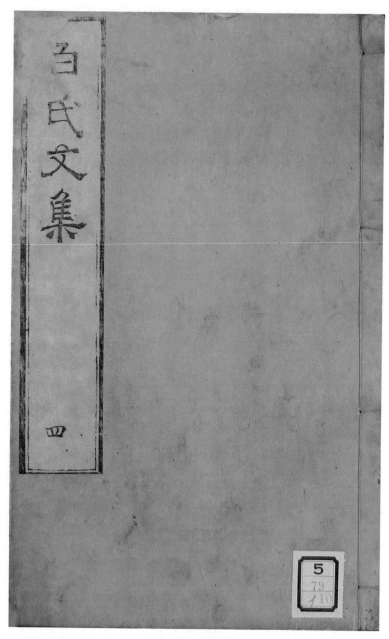

白氏文集

四

권4 표지

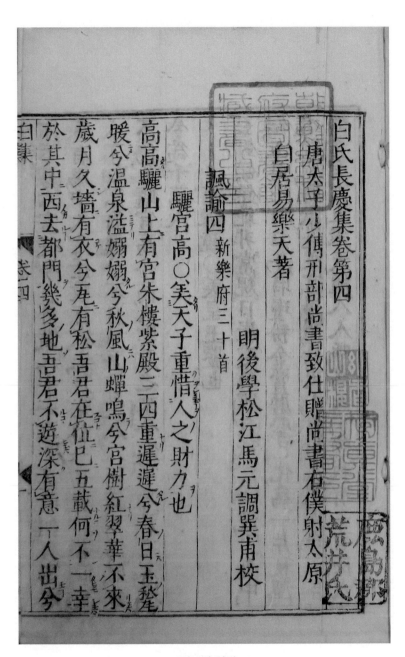

白氏長慶集卷第四

唐太子少傅刑部尚書致仕贈尚書右僕射太原

白居易樂天著

明後學松江馬元調巽甫校

諷諭四 新樂府三十首

驪宮高○笑天子重惜人之財力也

驪宮高高驪山上有宮朱樓紫殿三四重遲遲兮春日玉堦

暖兮溫泉溢嬾嬾兮秋風山蟬鳴兮宮樹紅翠華不來

歲月久牆有衣兮尾有松吾君在位已五載何不一幸

於其中西去都門幾多地吾君不遊深有意一人出兮

白集　　卷四

不容易六宮從今百司備八十一車千萬騎朝有宴飲

暮有賜中人之產數百家未足充君一日費吾君修已

人不知不自逸今不自嬉吾君愛人人不識不傷財今

不傷力驪宮高今高入雲君之來今為一身君之不來

今為千萬人

百鍊鏡○美皇王鑒也

百鍊鏡鎔範非常規日辰處所靈且祇江心波上舟中

鑄五月五日午時瓊粉金膏磨瑩已化為一片秋潭

水鏡成將獻蓬萊宮揚州長吏手自封人間臣妾不合

照背有九五飛天龍人人呼為天子鏡我有一言聞太

雲無冷漫漫蔽百日爲君使無私之光及萬物螫蟲昭
蘇萌草出

采詩官〇監前王亂亡之由也

采詩官采詩聽謌謂導人言者無罪聞者誡下流上通
上十恭周滅秦興至隋氏十代采詩官不置郊廟登歌
讚君美樂府艷調悅君意若求諷諭規刺言萬句千章
無一字不是章句無規刺漸及朝廷絶諷議諍臣口
爲冗員諫鼓高縣作虚器二人負衆常端默百辟入門
皆自媚夕郎所賀皆德音春官每奏唯祥瑞君之堂今
千里遠君之門今九重閼君耳唯聞堂上言君眼不見

4권 15장 앞면

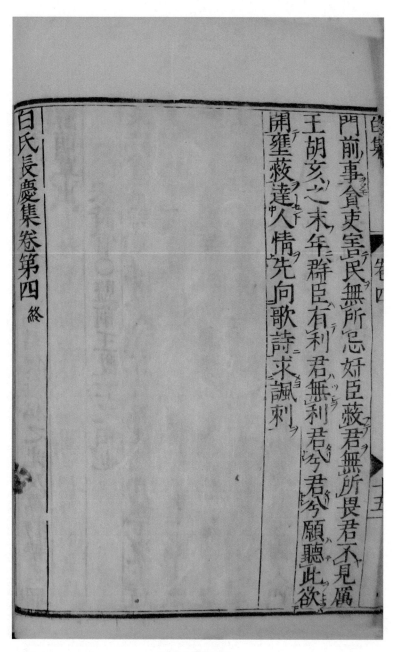

門前事貪吏害民無所忌姦臣蔽君無所畏君不見厲

王胡亥之末年羣臣有利君無利君兮君兮願聽此欲

開壅蔽達人情先向歌詩求諷刺

白氏長慶集卷第四 終

4권 15장 뒷면

목차

제1장

해설

1. 백거이의 생애

백거이(白居易)의 본관은 태원(太原)이며 자(字)는 낙천(樂天)이다. 당나라 대력(大曆) 7년(772)에 출생하여 회창(會昌) 6년(846)에 세상을 떠났다. 그는 이백, 두보와 함께 당나라 3대 시인으로 평가를 받았으며, 당나라 중기 사회파 시인의 영수로서 원진(元稹. 799-831)과 더불어 신악부(新樂府) 운동을 제창했던 인물이다. 신악부 운동은 옛 악부(樂府)의 정신과 수법을 빌어 사회의 모순을 고발하자는 시 창작 운동을 말한다.

백거이는 정원(貞元) 16년(800)년에 처음 진사에 급제한 이후 승승장구하여 한림학사(翰林學士)와 좌습유(左拾遺) 등에 발탁되기에 이른다. 그는 이때 신악부(新樂府), 진중음(秦中吟), 한림제고(翰林制誥) 등을 창작하였다. 이를 통해 문학 작품은 백성의 뜻을 위정자에게 전달하거나 위정자의 잘잘못을 풍유(諷諭)해야 한다는 그의 초기 사상을 엿볼 수 있다.

백거이는 3년 동안의 모친상을 마치고 814년에 장안(長安)으로 복귀하였지만 한직밖에 얻지 못하였고, 이듬해 재상 무원형(武元衡)이 암살된 사건에 대해 간언을 하다가 중앙 정계에서 쫓겨나 강주(江州)의 사마(司馬)로 좌천되기에 이른다. 이는 백거이가 한적(閑寂)이나 감상(感傷)을 나타내는 시를 다수 짓게 되는 계기가 되었다. 또한 백거이는 이 시기에 자신이 지은 시 중에서 800여개의 시를 추려 풍유시(諷諭詩), 한적시(閑寂詩), 감상시(感傷詩), 잡률시(雜律詩)로 분류하여 15권의 시집을 편찬하였다.

백거이는 목종(穆宗)이 즉위한 이후 낭중(郎中)이라는 중앙 관직을 얻게 되었는데, 이를 계기로 목종의 은덕에 보답하고자 국가의 이념을 천명하는 데 힘을 쏟았다. 이후 항주(杭州)와 소주(蘇州)의 자사(刺史)를 역임한 후 낙양(洛陽)으로 돌아와 다양한 고위직과 경로직을 거쳤으며, 형부상서(刑部尙書)를 마지막으로 842년에 관직에서 물러났다. 관직에서 물러난 이후에는 문집의 정리에 힘썼으며 그가 죽기 1년 전인 845년에 75권에 이르는 방대한 양의 문집을 완성하였다.

2. 백거이의 사상

백거이는 시가와 산문뿐만 아니라 거의 모든 문학 형식을 망라하여 작품을 남겼는데, 그 수는 3,840여 편에 이른다. 이처럼 다양한 형식으로 많은 수의 문학 작품을 창작한 사람은 좀처럼 찾아보기 어렵다.

백거이의 글은 모두 일상의 언어로 쓰인 것이 특징이다. 이 때문에 이백과 두보의 작품과는 달리 백거이의 문집에는 특별한 주석서를 찾아보기 어렵다. 가령 백거이가 시를 지으면 먼저 노파에게 읽어준 후 그가 이해하기 어려워했던 부분을 고치는 일을 반복하였다는 일화가 전해진다. 이를 통해서도 백거이가 알기 쉬운 언어로 문학 작품을 창작하고자 했음을 엿볼 수 있다.

또한 백거이는 문학 작품을 통해 정치를 풍자·비판하고 이를 통해 위정자를 움직여야 한다고 믿었다. 이러한 그의 사상은 신악부의 서(序)에서 "(글은) 임금, 신하, 백성, 만물, 사안을 위해 지은 것이지 글을 (꾸미기) 위해 지은 것은 아니다(爲君爲臣爲民爲物爲事而作, 不爲文而作也)"라고 언급한 부분에서도 확인할 수 있다. 그는 문학 작품을 통해 백성의 뜻을 위정자에 전달하는 한편, 위정자가 행하는 정치의 옳고 그름에 대해 풍유해야 한다고 생각하였다. 그러한 그의 사상은 신악부의 풍유시 50편을 비롯하여 백씨문집(白氏文集)에 실려 있는 75편의 책(策), 200편의 한림제고(翰林制誥), 233편의 중서제고(中書制誥) 등을 통해 확인할 수 있다.

그러나 조정의 탄핵을 받아 강주사마로 좌천된 일과 그러한 자신을 다시 중앙의 정계로 복귀시켜 준 목종의 서거는 백거이에게 큰 좌절을 안겨 주었고, 이는 그가 정치적인 가치를 추구하던 초기의 문학 작품에서 탈피하여 인생의 문학을 추구하는 계기가 되었다. 이후 그의 작품에서는 관직에 머물러 있으면서도 정신적으로는 은일(隱逸)의 효과를 추구하는 중은사상(中隱思想)을 엿볼 수 있다. 백거이가 824년에 친구 원진의 도움을 받아 50권의 문집을 편찬하며 목종 치세의 마지막 연호인 장경(長慶)을 넣어 '백씨장경집(白氏長慶集)'으로 명명한 것은, 목종의 은덕을 기림과 동시에 자신이 추구하는 문학 사상이 변화하였음을 상징하는 것으로 이해되기도 한다. 재상이 된 한림원의 옛 동료들과 달리 백거이는 자신의 관직에 만족하며 한편으로 자신의 문집 편찬에 몰두하였다는 점에서도 그의 중은사상을 확인할 수 있다. 이와 같은 신중한 태도로 인해 이후 큰 정쟁에 휘말리는 일 없이 842년에 형부상서에서 물러나 죽기 1년 전인 845년에는 75권에 이르는 방대한 양의 문집을 완성하여 후세에 남길 수 있었다.

3. 백씨문집의 성립

앞서 말한 바와 같이 백거이는 생전에 자신의 시를 풍유시, 한적시, 감상시, 잡률시로 분류하였으며 자신의 문집을 여러 차례 직접 편찬하였다. 그는 스스로 문집을 편찬하여 자신의 작품을 보존하는 데 큰 힘을 쏟은 당나라 문인 중 하나였다.

백거이가 자신의 문집을 몇 번 편찬하였는가는 학자에 따라 이견이 있지만, 대체로는 강주사마로 좌천된 815년에 15권으로 편찬한 시집을 본격적인 최초의 문집으로 보고 있다. 이는 백거이가 자신의 작품 중에서 약 800수의 시를 모아 풍유시, 한적시, 감상시, 잡률시로 분류하여 편찬한 것이다. 이러한 4분류 체계는 그 뒤에 편찬된 문집에도 그대로 적용되었다. 강주로 좌천된 자신에게 크게 실망한 백거이는 정치 행위보다는 자신의 작품을 후세에 전하는 것을 인생의 목표로 삼았으며 815년에 그가 편찬한 15권의 시집은 이러한 의도에서 만들어진 것이라고 할 수 있다.

15권의 시집 편찬 이후 백거이는 장경(長慶) 4년(824)에 대대적으로 자신의 작품을 정리하여 모았다. 이때 총 2,191편에 이르는 시(詩)와 문(文)을 수록한 50권의 문집이 편찬되기에 이르는데 처음으로 '백씨장경집'이라는 제목이 붙게 되었다. 이 과정에서 백거이는 월주(越州)의 자사로 있던 친구 원진에게 문집 편찬의 마무리를 부탁하였고 이에 따라 원진이 문집 편찬을 마무리 짓고 서(序)를 지었다. 이 50권본『백씨장경집』은 백거이의 시와 문이 망라된 최초의 문집이라는 점에서 백거이 문집 성립의 기반을 구축했다는 평가를 받는다.

50권본『백씨장경집』편찬 후 20여년이 흐른 회창(會昌) 2년(842)

에는 후집(後集) 20권을 더한 70권본을 편찬하였다. 이 후집 20권은 백거이가 스스로 수차례의 편찬과 증보를 거쳐 완성한 것이다. 후집의 1차 편찬은 대화(大和) 2년(828)에 이루어졌는데, 50권본『백씨장경집』편찬 이후 자신이 지은 시문을 모아 51~55권에 수록된 총 360편의 작품을 새로 추가한 것이다. 후집의 2차 편찬은 대화 9년(835)에 이루어졌으며 56~60권에 수록된 총 413편의 작품이 추가되어 60권본 문집이 완성되었다. 후집의 3차 편찬은 개성(開成) 1년(836)에 이루어졌는데 5권 분량의 291편이 추가되어 총 3,255편이 수록되게 되었다. 이때 '백씨문집'이라는 명칭이 처음으로 쓰였으며 총 65권본의 문집이 되었다. 이후 개성 4년(839)에는 2권 분량의 232편이 증보되었으며, 회창 2년(842)에는 이에 3권 분량의 231편을 더해 후집 20권을 완성하였다. 이에 따라 백씨문집의 총 수록 편수는 모두 3691편이 되었다.

이후 백거이는 회창 5년(845)에 후집 20권 이후의 작품을 다시 모아 속후집 5권을 편찬하기에 이르렀는데, 이로써 총 3840편의 작품이 수록된『백씨문집』75권이 최종적으로 완성되었다. 백거이는 회창 6년(846)에 서거하였으므로 이 75권본『백씨문집』이 최종본이라고 할 수 있다.

4. 백씨문집의 주요 판본

백거이 생전에 만들어진 백씨문집 원본은 전란으로 인해 모두 소실되었지만 다행히 초본(抄本)이 존재하여 세상에 전해지게 되었다. 백씨문집은 이를 바탕으로 송나라 시대에 여러 차례 간행되었으나 지금까지 전해지는 송나라 시대 판본은 송각잔본(宋刻殘本) 17권과 남송(南宋) 소흥(紹興) 연간(1131-1162) 절강(浙江)에서 간행된 71권본뿐이다. 일반적으로 전자를 잔송본(殘宋本), 후자를 일반적으로 소흥본(紹興本)이라고 부른다.

소흥본에는 원진의 「백씨장경집서(白氏長慶集序)」가 포함되어 있으며, 총목록 앞에 '백씨장경집(白氏長慶集)'이라고 적혀 있는 것과 달리 각 권의 권수제(卷首題)는 '백씨문집(白氏文集)'이라고 되어 있다. 소흥본은 71권본이라는 점에서 백거이가 스스로 편찬한 75권본 『백씨문집』과 다르다. 또한 거듭된 증보로 인해 전후속집본(前後續集本)이었던 75권본 『백씨문집』과 달리 소흥본은 시(詩)는 모두 1~37권에 배치하고, 문(文)은 모두 38~71권에 일괄적으로 배치하였다. 따라서 이렇게 개편된 문집을 선시후필본(先詩後筆本)이라고도 부른다. 소흥본은 현존 최고(最古)의 『백씨문집』으로 가장 완전한 송나라 시대 간본이다. 청나라 시대의 교송본(校宋本) 및 교송초본(校宋抄本)은 모두 이 소흥본을 저본으로 하고 있다는 점에서도 소흥본은 가장 중요한 판본이라고 평가할 수 있다.

명나라 때 가장 널리 통용된 백거이의 문집은 마원조(馬元調)에 의해 만력(萬曆) 34년(1606)에 간행된 『백씨장경집』 71권으로, 보통 마원조본(馬元調本)이라고 불린다. 이는 소흥본과 마찬가지로 선시후필본이다. 소흥본이 영인되어 공개되기 전까지 가장 널리 통용된 판본이었다. 따라서 청나라 시대와 민국 시대에도 많이 읽혔던 백거이 문집은 주로 이 마원조본이었다. 마원조본은 일본에도 전해져 일본의 궁내청 서릉부(宮內廳書陵部), 나이카쿠분코(內閣文庫),

도요분코(東洋文庫) 등에 소장되어 있다.

청나라 시대에 고증학이 융성함에 따라 백거이의 문집에 대해서도 본문의 교감이 활발하게 이루어졌다. 왕입명(汪立名)의 『백향산시집(白香山詩集)』은 백거이의 시 전체를 대상으로 한 교감본으로 강희(康熙) 42년(1703)에 간행되었는데, 전후속집본의 본래 체재를 복원하고자 한 점이 큰 특징이다. 『백향산시집』은 마원조본을 정본으로 하여 여러 판본과 비교하여 교감을 진행하였는데, 정밀한 교감과 일시(逸詩) 수집의 측면에서 높은 평가를 받았다. 이후 강희 45년(1706)에 간행된 『전당시(全唐詩)』도 마원조본을 저본으로 삼고 왕입명본을 참고하여 백거이의 시에 대한 교감이 이루어졌다. 이후에도 청나라 시대에는 마원조본을 저본으로 하여 여러 차례 교감이 이루어진 바 있다.

한편 지금은 전하지 않지만 남송(南宋) 시기에 촉(蜀) 지방에서 전후속집본의 편집 형태로 간행된 촉본(蜀本)이 존재한다. 이 촉본은 조선에 들어와 성종 17년(1486)에 동활자본(銅活字本)으로 간행된 것으로 추정된다. 그리고 조선의 동활자본은 1618년 일본에 전래되어 나와본(那波本)으로 간행되었다. 나와본은 다시 중국으로 들어가 청대(淸代) 사부총간(四部叢刊)에 포함되기에 이르렀는데, 이를 사부총간본(四部叢刊本)이라고 부른다.

요컨대 오늘날 전해지는 백씨문집은 전후속집본(前後續集本)과 선시후필본(先詩後筆本)으로 크게 양분되는데, 전자는 남송의 촉본에서 비롯하여 조선의 동활자본과 일본 나와본(那波本)을 거쳐 중국의 사부총간본으로 이어지며, 후자는 남송의 소흥본에서 비롯하여 명나라 마원조본 등으로 이어진다고 할 수 있다.

5. 백씨문집의 일본 전래와 문화적 전승

1) 백씨문집의 일본 전래

백거이의 문장은 이미 그의 생전에 신라와 일본 등 주변국에 전래되었다. 일본의 공식적인 기록인『일본문덕천황실록(日本文德天皇實錄)』에는 조와(承和) 9년(838)에 중국에서 들어온『원백시집(元白詩集)』을 닌토쿠(仁德) 천황에게 헌상하였다는 기사가 실려 있다. 이후 당나라에 건너간 일본 승려 에가쿠(惠萼)가 소주(蘇州) 남선원(南禪院)에서 백씨문집을 필사하여 일본으로 가져온 이래로 스가와라(菅原)와 오에(大江) 두 박사가문에서 대대로 전승되었으며 지식인의 교양으로서 확고한 입지를 다졌다. 중국에서 백거이가 이름을 날리던 9세기 무렵은 일본이 중국의 선진적인 문화를 적극적으로 수용하던 시기와 맞물린다. 중국 문화에 대한 동경과 수용이 이루어지던 시기에 당시 중국에서 큰 사랑을 받던 백거이의 문장을 일본 지식인들이 애호하게 된 것은 자연스러운 일이었다.

2) 일본문화 속에서 백거이의 시와 문장이 갖는 위상

궁중문화에 대한 해박한 지식과 경험을 지닌 여류문학가 세이쇼나곤(淸少納言)은 서기 1000년 전후에 지은 수필『마쿠라노소시(枕草子)』에서 '문장이라면 문집(백씨문집)과 문선(文選)'이라 단언하였다. 그만큼 일본에서 백거이의 시와 문장에 대한 평가는 높았다. 이밖에도『마쿠라노소시』에 실린 일화 중에는 헤이안 시대 궁중문화의 생생한 단면들을 엿볼 수 있는 것이 있는데, 백거이의 문장과 관련해서는 다음과 같은 이야기가 실려 있다.

눈이 무척 많이 쌓인 날이었다. (궁녀들이) 여느 때와 달리 창문을 닫고 화로에 불을 피워 담소를 나누며 모여 있었는데 문득 중궁 마마께서 "쇼나곤이여, 향로봉의 눈은 어떠할까?"라고 말씀하셨다. 그러자 내가 말없이 창문을 열고 걸어 놓은 발을 걸어 올리니 중궁 마마께서 웃으셨다. 다른 궁녀들도 "향로봉의 눈에 관한 것이라면 다들 알고는 있어서 노래까지 지어 부르기도 하지만 이렇듯 발을 걸어 올려 보일 생각은 하지 못하였습니다. 과연 중궁 마마를 가까이서 모시는 분이라 할 만합니다."라고 하였다.

위의 내용은 '향로봉에 쌓인 눈은 발을 걷어 올려 바라본다(香炉峰雪撥簾看)'라는 백거이의 시구를 등장인물 모두가 교양으로서 공유하고 있었기에 가능했던 지적유희라 할 수 있다. 백거이의 문학은 궁중 여성들의 생활에도 녹아들어 있었음을 알 수 있는 일화이다.

한편『겐지모노가타리(源氏物語)』를 지어 세이쇼나곤과 함께 헤이안 시대 여류문학에 큰 획을 그은 무라사키 시키부(紫式部)의 일기에는 다음과 같은 일화가 전한다.

지난날 읽곤 했던 한문책 따위는 눈에 넣지도 않았건만 '일본서기 읽는 궁녀'라는 별명을 얻게 되었다. 이것을 전해 들은 사람들이 나를 얼마나 싫어라 할까 싶어 부끄럽기가 이를 데 없었다. 병풍에 적힌 글자조차 읽지 않는 척을 하고 있었는데 중궁 마마[후지와라노 쇼시(藤原章子)]께서 내게 백씨문집을 읽으라 시키시

곤 하여 한시문에 대해 알고 싶은 기색을 내비치셨다. 이에 극구 세인의 눈을 피하여 마마를 모시는 이가 아무도 없는 틈을 봐서 재작년 여름부터 악부(樂府)[신악부]라는 책 두 권을 미숙하게나마 가르쳐 드리고 있다. 이 사실은 나도 중궁 마마도 다른 이들에게 숨기고 있었는데 나리[후지와라노 미치나가(藤原道長)]와 황상 [이치조(一條) 천황]께서 아시게 되었다. 나리께서는 서예가를 시켜 근사하게 필사한 책을 중궁마마께 드렸다.

한시문이 남성사회의 전유물로 여겨졌고 여성이 그것을 읽는다는 것 자체가 몹시 부끄러운 일로 인식되었음을 엿볼 수 있다. 그러나 백거이의 시와 글이 궁중 여성들 사이에서 향유되었던 것은 그러한 통념을 넘어선 것이다. 또한 무라사키 시키부가 한정된 시간을 이용해 중궁에게 백씨문집을 가르쳐야 하는 상황에서 신악부 2권(권3, 4)을 골랐다는 점은 흥미롭다. 신악부에 실린 50편의 시가 당시 일본 상류사회 안에서 통용되던 백거이 시문에 관한 교양의 핵심적 부분이었기 때문으로 추측해 볼 수 있다.

이렇듯 지식인의 교양으로서 백거이의 시와 문장이 갖는 확고한 위상은 『겐지모노가타리(源氏物語)』, 『신코킨와카슈(新古今和歌集)』 등에도 투영되었다. 『구다이와카(句題和歌)』, 『센자이카쿠(千載佳句)』 등을 통해 와카(和歌)에도 영향을 미쳤으며, 요쿄쿠(謠曲), 군키(軍記), 모노가타리(物語), 하이쿠(俳句), 센류(川柳) 등 운문과 산문을 망라한 후대의 다양한 장르에도 영향을 주었다. 이렇듯 백거이의 시문이 일본 문학사에 미친 영향은 지대하다.

3) 일본에 전래된 백씨문집의 계통

당초 일본에 전래된 백씨문집의 텍스트를 추정하는 단서로는『일본국현재서목록(日本國見在書目錄)』(891년 이전 성립, 당시 일본에 전래된 중국서적의 목록)의 기록을 들 수 있다. 그것에는 '白氏文集七十'이라고 적혀 있는데, 이것을 통해 9세기 무렵 일본에 전래된 백씨문집의 형태는 70권본이었을 것으로 추정할 수 있다. 시기상 남송 이후 개편되기 이전의 형태인 전후속집본 계통으로 전래되었다고 볼 수 있다.

실제 일본에 현존하는 16세기 이전 고사본은 모두 전후속집본으로 분류되며 17세기 초반에 나와 도엔(那波道圓)이 조선으로부터 전래된 동활자본을 복각하여 간행한 나와본(那波本) 또한 전후속집본에 속한다. 선시후필본 계통이 본격적으로 확산된 것은 17세기 중엽에 마원조본을 중국에서 수입하여 다쓰노 슌세쓰(立野春節)가 스가와라(菅原) 박사가문의 훈점을 달아 복각하여 간행한 명력간본(明曆刊本) 이후이다.

한편 신악부(新樂府) 50수를 따로 떼어 독립된 형태로도 전승되었던 것으로 보인다. 백거이 스스로도 가장 높게 평가한 신악부 50수에는 문체는 평이하지만 젊은 시절 백거이의 예리한 비판의식이 강렬하게 투영되어 있다. 일본에서는 이렇듯 평이하면서도 그 이면에 예리한 사회비판적 인식이 깔린 신악부 시에 대한 애호가 남달랐고 이 부분만 따로 떼어 필사되는 경우도 드물지 않았다. 현존하는 고사본 가운데 특히 문헌적 가치가 높은 것으로 평가되는 간다본(神田本)과 지켄본(時賢本)은 신악부 부분만 남아 있는데 이것도 위와 같은 일본인의 신악부 애호에 기인한 것으로 볼 수 있다. 이러한 맥락에서 일본의 백씨문집 훈독에 관해서는 신악부를 우선적으로 살펴보는 것이 효과적이라고 할 수 있다. 이에 본서에서는 일본의 백씨문집 훈점본으로서 우리나라 국립중앙도서관에 소장되어 있는『白氏長慶集』(古古5-79-나10)을 고찰대상으로 하고, 그 중 권 3·4권에 실린 신악부 부분만을 연구하였다.

6. 일본에 현존하는 백씨문집 훈점본

일본에 현존하는 백씨문집 제본은 먼저 고사본(古寫本)과 간본(刊本)으로 분류할 수 있다. 또한 앞서 언급한 바와 같이 그 내용 구성상의 특징을 통해 전후속집본(前後續集本)과 선시후필본(先詩後筆本)으로 나눌 수 있다. 일본에 현존하는 제본 가운데 고사본은 전후속집본에 속한다. 고사본 중에서는 후지와라가(藤原家)와 같은 박사가문에서 서사·가점(加點)된 훈점본 외에도 사찰 및 신사에서 서사된 훈점본이 다수 현존하며, 대부분이 신악부를 포함하고 있다. 간본의 경우 전후속집본에 속하는 나와본(那波本)과, 선시후필본에 속하는 마원조본(馬元調本)을 저본(底本)으로 간행된 와코쿠본(和刻本)으로 나눌 수 있다.

이하 주요한 현존 판본에 대해서 고사본과 간본으로 나누어 살펴보겠다.

A. 고사본

1) 박사가(博士家) 훈점본

① 간다본(神田本) 권3·4

동양학자인 간다 기이치로(神田喜一郎) 씨가 소장하였으나 현재는 교토국립박물관에 소장되어 있다. 1107년에 문장박사 후지와라노 모치아키라(藤原茂明)가 필사하였고, 1113년에 그에 의해 훈점이 기입되었다. 신악부 50수를 모두 실려 있으며 당나라 고사본의 모습을 가장 잘 전하는 사본이다. 또한 신악부의 훈점본으로는 가장 오래된 것으로서 일본어학 연구자료 로서도 가치가 높다. 훈점으로는 묵점(墨點)[가나점, 일부 오코토점/기전점(紀傳點), 성점], 주점(朱點)[오코토점 단점] 외에도 각필점(角筆點)[가나점, 성점]이 기입되어 있다. 고전보존회(古典保存會)에서 처음으로 영인되었고(권3은 1927년, 권4는 1929년 간행), 1982년(흑백), 2015년(풀컬러)로 벤세이출판(勉誠出版)에서 간행되어, 총 세 차례에 걸쳐서 영인되었다.

② 가나자와본(金澤本)

  a. 도요하라 호주(豊原奉重) 교정본: 1231년에서 1252년까지 20년에 걸쳐 교정한 가마쿠라(鎌倉) 시대의 사본이다. 다이토큐(大東急) 기념문고(누계 19권)와 덴리(天理) 도서관 및 개인들이 각각 소장하고 있다.

  b. 별본: 11세기 말부터 14세기 초기까지 필사됨.

  c. 마사아키본(雅章本): 권3·4. 에도(江戸) 시대의 가인(歌人)인 아스카이 마사아키(飛鳥井雅章)에 의해서 서사되었다. 도요하

라 호주 교정본 19권에 누락되어 있는 신악부가 보충되어 있으나 본문 자체는 고사본이 아닌 간본인 나와본을 바탕으로 서사되었다. 다이토큐 기념문고에 소장된 21권은 영인 출판되었다(『金澤文庫本白氏文集』전 4권, 勉誠社, 1983-1984). 덴리 도서관에 소장된 권33(1231년 사본)은 별도로 영인되었다(『天理圖書館善本叢書漢籍之部二』, 八木書店, 1980).

③ 지켄본(時賢本) 권3

궁내청 서릉부(宮內廳書陵部) 소장. 1324년에 후지와라노 도키카타(藤原時賢)가 스가와라(菅原) 박사가문의 증본(證本)을 저본으로 하여 필사하였고, 여기에 1325년에 후지와라노 나리토키(藤原濟氏)가 1041년의 후지와라노 마사이에(藤原正家)의 훈점을 옮겨 넣었다. 그 결과 여러 훈점이 혼재되어 나타나며, 스가와라 가문(검은색)과 오에(大江) 가문(주황색), 후지와라(藤原) 가문 정가류(正家流: 붉은색) 등과 같이 색을 달리하거나 '江', '菅', '或' 등의 주기를 다는 방식으로 훈점의 종류를 구분하였다. 그 외에도 가나 및 성점이 일부 각필점으로 기입되어있다. 〈궁내청 서릉부 수장 한적 집람(宮內廳書陵部收藏漢籍集覽)〉을 통해 인터넷으로 원문 이미지를 공개하고 있다.

2) 불가(佛家) 훈점본

① 가테이본(嘉禎本) 권4

다이토큐 기념문고 소장. 1238년 나라현(奈良縣)의 야쿠오지(藥王寺)에서 서사된 사본이다. 서사자는 조엔렌쇼보(蒸円蓮勝房)라고 쓰

여겨 있으나 자세한 것은 알 수 없다. 훈점으로는 주점을 전혀 사용하지 않고, 가나점, 성점, 역독점 등이 묵점으로 기입되어있다. 주점을 전혀 기입하지 않은 자료로는 덴리 도서관에 소장되어 있는 권4(1289년 서사), 교토(京都) 대학 다니무라분코(谷村文庫) 소장 권4 잔권(12세기 말 서사)가 있다. 앞서 소개한 가나자와본의 영인본에 부록으로 원문이 실려있다(『金澤文庫本白氏文集四』, 勉誠社, 1984).

② 에이닌본(永仁本) 권3

덴리 도서관 소장. 1293년 가마쿠라 곤고주후쿠지(金剛壽福寺)에서 서사된 사본이다. 서사자는 조요(朝譽)이다. 훈점으로는 가나점, 성점, 역독점 등은 묵점, 오코토점 단점 및 구두점은 주점으로 기입되어있다. 사찰 및 신사 등에서 서사된 가점본 중, 주점을 사용하는 자료로는 닌나지(仁和寺) 소장 권2(1309년 서사), 사나게진자(猿投神社) 소장 권4(1355년 서사), 사나게진자 소장 권3(1363년 서사), 도요분코(東洋文庫) 소장 권4(1443년 가점) 등이 있다. 영인본(『天理圖書館善本叢書漢籍之部二』, 八木書店, 1980)으로 전문이 공개되어 있다.

3) 선초본(選鈔本)
① 하쿠시몬주요몬쇼(白氏文集要文抄)
도다이지(東大寺) 쇼고조(聖語藏) 및 도다이지 도서관 소장. 도다이지의 학승(學僧)인 소쇼(宗性)가 1249년부터 1276년까지 서사한 사본이다. 백거이의 시 352편과 문장 2편이 추가된 책이다. 단 신악부는

포함되어 있지 않다. 훈점은 대부분 권1, 2, 5, 6에 집중되어 있고 가점 양도 적다.

② 간켄쇼(管見抄)

나이카쿠분코(內閣文庫) 소장. 1256년에서 1259년 사이에 서사된 책을 바탕으로 1295년에 서사된 사본이 유일하다. 총 10권으로 구성되어있다(현존 9권, 권3은 결권). 권말에 북송의 경우(景祐) 4년 (1037)의 상정소(詳定所) 첩문(牒文)이 있는 것으로 볼 때, 북송의 간본과 관계가 있는 자료이다. 훈점으로는 가나점, 성점, 역독점 및 반절주 등이 묵점으로, 과단, 오코토점, 구두점이 주점으로 찍혀있다. 훈점은 권마다 조밀하게 가점되어 있는 부분도 있으며 권7, 8, 10은 일정 부분 혹은 일부 글자에 가나점이나 본문 교정을 한 부분을 제외하면 대부분이 주점만이 가점되어 있다. 일본 국립공문서관(國立公文書館) 디지털 아카이브에서 9권 전권을 공개하고 있다.

B. 간본

1) 전후속집본

① 조선 동활자본

궁내청 서릉부(宮內廳書陵部)에 소장(510-23)된 것이 유일본으로 71권 16책이다. 성종 말엽에 갑진자로 인쇄된 것으로 아마도 임진왜란 당시 일본에 건너간 것으로 보인다. 부분적으로 일본에서 필사하여 채워 놓은 권이 있다. 일부 권에는 일본에서 훈점을 단 부분이 있으며, 특히 신악부 부분은 가나점, 역독점, 성점 외에도 이본

(異本) 주기 등이 추가되었다. 상세하게 훈점이 달려 있다. 권3 권말에는 1603년에 고본(古本)에 의거하여 가점하였다는 기술이 있다.

② 조선목판본

동활자본을 목판으로 새겨 다시 인쇄한 것으로 71권이다. 원각본은 17세기 초 경상도 안동부에서 간행한 것으로 가장 상태가 좋은 판본이 연세대학교 중앙도서관(귀841)에 소장되어 있다. 원각본을 바탕으로 후대에 재간행된 보각본은 완질본이 한국학중앙연구원 장서각, 게이오기주쿠(慶應義塾) 대학 시도분코(斯道文庫), 덴리도서관, 오사카 부립도서관, 도요분코(東洋文庫) 등에 소장되어 있다. 그 밖에도 일부 결락된 판본이 고려대학교 중앙도서관과 서울대학교 규장각에 소장되어 있다.

③ 나와본(那波本)

1618년 7월에 나와 도엔(那波道圓, 1595-1648)이 조선 동활자본을 복각하여 간행한 목활자본 71권이다. 나와 도엔은 하야시 라잔(林羅山) 등과 함께 후지와라 세이카(藤原惺窩) 문하 사천왕으로 일컬어진 저명한 유학자이다. 궁내청 서릉부(宮內廳書陵部), 나이카쿠분코(內閣文庫), 요메이분코(陽明文庫) 등에만 소장되어 있다. 궁내청 서릉부 소장본 전71권은 영인본(下定雅弘·神鷹德治編 『宮內廳所藏那波本白氏文集』전 4권, 勉誠出版, 2012)으로 전문을 확인할 수 있다.

2) 선시후필본

명력간본(明曆刊本)

1657년(明曆3)에 일본에 수입된 마원조본을 다쓰노 슌세쓰(立野春節)가 스가와라(菅原) 박사가문에 전하는 훈점 등을 더하여 복각한 것이다. 다만 현존하는 스가와라 가문의 고사본과 훈점을 비교하여 보면 조자(助字)를 부독하거나, 가나표기 등을 당시의 음운변화에 맞게 변형시킨 부분이 적지 않게 보인다. 영인본(長澤規矩也編, 『和刻本漢詩集成』第9·10輯, 汲古書院, 1979)으로 전문이 공개되어 있다.

7. 국립중앙도서관 소장 백씨문집(古古5-79-나10)에 대하여

근세 일본은 출판문화가 발달하여 많은 서적들이 시중에 유통되었다. 명력간본은 일본에서 큰 사랑을 받은 백거이의 시문에 대한 수요에 부응하여 널리 유통되었던 것으로 보인다. 『화각본한시집성』에 수록된 판본을 비롯하여 동경대학 국어연구실에도 명력간본 계통의 판본이 소장되어 있는 등, 일본 각지의 소장처에 명력간본 계통의 판본이 소장되어 있다. 국내에는 국립중앙도서관에 명력간본 계통 판본을 여럿 소장하는 것으로 확인되는데, 각 판본은 기본적으로 본문과 훈점의 내용에는 차이가 없으나 수록한 서문의 종류와 배열순서가 각기 다르다.[1]

---

1 국립중앙도서관에는 본서의 저본을 포함하여 다음 3종의 명력간본 계통 이본이 소장되어 있는 것으로 파악된다. 이하 문헌명은 국립중앙도서관 홈페이지 검색 결과에서 '표제'로 제시된 것을 『 』로 묶어 나타내었다. ① 『白氏長慶集』(청구

본서에서는 그 가운데 일본 만치(萬治) 원년(1658)에 간행된『白氏長慶集』(古古5-79-나10)을 저본으로 삼았다. 전체 25책 71권. 마지막 25책 판권지에는 일본과 중국의 고전 출판으로 유명한 교토의 출판업 가문의 이름인 이즈모지 이즈미노조(出雲寺和泉掾)가 보인다. 1938년에 조선총독부도서관에 등록되었고 각 책 첫머리에 찍힌 3~4개에 이르는 장서인을 보면 이즈(伊豆)와 가시마(鹿島) 등지의 소장자를 거쳤음을 알 수 있다. 판권지에는 간행 시기가 명기되어 있지 않으나 다쓰노 슌세쓰(立野春節)[2]의 발문을 통해 간행시기와 본문과 훈점에 대한 사항을 엄밀히 파악할 수 있다. 이 책에 수록된 서(序)와 후서(後序) 및 발(跋)을 연대순으로 나열하면 다음과 같다.

- 白氏長慶集序: 元稹/長慶四年[824]
- 白氏長慶集後序: 白樂天/會昌五年[845]
- 重刻白氏長慶集序: 婁堅/萬曆丙午[1606]
- 白氏文集後序: 那波道圓/(元和)戊午[1618]
- 跋: 立野春節/萬治元年[1658][3]

기호: 古古5-79-나10, 25冊71卷), ②『白氏長慶集』(청구기호: 古古5-79-나12, 35冊71卷), ③『白氏長慶集 : 幷及目錄, 附錄』(청구기호: 古古5-79-나42, 20冊71卷).

2 立野春節(たつの・しゅんせつ, はるとき. 호: 蓬生巷·林鵑·了木 등. 1625-?)는 교토 출신의 有職家(조정의 의례와 전고를 연구하여 통달한 사람)이자 유학자 겸 의사이다. 한문서적을 교감하여 간행한 업적으로 후세에 이름을 남겼다. 1647년에『엔기시키(延喜式)』의 교감을 도운 것에서 시작하여 1668년『쇼쿠니혼기(續日本後紀)』의 간행까지 2년에 하나 꼴로 국서를 교감하여 출판하였으며 본서의 저본인 백씨장경집은 그가 34세가 되던 해에 간행한 것이다. 그러나 생몰년을 비롯한 그밖의 사적에 대해서는 자세히 알려진 것이 적다.

3 저본에는 마지막 장이 결락되어 와세다(早稻田) 대학 도서관 소장본[へ16-04040]에 의거하여 확인하였다.

교감자 다쓰노 슌세쓰의 발문 내용을 토대로 이 판본의 서지 사항을 정리하면 다음과 같다. 일본에서 백거이의 시문은 크게 사랑받았으며 고전 문학에도 지대한 영향을 미쳤다. 나와 도엔(那波道圓)에 의해 일본에서 최초로 백씨문집의 활자본인 나와본(那波本)이 간행되었으나 17세기 중엽에는 시중에서 입수가 곤란한 상황이었다. 한편 나와본은 활자본의 특성상 훈점을 함께 인쇄하지 못했다. 그러한 상황을 타개하기 위해 1657년에 명나라에서 수입한 마원조본을 복각하여 일본의 명망있는 문장박사 스가와라 가문의 훈점을 함께 새겨 간행한 것이 명력간본이다. 이 책은 초인본(初印本) 간행 이듬해인 1658년의 후인본(後印本)으로 추정되며 앞서 언급한 바와 같이 25책으로 분책되어 있어서 35책으로 된 초인본과 다르다.

마원조본과 계통이 다른 나와본의 후서가 수록되어 있는 점이 다소 의아한데 발문에 따르면 '계통이 다른 판본이지만 일본에서 백씨문집의 간행이 시작된 것은 나와 도엔이 시초임을 후세에 알리기 위함'이라고 밝히고 있다. 훈점은 다쓰노 슌세쓰가 자신이 갖고 있던 스가와라(菅原) 가문에 대대로 전하는 훈점을 바탕으로 하고 별본(別本)과 대조하여 빠지거나 소략한 부분을 보완한 것으로 보인다.

참고문헌

김경동(2016) 「백거이 문집의 성립과정과 제판본」『中國學報』 77, 한국중국학회, 171-201.

金載雨(1993) 「白居易의 思想과 作品價値」『호남학연구』, 전주대학교 호남학연구소, 25-43.

李奉相(2011) 「白氏文集 한국 소장 현황 및 그 특징」『中國語文論叢』 51, 중국어문연구회, 127-151.

宇都宮睦男(1979)「慶安三年板新楽府訓点の一性格」『訓点語と訓点資料』62, pp.111-125.

宇都宮睦男(1984)『白氏文集訓点の研究』, 溪水社.

宇都宮睦男(1985)「猿投神社蔵白氏文集文和二年点」『解釈』31(5), pp.45-49.

宇都宮睦男(1987)「猿投神社蔵白氏文集文和二年点(承前)」『訓点語と訓点資料』76, pp.1-15.

太田次男(1965)「東大寺宗性の『白氏文集要文抄』について」『斯道文庫論集』4, pp.87-174.

太田次男(1983)「宮内庁書陵部蔵本白氏文集新楽府元亨写本について」『斯道文庫論集』20, pp.1-97.

太田次男(1997)『旧鈔本を中心とする白氏文集本文の研究』, 勉誠社.

岡村　繁(2017)『新釈漢文大系97　白氏文集　一』, 明治書院.

川瀬一馬監修(1983)『金澤文庫本 白氏文集』, 勉誠社.

小林芳規(1970)「仁和寺蔵秦中吟延慶二年書写加点本」『訓点語と訓点資料』41, pp.67-114.

小林芳規・太田次男(1982)『神田本白氏文集の研究』, 勉誠社.

下定雅弘・神鷹德治編(2012)『宮内廳所藏那波本白氏文集』, 勉誠出版.

下条正男(1981)「近世前期における国書雕板と立野春節」『国史学』114, pp.53-70.

築島　裕(1980)「訓点解説」『天理図書館善本叢書漢籍之部第二巻　文選 趙志集 白氏文集』, 八木書店, pp.37-48.

杤尾武(2000)「猿投神社蔵白氏文集卷第三貞治二年点-本文・翻字・訓読文-」『調査研究報告』21, pp.1-42.

花房英樹(1980)「解題　文選　趙志集　白氏文集」『天理図書館善本叢書漢籍之部第二巻　文選 趙志集 白氏文集』, 八木書店, pp.29-36.

平岡武夫・今井　清(1971)「白氏文集の校定　序説」『白氏文集　卷三・卷四・卷六・卷九・卷十二・卷十七』, 京都大学人文科学研究所, pp. 1-46.

인터넷
宮內廳書陵部收藏漢籍集覽, 2019년 4월 6일 접속, http://db.sido.keio.ac.jp/kanseki/T_bib_search.php

國立公文書館 디지털 아카이브, 2019년 4월 6일 접속, https://www.digital.archives.go.jp

제2장

국립중앙박물관 소장『백씨문집』
권3·4〈신악부〉의 해독과 번역

〈범례〉

1. 본서는 국립중앙도서관에 소장되어 있는 훈점본 『白氏長慶集』
   (古古5-79-나10)의 권3·4〈신악부〉의 훈점을 판독하고 그에 따라 한
   문훈독문을 작성하여 이를 현대 한국어로 번역한 것이다. 필요
   한 경우 각주를 달아 설명하였으며, 각 시 아래에 시에 대한 해
   설을 하였다.
   해당 문헌은 국립중앙도서관 홈페이지에서 사진을 확인할 수
   있다.

2. 원문의 대문은 대문자로, 세주는 소문자로 나타낸다.
   A, B, C : 원문의 대문
   a, b, c : 원문의 세주

3. A 및 a : 원문의 한자는 『漢辞海(第4版)』(三省堂, 2017(初版, 2000))
   에 준거하여 강희자전체(정자체)로 나타낸다. 구두점은 B에 근
   거하여 달았다.

4. B 및 b : 저본의 훈점에 의거하여 만든 한문훈독문이다. 한자는
   A 및 a의 자체와 같고 오쿠리가나(送り假名)는 한문훈독문의 관
   습을 반영한 『漢辞海(第4版)』에 준거하였다. 이하, 예를 들어 설
   명하겠다.
   • 저본에는 다음 그림과 같이 본문에 어순지시부호[返点: ㆑,

二, 三, ㇾ]와 가나점[仮名点: ホム, ヲサメテ, ヲ, スル㇀キ] 등의 훈점이 기입되어 있다.

- 어순지시부호는 일본어와 어순이 다른 한문을 일본어 어순으로 읽기 위해 사용된 것으로, 한자의 왼쪽 아래에 기입된다. 어순지시부호가 기입되지 않은 한자를 먼저 읽으며 어순지시부호가 기입된 한자는 나중에 읽는다. 따라서 '美撥亂陳王業也' 중 가장 먼저 읽어야 할 한자는 '亂'이 된다.

- 「ㇾ」는 바로 아래의 한자를 읽고 난 후 「ㇾ」위의 글자를 읽으라는 어순지시부호이다. 따라서 '亂'을 읽은 이후에는 '撥'을 읽어야 한다.

- 「一, 二, 三」은 해당 한자들을 각각 「一」, 「二」, 「三」 순으로 읽어야 함을 나타내는 어순지시부호이다. 따라서 '撥'을 읽은 이후에는 '王業'을 먼저 읽고 '陳'을 그 다음으로 읽으며 마지막으로 '美'를 읽는다.

- 가나점은 한자의 훈을 나타내거나 해당 한자를 훈이나 음으로 읽고 난 후 보충되는 조사, 조동사, 어미 등을 나타내기 위해 사용된다.

- '美'와 '撥'에 기입된 가나점 'ホム'와 'ヲサメテ'는 '美'와 '撥'을 각각 'ホム', 'ヲサメテ'라는 훈으로 읽어야 함을 보여준다. 훈을 나타내는 가나점의 경우 주로 한자의 오른쪽 가운데 정도에 위치한다.

- '亂', '陳'에 기입된 가나점 'ヲ', 'スル㇀ヲ'는 '亂'과 '陳'을 읽고 난 후 보충되는 요소를 나타내기 위해 사용되었다. 이 경

七德舞 ○ 美撥亂陳王業也

우 가나점은 주로 한자의 오른쪽 아래에 위치한다.

• 가나점에 'ㄱ, ㄨ, 云'이 함께 등장한다. 이것은 합자(合字)라고 불리는 것으로 각각 'こと', 'して', 'いふ'의 여러 활용형태를 나타낸다.

• 가나점은 보통 한자의 우측에 기입되며 이를 정훈(正訓)이라고 한다. 한문훈독문에서는 이 정훈에 따라 읽는다. 그러나 한자 좌측에도 가나점이 기입되어 있는 경우가 있는데 이를 좌훈(左訓)이라고 한다. 좌훈은 각주로 나타냈다. 필요한 경우, 이때 해당 훈점이 나타내고자 하는 어휘를 ( )에 넣어 나타내고 훈점으로 명기되지 않은 부분은 밑줄을 그었다.

(예) 顯의 좌훈 [スコトハ]→ 각주: 좌훈으로 「スコトハ」(<u>あ</u><u>ら</u>はすことは)라고 적혀 있다.

• 아무 기호도 기입되어 있지 않은 '也'는 부독자(不讀字)로 간주하여 읽지 않는다.

• 따라서 위 그림을 훈점에 따라 읽은 한문훈독문은 다음과 같다.

七德舞(しちとくぶ)〇亂(らん)を撥(をさ)めて王業(わうげふ)を陳(ちん)することを美(ほ)む。

• 한문훈독문은 일본어 역사적가나표기법[歴史的仮名遣い]에 따르고자 하였으며, 한자음 표기는 『漢辞海(第4版)』에 준거한 한자음표기법[字音仮名遣い]에 따르고자 하였다. 다만 연성(連聲)의 예는 인정하지 않고 元和「ぐゑんな」는「ぐゑんわ」로, 因縁「いんねん」는「いんえん」와 같이 표기하였다.

5. C 및 c : B 및 b의 한문훈독문에 의거하여 작성한 우리말 번역문
   이다.

6. 주석 : 원문의 이해에 도움이 되는 사항을 설명한다.

7. 본문의 이해에는 다음 책이 큰 도움이 되었다. 필요한 경우 각주
   에 인용하였다.
   岡村繁(2017)『白氏文集一(新釈漢文大系第97巻)』明治書院(이
   하, 〈신석〉)

A: 白氏長慶集卷第三

B: 白氏長慶集(はくしちゃうけいしふ)卷第三(くゎんだいさむ)

C: 백씨장경집 권제3

A: 唐太子少傅刑部尚書致仕, 贈尚書右僕射, 太原白居易樂天著

B: 唐(たう)の太子少傅(たいしせうふ)刑部尚書(けいぶしゃう
しょ)にして致仕(ちし)し、尚書右僕射(しゃうしょうぼくや)
に贈(ぞう)せられたる、太原(たいぐゑん)の白居易(はくきょ
い)樂天(らくてん)著(ちょ)

C: 당나라 태자소부(太子少傅) 및 형부상서(刑部尚書)의 소임을 마치고
상서우복야(尚書右僕射)로 추증된 태원(太原)의 백거이(白居易) 낙천
(樂天) 지음.

A: 明後學松江馬元調巽甫校

B: 明(みん)の後學(こうがく)松江(しょうかう)の馬元調(ばぐゑん
てう)巽甫(そんほ)校(かう)

C: 명 후학 송강(松江)의 마원조(馬元調) 손보(巽甫) 교감.

〈해설〉

· 太子少傅(태자소부): 태자태부(太子太傅)를 도와 태자의 교육을 담
당하는 관직. 종2품.『구당서(舊唐書)』「문종본기(文宗本紀)」의 대화
(大和) 9년(835) 10월 조에「새로이 동주자사(同州刺史)의 관직을 내린
백거이를 태자소부로 삼아 나누어 관장케 한다(以新授同州刺史白居易
爲太子少傅分司)」라고 기록되어 있다. 한편『신당서(新唐書)』「백거이

열전(白居易列傳)」에는 「개성(開成) 연간(836~840) 초에 동주자사로 삼았으나 관직을 내리지 않고 태자소부로 고쳐 하사하였다(開成初起爲同州刺史不拜改太子少傅)」라고 기록되어 있다.

· 刑部尙書(형부상서): 사법을 관장하는 부서인 형부(刑部)의 장관. 정3품. 『신당서』「백거이열전」에 「회창(會昌) 연간(841-846) 초에 형부상서로서 치사하였다(會昌初以刑部尙書致仕)」라고 기록되어 있다. 즉 백거이는 생전에 마지막으로 형부상서를 역임하고 관직에서 물러난 것이다.

· 尙書右僕射(상서우복야): 상서성(尙書省)의 차관. 종2품. 직제상으로는 차관에 해당하지만, 공석인 상서령(尙書令)을 대신하여 실질적인 장관의 권한을 행사하였다. 『신당서』「백거이열전」에는 「상서우복야로 추증하고, 선종께서는 시를 지어 죽음을 애도하셨다(贈尙書右僕射宣宗以詩弔之)」라고 기록하고 있어, 백거이 사후에 추증된 관직임을 알 수 있다. 한편 『구당서』「직관지(職官志)」에는 백거이의 생몰연대보다 앞선 713년에 상서좌·우복야의 직명이 상서좌·우승상(尙書左·右丞相)으로 바뀌었는데, 옛 직명이 관용적으로 통용된 것이 아닌가 생각된다.

· 樂天(낙천): 백거이의 자(字).
· 巽甫(손보): 마원조의 자(字).

A: 諷諭三

B: 諷諭(ふうゆ)三(さむ)

C: 풍유(諷諭) 세 번째

a: 新樂府幷序〇凡二十首元和四年爲左拾遺時作.

b: 新樂府(しんがふ)幷(なら)びに序(じょ)〇凡(およ)そ二十首(に
じふしゅ)、元和(ぐゑんわ)四年(しねん)、左拾遺(さしふゐ)た
りし時(とき)作(さく)す。

c: 신악부(新樂府) 및 서(序). 모두 20수로, 원화(元和) 4년 좌습유(左拾遺)
였던 시절에 지은 것이다.

〈해설〉

· 新樂府(신악부): 새로운 제목에 의한 악부를 의미한다. 악부는 본래
전한(前漢)의 무제(武帝)가 찬설한 음악을 관장하는 관청이었는데 이
후 그 관청이 민간에서 채집하여 보존한 가요 및 그것을 본떠서 만든
시도 악부라고 부르게 되었다. 장구(長句)와 단구(短句)가 섞인 자유
로운 형식으로써 많은 이들이 음악에 맞추어 불렸다. 후세에는 한나
라 악부와 동일한 제목으로 지어진 반주를 동반하지 않는 시도 악부
라고 부르게 되었는데, 특히 당나라 시기에 유행했다. 또 당나라 시
기에는 한나라 시기에는 없었던 새로운 제목의 악부도 만들어졌는
데 이것을 신제악부(新題樂府) 혹은 신악부(新樂府)라고 이름하였다.

· 序(서): 신악부 전체의 서문.

· 元和(원화): 당나라 헌종(憲宗) 이순(李純) 치세의 연호. 806-820년.

· 左拾遺(좌습유): 문하성(門下省)의 관직. 종8품. 천자의 곁에서 간언

하여 보필하는 직무를 맡는다.

A: 序曰, 凡九千二百五十二言, 斷爲五十篇.

B: 序(じょ)して曰(い)はく、凡(すべ)て九千二百五十二言(きうせんにひゃくごじふにげん)、斷(さだ)めて¹五十篇(ごじっぺん)と爲(す)。

C: 서를 지어 말하기를, 전체 9252글자를 나누어 50편으로 하였다.

A: 篇無定句, 句無定字. 繫於意, 不繫於文.

B: 篇(へん)に定(さだ)まれる句(く)無(な)く、句(く)に定(さだ)まれる字(じ)無(な)し。意(い)に繫(か)けて、文(ぶん)に繫(か)けず。

C: 각 편을 몇 구로 할지 정해져 있지 않고 각 구를 몇 글자씩으로 할지 정해져 있지 않다. 시의에 중점을 두었지 글을 꾸미는 것에 중점을 두지는 않았다.

A: 首句標其目, 卒章顯其志, 詩三百之義也.

B: 首(はじ)めの句(く)に其(そ)の目(もく)を標(あらは)し²、卒(を)はりの章(しゃう)に其(そ)の志(し)を顯(あらは)せることは³、詩(し)⁴三百(さむびゃく)の義(ぎ)なり。

C: 첫 머리에 제목을 적고 마지막 장에 시의 뜻을 나타낸 것은『시경』

삼백 편의 도리에 따른 것이다.

A: 其辭質而徑. 欲見之者易諭也.

B: 其(そ)の辭(じ)、質(すなほ)にして徑(けい)なり。見(み)ん者(もの)の諭(さと)り易(やす)からんことを欲(ほっ)す。

C: 그 표현은 질박하고 올곧다. 보는 이가 쉽게 이해하기를 바라기 때문이다.

A: 其言直而切. 欲聞之者深誡也.

B: 其(そ)の言(げん)、直(ちょく)にして切(せつ)なり。聞(き)かん者(もの)の深(ふか)く誡(いまし)めんことを欲(ほっ)してなり。

C: 그 용어는 곧고 절실하다. 듣는 이가 깊이 새기기를 바라기 때문이다.

A: 其事覈而實. 使采之者傳信也.

B: 其(そ)の事(じ)、覈(あき)らかにして實(じつ)なり。采(と)らん者(もの)をして、信(しん)を傳(つた)へしめんとなり。

C: 그 내용은 명확하며 확실하다. 채록하는 이로 하여금 진실한 것을 전달하게 하고자 하는 것이다.

A: 其體順而肆. 可以播於樂章歌曲也.

B: 其(そ)の體(てい)、順(じゅん)にして肆(し)なり。以(もち)て樂章(がくしゃう)の歌曲(かきょく)に播(ほどこ)すべし。

C: 그 형식은 거리낌 없고 자유롭다. 이로써 악장의 가곡으로 만들 만하다.

A: 總而言之, 爲君爲臣爲民爲物爲事而作. 不爲文而作也.

B: 總(す)べて言(い)へば、君(きみ)の爲(ため)、臣(しん)の爲(た
め)、民(たみ)の爲(ため)、物(もの)の爲(ため)、事(こと)の爲
(ため)にして作(さく)す[5]。文(ぶん)の爲(ため)にして作(さく)
せず[6]。

C: 정리하여 말하자면, 임금을 위하여, 신하를 위하여, 백성을 위하
여, 만물을 위하여, 사안을 위하여 지은 것이지 글을 꾸미기 위해
지은 것은 아니다.

〈해설〉

· 九千二百五十二言(구천이백오십이언): 50편의 총 문자 수.

· 詩三百(시삼백):『시경(詩經)』을 가리킴. 시경에 300여 편의 시가 실
려 있는 데에서 유래한 명칭이다.『논어(論語)』에도 공자가 '시삼백'
으로 시경을 지칭한 예가 위정(爲政)편과 자로(子路)편에 각각 보인다.

· 總而言之(총이언지): '정리해서 말하자면', '결론으로 말하자면'이
라는 뜻.

---

5 원문에는 좌훈으로 「ル」(つくる)라고 적혀 있다.
6 원문에는 좌훈으로 「ラ」(つくら)라고 적혀 있다.

1. 칠덕무(七德舞)

A: 七德舞○美撥亂陳王業也.

B: 七德舞(しちとくぶ)○亂(らん)を撥(をさ)めて王業(わうげふ)を
陳(ちん)することを美(ほ)む。

C: 칠덕무(七德舞)○ 난을 다스리고 왕업을 펼치는 것을 찬미하였다.

a: 武德中天子始作秦王破陳樂, 以歌太宗之功業.

b: 武德(ぶとく)中(ちう)に、天子(てんし)始(はじ)めて秦王(しん
わう)の破陣樂(はちんがく)を作(つく)りて、以(もち)て太宗(た
いそう)の功業(こうげふ)を歌(うた)ふ。

c: 무덕(武德) 연간에 천자께서 비로소 진왕(秦王)의 파진악(破陣樂)을
지어, 이로써 태종의 공업(功業)을 노래하였네.

a: 貞觀初太宗重制破陳樂舞圖, 詔魏徵虞世南等, 爲之歌詞, 名七德
舞.

b: 貞觀(ぢゃうぐゎん)の初(はじ)め、太宗(たいそう)重(かさ)ねて
破陣樂舞(はちんがくぶ)の圖(づ)を制(せい)して、魏徵(ぐゐ
ちょう)・虞世南(ぐせいなむ)等(とう)に詔(せう)して、歌詞(か
し)を爲(つく)らしめて、七德(しちとく)の舞(まひ)と名(な)づ
く。

c: 정관(貞觀) 연간 초에 태종께서 거듭 파진악무도(破陣樂舞圖)를 제작
하였고, 위징(魏徵), 우세남(虞世南) 등에게 명하여 가사를 짓게 하고

칠덕무라 이름하였다.

a: 自龍朔已後詔郊廟, 享宴皆先奏之.

b: 龍朔(りうさく)より已後(このかた)、郊廟(かうべう)に詔(せう)して、享宴(きゃうゑん)、皆(みな)先(さき)に之(これ)を奏(そう)す。

c: 용삭(龍朔) 연간 이후 황실의 종묘에 명하여 향연에서는 모두 먼저 이것을 연주하였다.

〈해설〉

· 七德舞(칠덕무): 당나라 궁정의 무악의 이름이다. 명군으로 알려진 당나라 제2대 황제 태종(太宗) 이세민(李世民, 재위 626-649)이 아직 진왕(秦王)으로서 사방을 정벌하고 있을 때 민간에서는 「파진악(破陣樂)」이라는 가요가 불리고 있었다. 태종은 즉위하자 여재(呂才)·이백약(李百藥)·우세남(虞世南)·저량(褚亮)·위징(魏徵) 등에게 명하여 악곡에 맞는 가사를 만들게 했다. 또 정관(貞觀) 7년(633)에는 「파진악무도(破陣樂舞圖)」를 제작하여 여재에게 명하여 그림에 맞추어 120명의 악공에게 춤을 가르치게 하였고 「칠덕무」라고 이름하고 궁정의 무악으로 삼았다. 칠덕이란 ① 폭력을 금하고 ② 전쟁을 멈추고 ③ 국가의 대의를 지키고 ④ 공훈을 제정하고 ⑤ 백성을 편안하게 하며 ⑥ 민중을 평화롭게 하며 ⑦ 재정을 풍요롭게 하는 7가지를 말한다.

· 武德(무덕): 당나라 고조(高祖) 이연(李淵) 치세의 연호. 당나라 최초의 연호. 618-626년.

· 貞觀(정관): 당나라 태종(太宗) 이세민(李世民) 치세의 연호. 627-649년.
· 魏徵(위징): 당나라의 정치가. 자는 현성(玄成). 간의대부(諫議大夫),
  좌광록대부(左光祿大夫)를 지냈고, 정국공(鄭國公)에 봉해졌다. 그의
  직간(直諫)은 유명하여 다수의 일화가 『정관정요(貞觀政要)』에 실려
  있다.
· 虞世南(우세남): 당나라의 서예가 및 정치가. 자는 백시(伯施). 구양
  순(歐陽詢), 저수량(褚遂良)과 더불어 초당(初唐) 삼대 서예가 중 한 사
  람. 우려(虞荔)의 아들로 태어나 형 우세기(虞世基)와 함께 고야왕(顧野
  王) 문하에서 수학하였다. 홍문관학사(弘文館學士), 비서감(秘書監) 등
  을 지냈다.
· 龍朔(용삭): 당나라 고종(高宗) 이치(李治) 치세의 연호. 661-663년.

A: 七德舞, 七德歌, 傳自武德至元和.
B: 七德(しちとく)の舞(まひ)、七德(しちとく)の歌(うた)、武德
  (ぶとく)より傳(つた)へて元和(ぐゑんわ)に至(いた)る。
C: 칠덕무, 칠덕가, 무덕(武德) 연간부터 전해져 원화(元和) 연간에 이
  르네.

A: 元和小臣白居易, 觀舞聽歌知樂意.
B: 元和(ぐゑんわ)の小臣(せうしん)白居易(はくきょい)、舞(まひ)
  を觀(み)、歌(うた)を聽(き)きて、樂(がく)の意(い)を知(し)り
  ぬ。
C: 원화 연간의 소신 백거이는 그 춤을 보고 그 노래를 듣고서 음악의
  뜻을 알았네.

A: 樂終稽首陳其事.

B: 樂(がく)終(を)はりて稽首(けいしゅ)して、其(そ)の事(こと)を
陳(ちん)す。

C: 음악이 끝나고 머리를 조아리며 그 사실을 아뢰었네.

A: 太宗十八擧義兵, 白旄黃鉞定兩京.

B: 太宗(たいそう)十八(じふはち)にして義兵(ぎへい)を擧(あ)げ、
白旄(はくぼう)黃鉞(くゎうゑつ)、兩京(りゃうけい)を定(さだ)
む。

C: 태종께서는 열여덟에 의병을 일으켜 백모(白旄)와 황월(黃鉞)로 낙
양과 장안을 평정하셨네.

A: 擒充戮竇四海淸.

B: 充(しう)を擒(と)らへ、竇(とう)を戮(りく)して、四海(しかい)
淸(す)みぬ。

C: 왕세충(王世充)을 사로잡고 두건덕(竇建德)을 죽이니 천하가 평정되
었네.

A: 二十有四功業成. 二十有九卽帝位. 三十有五致太平.

B: 二十有四(にじふいうし)にして功業(こうげふ)成(な)る。二十
有九(にじふいうきう)にして帝位(ていゐ)に卽(つ)く。三十有
五(さむじふいうご)にして太平(たいへい)を致(いた)す。

C: 스물넷에 공업을 이루셨네. 스물아홉에 제위에 오르셨네. 서른다
섯에 태평을 이루셨네.

A: 功成理定何神速.

B: 功(こう)成(な)り、理(り)定(さだ)まること、何(なん)ぞ神速(しんそく)なる。

C: 공업이 이루어지고 이치가 바로잡히는 것이 이 얼마나 신묘하게 빠른가?

A: 速在推心置人腹.

B: 速(すみ)やかなること、心(こころ)を推(お)して人腹(じんぷく)に置(お)くに在(あ)り。

C: 빠르게 이룬 것은 성심으로 미루어 타인의 마음을 믿었기 때문이네.

A: 亡卒遺骸散帛收.

B: 亡卒(ばうそつ)の遺骸(ゐがい)、帛(はく)を散(さん)じて收(をさ)む。

C: 죽은 병사들의 유해는 비단을 풀어서 거두었네.

a: 貞觀初詔天下, 陣死骸骨致祭瘞埋之.

b: 貞觀(ぢゃうぐゎん)の初(はじ)め、天下(てんか)に詔(せう)して、陣死(ちんし)の骸骨(がいこつ)は祭(さい)を致(いた)して之(これ)を瘞埋(えいばい)す。

c: 정관 연간 초에 천하에 명하여 전쟁 중에 전사한 유골은 제사를 지내고 묻게 하였다.

a: 尋又散帛以求之也.

b: 尋(たづ)ねて又(また)帛(はく)を散(さん)じて、以(もち)て之(これ)を求(もと)む。

c: (유골을) 찾고자 다시 비단을 풀어서 (유골을) 찾았다.

A: 饑人賣子分金贖.

B: 饑(う)ゑたる人(ひと)の賣(う)れる子(こ)をば、金(かね)を分(わ)けて贖(あがな)ふ。

C: 굶주린 이들이 판 자식들은, 금을 나눠주어서 몸값을 치르게 하였네.

a: 貞觀五年大飢人有鬻男女者.

b: 貞觀(ぢゃうぐゎん)五年(ごねん)、大(おほ)いに飢(う)ゑたる人(ひと)、男女(だむぢょ)を鬻(ひさ)ぐ者(もの)有(あ)り。

c: 정관 5년에 몹시 굶주린 이들 가운데 아들딸을 판 이가 있었다.

a: 詔出御府金帛, 盡贖之還其父母.

b: 詔(せう)して、御府(ぎょふ)の金帛(きむぱく)を出(い)だして、盡(ことごと)く之(これ)を贖(あがな)ひて、其(そ)の父母(ふぼ)に還(かへ)す。

c: 명을 내려서 궁중의 창고에 있는 황금과 비단을 내어, 이들의 몸값을 모두 치러서 부모에게 돌려보냈다.

A: 魏徵夢見天子泣,

B: 魏徵(ぐゐちょう)夢(ゆめ)に見(み)えて、天子(てんし)泣(な)き、

C: 위징(魏徵)이 꿈에 보이니 천자께서 우셨고,

a: 魏徵疾亟. 太宗夢與徵別. 既寤流涕.

b: 魏徵(ぐゐちょう)、疾(やまひ)亟(すみ)やかなり。太宗(たいそう)夢(ゆめ)に徵(ちょう)と別(わか)る。既(すで)に寤(さ)めて涕(なみだ)を流(なが)す。

c: 위징은 병세가 빠르게 악화되었다. 태종은 꿈에 위징과 작별하였다. 잠에서 깨고 나서 눈물을 흘렸다.

a: 是夕徵卒. 故御親制碑云,

b: 是(こ)の夕(ゆふべ)、徵(ちょう)卒(そっ)す。故(ゆゑ)に御親(した)しく碑(ひ)を制(せい)して云(い)はく、

c: 이날 저녁 위징이 세상을 떠났다. 그리하여 친히 비문을 지어 말하시기를,

a: 昔殷宗得良弼於夢中. 今朕失賢臣於覺後.

b: 昔(むかし)殷宗(いんそう)、良弼(りゃうひつ)を夢中(むちう)に得(う)。今(いま)朕(ちむ)、賢臣(けんしん)を覺後(かくご)に失(うしな)ふ。

c: '옛날 은(殷)나라의 선왕은 좋은 인재를 꿈속에서 얻었다고 한다. (하지만) 지금 짐은 현명한 신하를 꿈에서 깨어나 잃었다.' (하셨다.)

A: 張謹哀聞辰日哭.

B: 張謹(ちゃうきん)、哀(あは)れみ聞(き)こえて、辰日(しんじつ)に哭(こく)す。

C: 장공근(張公謹)의 애통한 소식을 듣고서 진일(辰日)임에도 통곡하
셨네.

a: 張公謹卒. 太宗爲之擧哀.

b: 張公謹(ちゃうこうきん)⁷卒(そっ)す。太宗(たいそう)之(これ)
が爲(ため)に哀(あは)れみを擧(あ)ぐ。

c: 장공근이 죽었다. 태종이 이를 위해 곡을 하였다.

a: 有司奏, 日在辰. 陰陽所忌. 不可哭.

b: 有司(いうし)奏(そう)すらく、日(ひ)辰(しん)に在(あ)り。陰陽
(いむやう)の忌(い)む所(ところ)なり。哭(こく)すべからず。

c: 한 신하가 아뢰기를, "진일이라 음양에서는 삼가는 바이니 통곡을
하셔서는 안 됩니다." (하였다.)

a: 上曰, 君臣義重父子之情也.

b: 上(しゃう)の曰(い)はく、君臣(くんしん)の義(ぎ)は父子(ふし)
の情(じゃう)よりも重(おも)し。

c: 황상께서 말씀하시기를, "군신의 의는 부자의 정보다도 무겁다.

a: 情發於中, 安知辰日. 遂哭之.

b: 情(じゃう)、中(うち)に發(はっ)して、安(いづ)くんぞ辰日(し
んじつ)を知(し)らん。遂(つひ)に哭(こく)す。

---

7 「ニ」가 달려 있어서 가점자는 '장공이 삼가 죽었다.'와 같이 「謹」을 부사로 파악
한 것으로 보인다. 그러나 '장공근'이 인명이므로 이 훈점은 옳지 않다. 여기서는
바른 이해에 따라 훈독하였다.

c: 정은 마음속에서 나오는 것이니 어찌 진일을 알까보냐." 하시고 끝
내 통곡하셨다.

A: 怨女三千放出宮.

B: 怨女(ゑんぢょ)三千(さむぜん)、宮(みや)より放(ゆる)し出(い)
だせる。

C: 원통한 여인 삼천 명을 궁에서 풀어 내보내셨네.

a: 太宗常謂侍臣曰, 婦人幽閉深宮, 情實可愍. 今將出之, 任求伉儷.

b: 太宗(たいそう)常(つね)に侍臣(ししん)に謂(い)ひて曰(い)は
く、婦人(ふじん)幽(ひそ)かに深宮(しむきう)に閉(と)ぢられ
て、情(じゃう)實(まこと)に愍(あは)れむべし。今(いま)將(ま
さ)に之(これ)を出(い)だして、任(まか)せて伉儷(かうれい)を
求(もと)めしめんと。

c: 태종께서 곁에 머무는 신하에게 항상 일러 말씀하시기를, "여인이
아득히 깊은 궁중에 갇혀 있으니 마음이 실로 안타깝다. 이제 이들
을 내보내서 마음껏 제 짝을 찾게 하고자 한다." (하셨다.)

a: 於是令, 左丞戴胄給事中杜正倫, 於掖庭宮西門, 揀出數千人, 盡放
歸.

b: 是(ここ)に於(おい)て、左丞戴冑(さじょうだいちう)給事中(き
ふじちう)杜正倫(とせいりん)をして、掖庭宮(えきていきう)
の西門(せいもん)に於(おい)て、數千人(すうせんにん)を揀(え
ら)び出(い)だし、盡(ことごと)く放(ゆる)し歸(かへ)さしむ。

c: 이에 좌승대주(左丞戴胄) 급사중(給事中)인 두정륜(杜正倫)으로 하여
금 액정궁(掖庭宮)의 서문에서 수천 명을 선별하여 모두 풀어주어
돌아가게 하였다.

A: 死囚四百來歸獄.

B: 死囚(ししう)四百(しひゃく)、獄(ごく)に來(きた)り歸(かへ)れ
り。

C: 사형수 사백 명은 옥으로 돌아왔네.

a: 貞觀六年, 親錄囚徒死罪者三百九十, 放出歸家. 令明年秋來就刑.

b: 貞觀(ぢゃうぐゎん)六年(ろくねん)、親(みづか)ら囚徒(しうと)
死罪(しざい)の者(もの)三百九十(さんびゃくきうじふ)を錄(ろ
く)して、放(ゆる)し出(い)だして家(いへ)に歸(かへ)らしむ。
明年(みゃうねん)秋(あき)をして來(きた)りて刑(けい)に就(つ)
かしむ。

c: 정관 6년에 친히 죽을 죄를 지은 죄인 390명을 기록한 후 풀어주어
집에 돌아가게 하였다. 이듬해 가을에 와서 (남은) 형을 받게 하
였다.

a: 應期畢至. 詔悉原之.

b: 期(き)に應(おう)じて畢(ことごと)く至(いた)る。詔(せう)して
悉(ことごと)く之(これ)を原(ゆる)す。

c: 기한이 되니 모두 도착하였다. 명을 내려 모두 죄를 사면하였다.

A: 剪鬚燒藥賜功臣, 李勣嗚咽思殺身.

B: 鬚(ひげ)を剪(き)り藥(くすり)を燒(や)きて、功臣(こうしん)に
賜(たま)ひしかば、李勣(りせき)嗚咽(をえつ)して、身(み)殺
(ころ)さんことを思(おも)ひき。

C: 수염을 베어 살라서 만든 약을 공신에게 내리시니, 이적(李勣)은 오
열하며 제 몸을 바치겠다 생각하였네.

a: 李勣常疾. 醫云, 得龍鬚燒灰, 方可療之.

b: 李勣(りせき)、常(つね)に疾(やまひ)す。醫(い)の云(い)はく、
龍鬚(りうしゅ)を得(え)て灰(はひ)に燒(や)かば、方(まさ)に之
(これ)を療(いや)すべしと。

c: 이적은 항상 병들어 있었다. 의원이 말하기를, "용의 수염을 얻어
태운 재를 마시면 병을 치료할 수 있을 것입니다." (하였다.)

a: 太宗自剪鬚, 燒灰賜之.

b: 太宗(たいそう)自(みづか)ら鬚(ひげ)を剪(き)りて、灰(はひ)に
燒(や)き、之(これ)を賜(たま)ふ。

c: 태종께서 친히 수염을 잘라 재로 태워 이것을 하사하였다.

a: 服訖而愈. 勣叩頭, 泣涕而謝.

b: 服(ふく)し訖(を)はりて愈(い)ゆ。勣(せき)頭(かしら)を叩(た
た)き、泣涕(きふてい)して謝(しゃ)す。

c: (이적은 이를) 음복하고 나서 나았다. 이적은 머리를 땅에 대고 눈
물을 흘리며 감사하였다.

A: 含血吮瘡撫戰士, 思摩奮呼乞效死.

B: 血(ち)を含(ふく)み、瘡(きず)を吮(す)うて、戰士(せんし)を撫(な)でしかば、思摩(しば)、奮(ふる)ひ呼(よ)ばうて死(し)を效(いた)さんことを乞(こ)ふ。

C: 피를 머금고 종기를 빨아 전사들을 어루만지시니, 이사마(李思摩)는 떨치고 부르짖으며 목숨을 바치고자 간청하였네.

a: 李思摩嘗中矢. 太宗親爲吮血.

b: 李思摩(りしば)、嘗(かつ)て矢(や)に中(あ)たる。太宗(たいそう)、親(みづか)ら爲(ため)に血(ち)を吮(す)ふ。

c: 이사마가 일찍이 화살에 맞았는데, 태종이 친히 그를 위해 피를 빨았다.

A: 不獨善戰善乘時. 以心感人人心歸.

B: 獨(ひと)り善(よ)く戰(たたか)ひ、善(よ)く時(とき)に乘(じょう)ぜしにもあらざりけり。心(こころ)を以(もち)て人(ひと)を感(かむ)ぜしむれば、人(ひと)の心(こころ)歸(くゐ)せり[8]。

C: 단지 전투에 능하고 좋은 시기를 만났을 뿐이 아니었네. 마음으로써 사람을 감읍케 하였으니 인심이 귀의하였던 것이네.

A: 爾來一百九十載, 天下至今歌舞之.

B: 爾(それ)より來(このかた)、一百九十載(いっぴゃくきうじふさい)、天下(てんか)今(いま)に至(いた)りて、之(これ)を歌舞(か

---

8 좌훈으로「ヲモムケリ」(おもむけり)라고 적혀 있다.

ぶ)す。

C: 그로부터 190년, 천하는 지금에 이르기까지 이것을 노래하고 춤
추네.

A: 歌七德舞七德, 聖人有作垂無極.

B: 七德(しちとく)を歌(うた)ひ、七德(しちとく)を舞(ま)ひ、聖人
(せいじん)作(つく)ること有(あ)りて、無極(むきょく)に垂(た)
る。

C: 칠덕을 노래하고 칠덕을 춤추며 성인께서 지으신 바 있어서 끝없
이 드리우네.

A: 豈徒耀神武. 豈徒誇聖文.

B: 豈(あ)に徒(た)だ神武(しんぶ)を耀(かがや)かすのみならんや。
豈(あ)に徒(た)だ聖文(せいぶん)に誇(ほこ)るのみならんや。

C: 어찌 그저 신령한 무(武)를 빛낼 뿐이겠는가? 어찌 그저 성스런 문
(文)을 자랑할 뿐이겠는가?

A: 太宗意在陳王業. 王業艱難示子孫.

B: 太宗(たいそう)の意(い)、王業(わうげふ)を陳(の)ぶるに在(あ)
り。王業(わうげふ)の艱難(かんなん)を子孫(しそん)に示(しめ)
さんとなり。

C: 태종의 뜻은 왕업을 폄에 있네. 왕업의 지난함을 자손들에게 내보
이고자 한 것이라네.

〈해설〉

· 元和(원화): 당나라 헌종(憲宗) 이순(李純) 치세의 연호. 806-820년.

· 白旄(백모): 털이 긴 소의 꼬리를 장대 끝에 매달아 놓은 깃발. 군사
를 지휘할 때 쓰인다.

· 黃鉞(황월): 황금으로 장식한 도끼. 형벌에 쓰이는 도구이다.

· 兩京(양경): 서쪽의 장안(長安)과 동쪽의 낙양(洛陽)을 아울러 이르
는 말.

· 充(충): 왕세충(王世充). 수나라 말 당나라 초기에 할거하던 군웅. 수
나라 양제(煬帝)의 신임을 받아 양현감(楊玄感)의 반란 등을 평정하고
하남(河南) 일대에 세력을 형성하였다. 618년에 수나라 양제가 살해
되자 황제를 옹립하였고, 이듬해 스스로 황제로 즉위하여 국호를 정
(鄭)이라 하였다. 이때 혹독한 통치로 많은 백성과 휘하의 장수들이
당나라로 귀순하였다. 왕세충은 이세민에게 항복하여 목숨을 부지
하였으나, 유배가는 길에 살해당하였다.

· 竇(두): 두건덕(竇建德). 수나라 말 당나라 초기에 할거하던 군웅. 618
년에 하왕(夏王)을 자칭하고 하북(河北) 일대를 통치하였다. 휘하의
장수들을 아끼고 백성들의 지지가 두터웠다. 621년에 이세민의 공
격을 받은 왕세충의 요청으로 낙양으로 출병하였지만, 호뢰관(虎牢
關)에서 이세민에게 패하여 포로로 잡혀 장안에서 처형되었다.

· 推心置人腹(추심치인복): 자신의 진실한 마음에 바탕하여 타인도
그와 같이 진실할 것으로 생각하여 사람을 믿고 의심하지 않는 것.
후한 광무제의 고사에서 유래 하였다. 『후한서(後漢書)』「광무제본
기(光武帝本紀)」에는 후한의 광무제가 찬탈당한 정권을 되찾아 안정
시키는 과정에서, 과거 적대세력들을 진심으로 포용하여 대하니 사

람들이 「진실한 속마음을 미루어 사람들에게 내어주니 어찌 목숨 걸고 싸우지 않을 수 있으랴(推赤心置人腹中安得不投死乎)」라고 하였다는 고사에 바탕을 둔 표현이다.

· 魏徵(위징): 당나라의 정치가. 자는 현성(玄成). 간의대부(諫議大夫), 좌광록대부(左光祿大夫)를 지냈고, 정국공(鄭國公)에 봉해졌다. 그의 직간(直諫)은 유명하여 다수의 일화가 『정관정요(貞觀政要)』에 실려 있다.

· 張謹(장근): 장공근(張公謹). 당나라의 군인. 자는 홍신(弘愼). 본래 왕세충 휘하에 있었으나 618년에 당나라에 귀순하였고, 이적(李勣) 등의 천거로 이세민의 측근이 되었다. 이세민이 형들을 제거하고 즉위하는 데에 큰 공을 세웠으며, 돌궐과의 싸움에서도 크게 활약하였다. 632년에 임지에서 39세로 죽자, 태종이 신하들의 만류를 뿌리치고 궁을 나서 그의 영전에서 크게 곡하였다는 일화가 전해진다.

· 李勣(이적): 당나라의 군인. 자는 무공(懋功). 본래의 이름은 서세적(徐世勣)으로, 수나라 말에 이밀(李密)의 휘하에서 활약하였다. 이밀과 함께 당나라로 귀순하였고, 당나라 고조 이연은 그를 직속 휘하에 두고 국성(國姓)인 이(李)를 사성하였다. 이세민의 휘하에서 두건덕과 왕세충 토벌에 공을 세웠으며, 후에 태종으로 즉위한 이세민의 휘를 피하여 이적(李勣)으로 이름을 고쳤다.

· 李思摩(이사마): 동돌궐(東突厥)의 가한(可汗)[왕]이자 당나라의 군인. 본명은 아사나 사마(阿史那 思摩)로, 당나라의 국성 이(李)를 사성받았다. 동돌궐의 힐리가한(頡利可汗) 휘하에서 당나라에 저항하다 사로잡혔는데, 639년에 태종이 그의 충의를 높이 사서 관직과 봉작을 내리고 가한으로 삼았다. 이후 되돌려 보내졌으나, 644년에 지배

하에 있던 부족들의 이반으로 당나라에 입조하여 우무위장군(右武衛將軍)에 배명되었다. 645년에 고구려 원정에 종군하였다가 화살을 맞았는데 태종이 친히 피를 빨아 치료하였지만 회복하지 못하고 장안에서 숨을 거두었다.

2. 법곡가(法曲歌)

A: 法曲歌○美列聖正華聲也.

B: 法曲歌(はふきょくか)○列聖(れっせい)の華(くゎ)[9]の聲(せい)を正(ただ)すを美(ほ)めたり。

C: 법곡가(法曲歌)○ 역대의 천자가 중국 고유의 음악을 바로잡은 것을 찬미하였다.

〈해설〉

· 法曲歌(법곡가): 법곡(法曲)은 조정에서 정한 표준 악곡. 이 시는 음악과 정치는 연관되어 있다는 생각에 기초하여 이성(夷聲)[이민족의 음악]이 법곡에 섞이게 된 이후 정치가 혼란해졌음을 지적하고 법곡에는 순수한 화성(華聲)[중국 고유의 음악]을 사용해야 한다고 진언하고 있다.

· 列聖(열성): 당나라의 역대 천자.

· 華聲(화성): 중국 고유의 음악.

A: 法曲, 法曲, 歌大定. 積德重熙有餘慶.

B: 法曲(はふきょく)、法曲(はふきょく)、大定(たいてい)を歌(うた)ふ。德(とく)を積(つ)み、熙(き)を[10]重(かさ)ねて、餘(のこ)

---

9 「華」 우측에 「ヲ」가 기입되어 있으나 이것은 「正」에 기입되어야 할 것이 한 글자 아래에 기입된 것이다.

10 「熙」 우측에 호분(胡粉)[조개 껍질 등을 태워서 만든 흰색 안료]으로 지운 흔적이 있다.

んの慶(よろこ)び有(あ)り。

C: 법곡, 법곡, 대정곡(大定曲)을 노래하네. 덕을 쌓고 즐거움을 더하여 후손의 기쁨이 있네.

A: 永徽之人舞而詠.

B: 永徽(ゑいくゑ)の人(ひと)、舞(ま)ひて詠(ゑい)ず。

C: 영휘(永徽) 연간 사람들은 (법곡을) 춤추며 노래하였네.

a: 永徽之思, 有貞觀之遺風. 故高宗制一戎, 大定樂曲也.

b: 永徽(ゑいくゑ)の思(おも)ひ、貞觀(ぢゃうぐゎん)の遺風(ゐふう)あり。故(ゆゑ)に高宗(かうそう)、一戎(いちじう)を制(せい)して、大(おほ)いに樂曲(がっきょく)を定(さだ)めたり。

c: 영휘 연간 (사람들의) 생각에는 정관(貞觀) 연간의 유풍이 있었다. 그러므로 고종(高宗)은 오랑캐를 제압하고 대대적으로 악곡(樂曲)을 정비하였다.

A: 法曲, 法曲, 舞霓裳, 政和世理音洋洋.

B: 法曲(はふきょく)、法曲(はふきょく)、霓裳(げいしゃう)を舞(ま)ひて、政(まつりごと)和(あまな)ひ[11]、世(よ)理(をさ)まりて、音(おむ)洋洋(やうやう)たり。

C: 법곡, 법곡, 예상무(霓裳舞)를 추어서 정치가 안정되고 세상이 다스려져 그 소리가 성하였네.

---

11 「和」우측에 「ヒ」가 적혀 있는데 그 위쪽에 호분으로 지운 흔적이 있다.

A: 開元之人樂且康.

B: 開元(かいぐゑん)の人(ひと)、樂(たの)しみて且(か)つ康(やす)
し。

C: 개원(開元) 연간 사람들은 즐겁고 또한 편안하였네.

a: 霓裳羽衣曲, 起於開元, 盛於天寶也.

b: 霓裳羽衣(げいしゃううい)の曲(きょく)は、開元(かいぐゑん)に
起(お)こりて、天寶(てんぽう)に盛(さか)んなり。

c: 예상우의곡(霓裳羽衣曲)은 개원 연간에 일어나 천보(天寶) 연간에 성
하였다.

A: 法曲, 法曲, 歌堂堂. 堂堂之慶垂無疆.

B: 法曲(はふきょく)、法曲(はふきょく)、堂堂(だうだう)を歌(う
た)ふ。堂堂(だうだう)の慶(よろこ)び、無疆(むきゃう)に垂
(た)る。

C: 법곡, 법곡, 당당곡(堂堂曲)을 노래하네. 당당곡의 은택은 무궁한 후
세에 드리워지네.

A: 中宗肅宗復鴻業. 唐祚中興萬萬葉.

B: 中宗(ちうそう)肅宗(しくそう)、鴻業(こうげふ)を復(ふく)す。
唐(たう)の祚(そ)、中(なかごろ)興(おこ)りて萬萬葉(ばんばん
えふ)なり。

C: 중종(中宗)도 숙종(肅宗)도 홍업(鴻業)을 되찾았네. 당나라 왕조도 중
흥하여 만세에 이어졌네.

a: 永隆元年, 大常丞李嗣貞, 善審音律, 能知興衰云, 近者樂府有堂堂
之音. 唐祚再興之兆.

b: 永隆(ゑいりう)元年(ぐわんねん)、大常丞(だいじゃうしょう)
李嗣貞(りしてい)、善(よ)く音律(おむりつ)を審(つまび)らかに
して、能(よ)く興衰(こうすい)を知(し)りて云(い)はく、近者
(ちかごろ)樂府(がふ)、堂堂(だうだう)の音(おむ)有(あ)り。唐
(たう)の祚(そ)、再興(さいこう)の兆(きざ)しなり。

c: 영륭(永隆) 원년 대상승(大常丞) 이사정(李嗣貞)이 음률을 잘 살펴 능
히 흥함과 쇠함을 알았다. (이사정이) 말하기를, "근자의 악부(樂府)
에 당당이라는 음악이 있다. 당나라가 다시 일어날 조짐이다."라고
하였다.

A: 法曲, 法曲, 合夷歌. 夷聲邪亂華聲和.

B: 法曲(はふきょく)、法曲(はふきょく)、夷歌(いか)に合(かな)へ
り。夷(い)の聲(こゑ)は邪亂(じゃらん)にして、華(くわ)の聲
(こゑ)は和(くわ)なり。

C: 법곡, 법곡, 오랑캐의 음악 매한가지네. 오랑캐 노래는 삿되고 어
지러우며 중화의 노래는 조화롭네.

A: 以亂干和天寶末. 明年胡塵犯宮闕.

B: 亂(らん)を以(もち)て和(くわ)を干(をか)す、天寶(てんぽう)の
末(すゑ)。明年(みゃうねん)に胡(こ)の塵(あだ)[12]宮闕(きうくゑ

---

12 「塵」는 '먼지'라는 의미의 「ちり」라고 읽는 것이 가장 일반적이다. 침략할 때 말
발굽에 의해 먼지가 일어나는 것을 비유적으로 표현한 것이다. 그런데 여기서는
「アタ」(あだ)라는 훈점을 굳이 달고 있으므로 그에 따라 '적'이라고 번역하였다.

つ)を犯(をか)す。

C: 난(亂)으로써 화(和)를 범하였네, 천보 말년에. 다음 해에 오랑캐 적
들이 궁궐을 범하였네.

a: 法曲雖似失雅音, 蓋諸夏之聲也. 故歷朝行焉.

b: 法曲(はふきょく)は雅音(がおむ)を失(うしな)ふに似(に)たりと
いへども、蓋(けだ)し諸夏(しょか)の聲(こゑ)なり。故(ゆゑ)に
歷朝(れきてう)に行(おこな)ふ。

c: 법곡은 아음(雅音)을 잃었다고는 해도 중국의 음악이다. 그러므로
역대 조정에서 행해졌다.

a: 玄宗雖雅好度曲, 然未嘗使蕃漢雜奏.

b: 玄宗(ぐゑんそう)雅(もと)より度曲(どきょく)を好(この)むとい
へども、然(しか)も未(いま)だ嘗(かつ)て蕃漢(ばんかん)をして
雜(まじ)へて奏(そう)せしめず。

c: 현종(玄宗)은 평소에 곡에 맞추어 노래하는 것을 좋아하였다고는
하지만 그래도 오랑캐 노래와 중국의 노래를 섞어 연주하게 하지
는 않았다.

a: 天寶十三載始詔諸道, 調法曲, 與胡部新聲合作.

b: 天寶(てんぽう)十三載(じふさむさい)、始(はじ)めて諸道(しょ
だう)に詔(せう)して、法曲(はふきょく)を調(ととの)へて、胡
部(こぶ)の新聲(しんせい)と合(あ)ひ作(な)す。[13]

---

13 <신석>에서는 「天寶十三(二)載、始めて詔して、道調・法曲と胡部の新聲とを
合作せしめ、(천보 13년 처음으로 명을 내려서 도조 법곡과 호부의 신성을 합작

c: 천보 13년에 처음 전국에 명을 내려 법곡을 정비하고 오랑캐의 새
음악을 더하여 만들었다.

a: 識者深異之.

b: 識(し)る者(もの)深(ふか)く之(これ)を異(い)とす。

c: 알 만한 사람은 깊이 이를 이상하게 여겼다.

a: 明年冬而安祿山反也.

b: 明年(みゃうねん)の冬(ふゆ)、安祿山(あんろくざん)反(はん)
す。

c: 다음해 겨울 안록산(安祿山)이 반란을 일으켰다.

A: 乃知法曲本華風. 苟能審音與政通.

B: 乃(すなは)ち知(し)りぬ、法曲(はふきょく)は本(もと)華風
(くゎうふう)なりといふことを。苟(まこと)に能(よ)く音(おむ)と
政(まつりごと)と通(つう)ずることを審(つまび)らかにす。[14]

C: 그리하여 알았네, 법곡은 본래 중국 고유의 음악이어야한다는 것
을. 진실로 능히 음악과 정치는 통한다는 것을 소상히 하였네.

A: 一從胡曲相參錯, 不辨興衰與哀樂.

B: 一(ひと)たび胡曲(こきょく)の相(あ)ひ參錯(さむさく)せしよ
り、興衰(こうすい)と哀樂(あいらく)とを辨(わきま)へず。

하여)」라고 훈독하여 구문 이해에 차이를 보인다.

14 <신석>에서는 「苟(まこと)に能(よ)く音(おん)を審(つまび)らかにせば、政(ま
つりごと)と通(つう)ずることを。(진실로 능히 음악이 (도리를) 상세히 하면 정
치와 통한다는 것을.)」와 같이 훈독하였다.

C: 한번 오랑캐 악곡이 (조정의 음악에) 섞이고 나서부터는 (국가의) 성쇠와 (인정의) 애락을 분간할 수 없게 되었네.

A: 願求牙曠正華音, 不令夷夏相交侵.

B: 願(ねが)はくは牙曠(がくゎう)を求(もと)めて、華(くゎ)の音(おむ)を正(ただ)しくして、夷夏(いか)をして相(あ)ひ交(まじ)り侵(をか)さしめざらんとなり。

C: 바라는 것은, 백아와 사광을 구하여 중화의 음악을 바로잡아 오랑캐와 중화로 하여금 서로 섞여서 범하지 않게 하고자 하는 것이라네.

〈해설〉

· 大定(대정): 당나라 고종(高宗) 영휘(永徽) 6년(655)에 제정된 악곡 일융대정악(一戎大定樂)을 말한다.

· 永徽(영휘): 당나라 고종 이치(李治) 치세의 연호. 650-655년.

· 貞觀(정관): 당나라 태종(太宗) 이세민(李世民) 치세의 연호. 627-649년.

· 霓裳(예상): 예상우의곡(霓裳羽衣曲). 현종(玄宗) 때 제정한 악곡.

· 洋洋(양양): 성한 모양.

· 開元(개원): 당나라 현종 이융기(李隆基) 치세의 연호. 713-741년.

· 天寶(천보): 당나라 현종 이융기 치세의 연호. 742-756년.

· 堂堂(당당): 가곡(歌曲)의 이름. 고종 치세에 민간에서 불렸다.

· 中宗(중종): 당나라 제4대 황제. 683-684년과 705-710년에 재위하였다. 고종 사후 즉위했으나 어머니인 측천무후에게 폐위되었다가 후에 복위되었다.

· 肅宗(숙종): 당나라 제10대 황제. 756-762년에 재위하였다. 안록산 (安祿山)의 난이 발발한 다음 해에 즉위한 후, 장안과 낙양을 회복했다.

· 鴻業(홍업): 천하를 다스리는 제왕의 대업(大業).

· 萬萬葉(만만엽): 만세(萬歲). 영구.

· 永隆(영륭): 당나라 고종 이치 치세의 연호. 680-681년.

· 李嗣貞(이사정): 이사진(李嗣眞)의 잘못으로 추정된다. 이부진(李副 眞)이라고 적은 사본도 있다.

· 夷歌(이가): 오랑캐의 가곡.

· 胡塵犯宮闕(호진범궁궐): 천보(天寶) 14년 11월 안록산의 난이 발발 하여 장안이 함락된 것을 말한다.

· 玄宗(현종): 당나라 제6대 황제. 712-756년에 재위하였다.

· 度曲(도곡): 곡에 맞추어 노래하는 것.

· 安祿山(안록산): 당나라 군인. 사마르칸트 출신 소그드인과 돌궐계 의 혼혈이다. 녹산(祿山)은 소그드어 록샨(Rokhshan)[빛]의 음역이 다. 당나라 현종 때에 반란을 일으켜 스스로 황제로 즉위하였으나 아들에게 살해당했다.

· 苟能審音與政通(구능심음여정통): 음악의 정사(正邪)와 정치의 선 악(善惡)이 연관되어 있다는 것이다. 『예기(禮記)』「악기(樂記)」에 「성 음(聲音)의 도는 정치와 통한다(聲音之道, 與政通矣)」라고 되어 있다.

· 胡曲(호곡): 이가(夷歌), 즉 오랑캐 노래.

· 牙曠(아광): 과거의 음악가인 백아(伯牙)와 사광(師曠)을 말한다.

· 夷夏(이하): 오랑캐와 중국.

3. 이왕후(二王後)

A: 二王後○明祖宗之意也.

B: 二王後(にわうこう)○祖宗(そそう)の意(い)を明(あ)かす。

C: 이왕후(二王後)○ (앞서 흥망한 두 왕조의 후예를 예우한) 선대 황제의 뜻을 밝힌 것이다.

〈해설〉

· 二王後(이왕후): 당나라 이전에 흥망한 두 왕조인 수(隋)와 북주(北周) 황제의 후예를 말한다. 『예기(禮記)』에 「천자가 앞선 두 왕조의 후예를 존치하는 것은 현인을 존숭하는 것과 같다(天子存二代之後, 猶尊賢也)」라고 전하는 것처럼 앞서 흥망한 왕조의 후예를 예우하는 것은 고대의 이상적인 모습이었다.

· 祖宗(조종): 선대 황제.

A: 二王後, 彼何人.

B: 二王(にわう)の後(のち)は、彼(かれ)何人(なにびと)ぞ。

C: 두 왕조의 후손은 그 누구인가?

A: 介公鄏[戶圭切]公爲國賓. 周武隋文之子孫.

B: 介公(かいこう)鄏公(くゑいこう)、國(くに)の賓(ひん)と爲(な)る。周(しう)の武(ぶ)、隋(ずい)の文(ぶん)の子孫(しそん)なり。

C: 개공(介公)과 휴공(鄼公)은 나라의 빈객이며 북주(北周)의 무제(武帝)
와 수(隋)나라 문제(文帝)의 자손이네.

A: 古人有言. 天下者非是一人之天下.

B: 古(いにしへ)の人(ひと)、言(い)へること有(あ)り。天下(てん
か)は是(これ)一人(いちにん)の天下(てんか)にあらず。

C: 옛사람이 말한 바가 있네. 천하는 (천자) 한 사람의 천하가 아니
라네.

A: 周亡天下傳于隋. 隋人失之唐得之.

B: 周(しう)亡(ほろ)びて天下(てんか)隋(ずい)に傳(つた)はる。隋
人(ずいひと)之(これ)を失(うしな)ひて、唐(たう)之(これ)を得
(え)たり。

C: 주나라가 망하고 천하는 수나라로 이어졌네. 수나라 사람은 나라
를 잃고 당나라가 이를 얻었네.

A: 唐興十葉歲二百, 介公鄼公世爲客.

B: 唐(たう)興(おこ)りて十葉(じふえふ)、歲(とし)二百(にひゃ
く)、介公(かいこう)鄼公(くゑいこう)世(よよ)客(かく)と爲(な)
る。

C: 당나라가 흥하여서 10대 200년, 개공과 휴공은 대대로 나라의 빈객
이었네.

A: 明堂太廟朝享時, 引居賓位備威儀.

B: 明堂(めいだう)太廟(たいべう)の朝享(てうきゃう)の時(とき)に、

引(ひ)きて賓位(ひんゐ)に居(ゐ)て[15]、威儀(ゐぎ)を備(そな)ふ。

C: 명당(明堂)과 태묘(太廟)에서 조향(朝享)을 할 때에 불려 와 빈위(賓位)
에 자리하여 격식을 갖추었네.

A: 備威儀助郊祭. 高祖大宗之遺制.

B: 威儀(ゐぎ)に備(そな)へて、郊祭(かうさい)を助(たす)く。高祖
(かうそ)大宗(たいそう)の遺制(ゐせい)なり。

C: 격식을 갖추어서 제사에 참례하는 것은 고조(高祖)와 태종(太宗)께
서 남기신 제도라네.

A: 不獨興滅國. 不獨繼絕世.

B: 獨(ひと)り滅(ほろ)びたる國(くに)を興(おこ)すのみにあらず。
獨(ひと)り絶(た)えたる世(よ)を繼(つ)ぐのみにあらず。

C: 단지 망한 나라를 일으키려는 것이 아니라네. 단지 끊긴 세대를 잇
고자 하는 것이 아니라네.

A: 欲令嗣位守文君, 亡國子孫取爲戒.

B: 位(くらゐ)を嗣(つ)ぎ、文(ぶん)を守(まも)る君(きみ)、亡國(ば
うこく)の子孫(しそん)をして、取(と)りて戒(いまし)めと爲
(せ)しめんと欲(ほっ)すとなり。[16]

---

15 좌훈으로「スヱテ」(するゑて)라고 적혀 있다.
16 <신석>에서는「文(ぶん)を守(まも)る君(きみ)をして、亡國(ばうこく)の子孫
(しそん)をば取(と)りて誡(いまし)めと爲(な)さしめんと欲(ほっ)するなり。
(문(文)을 지키는 군주로 하여금 망국(亡國)의 자손을 취하여 경계로 삼게 하고
자 하신 것이다.)」라고 읽음으로써 '문을 지키는 군주'가 피사역 주체임을 명확
히 하고 있다.

C: 제위를 잇고 문(文)을 지키는 군주가 망국(亡國)의 자손을 취하여 경계로 삼게 하고자 하신 것이라네.

〈해설〉

· 介公(개공): 수나라 문제(文帝)는 581년에 북주(北周) 정제(靜帝)의 선양를 받아 즉위하고, 정제를 개국공(介國公)에 봉했다. 정제 사후에는 우문중(宇文仲)의 자손을 개국공에 봉하고 수나라 황실의 빈객으로 예우했다.

· 酅公(휴공): 당나라 고조 이연(李淵) 618년에 수나라 공제(恭帝)의 선양을 받아 즉위한 후 공제를 휴국공(酅國公)에 봉했다.

· 明堂(명당): 천자가 정사를 집행하는 곳. 태묘는 황실의 선조와 선대 황제의 영을 모신 사당이다.

· 朝享(조향): 천자가 태묘에서 행하는 제사. 조(朝)는 신하를 궁궐에 들이는 것이며, 향(享)은 신(神)에게 제사를 지내는 것이다.

· 備威儀(비위의): 의례에 필요한 요소로서 자리함을 말한다.

· 助郊祭(조교제): 교제는 천자가 도성 교외에서 하늘과 땅에 제사를 지내는 것이다. 조(助)는 그 제사에 참례하는 것을 말한다.

4. 해만만(海漫漫)

A: 海漫漫○戒求仙也.

B: 海漫漫(かいまんまん)○仙(せん)を求(もと)むることを戒(いま
し)む。

C: 해만만(海漫漫)○ (천자가) 신선(神仙)과 선약(仙藥)을 찾는 것을 경
계한 것이다.

〈해설〉

· 海漫漫(해만만): 바다가 드넓음을 말한다. 이 시는 『정관정요(貞觀政
要)』에 당나라 태종이 신하들에게 진시황과 한나라 무제의 고사를
들어 신선을 망령되게 찾아서는 안 된다고 경계한 것을 바탕으로 한
다. 한편 이 시를 지었을 당시의 황제인 헌종은 선약에 마음이 이끌
렸던 것으로 보인다. 『구당서(舊唐書)』를 보면 원화(元和) 5년(810)에
헌종이 신하들에게 신선에 대한 이야기가 믿을 만한지를 물었다. 그
러자 이번(李藩)이 신선에 대한 이야기는 노자의 도덕경에도 없고 진
시황과 한나라 무제 등의 고사를 통해서도 허망한 것이 자명하다며
간언하였고 헌종도 깊이 수긍하였다. 그러나 헌종은 그 후로도 신선
과 선약의 유혹을 끊지 못했던 것으로 보인다.

· 漫漫(만만): 수면이 넓은 모양.

A: 海漫漫. 直下無底傍無邊.

B: 海(うみ)漫漫(まんまん)たり[17]。直下(みお)ろせば底(そこ)も無

(な)く、傍(かたは)らに邊(ほとり)も[18]無(な)し。

C: 바다는 넓고 넓네. 내려다보면 밑도 없고 사방으로 경계도 없네.

A: 雲濤煙浪最深處, 人傳中有三神山.

B: 雲(くも)の濤(なみ)、煙(けむり)の浪(なみ)、最(いと)深(ふか)
き處(ところ)、人(ひと)傳(つた)ふ[19]、中(なか)に三(み)つの神
山(しんさん)有(あ)りと。

C: 구름 파도, 안개 물결 그 아래 저 깊은 곳에, 어떤 이가 말하기를, 신
령한 산이 셋 있다고 하네.

A: 山上多生不死藥, 服之羽化爲天仙.

B: 山(やま)の上(うへ)に多(おほ)く不死(ふし)の藥(くすり)生(お)
ひたり。之(これ)を服(ふく)すれば、羽化(うくゎ)して天仙(て
んせん)と爲(な)ると。

C: 산에는 불사의 약이 많이 나는데, 이것을 먹으면 날개가 돋아 하늘
의 신선이 된다고 하네.

A: 秦皇漢武信此語, 方士年年采藥去.

B: 秦皇(しんくゎう)漢武(かんぶ)此(こ)の語(こと)を信(しん)じ
て、方士(はうし)をして年年(ねんねん)に藥(くすり)を采(と)り
に去(つか)はす。

C: 진시황과 한나라 무제가 이 말을 믿고서 약을 찾아오라고 매년 방

---

17 좌훈으로 「トメ」(<u>まんまんとして</u>)라고 적혀 있다.
18 「邊」 우측에 「モ」가 가점되어 있고 그 위쪽에 호분으로 지운 흔적이 있다.
19 좌훈으로 「ラク」(<u>つたふらく</u>)라고 적혀 있다.

사들을 보냈다네.

A: 蓬萊今古但聞名. 煙水茫茫無覓處.

B: 蓬萊(ほうらい)は今(いま)も古(いにしへ)も、但(ただ)名(な)を
のみ聞(き)く。煙水(ゑんすい)茫茫(ばうばう)として覓(もと)む
るに[20]處(ところ)無(な)し。

C: 봉래산은 예나 지금이나 그저 이름만 들릴 뿐이다. 안개가 자욱한
바다는 망망하여 찾을 곳이 없네.

A: 海漫漫. 風浩浩.

B: 海(うみ)漫漫(まんまん)たり。風(かぜ)浩浩(かうかう)たり。

C: 바다는 넓디 넓고 바람은 세차네.

A: 眼穿不見蓬萊島. 不見蓬萊不敢歸.

B: 眼(まなこ)は穿(う)げなんとすれども、蓬萊(ほうらい)の島(し
ま)を見(み)ず。蓬萊(ほうらい)を見(み)ざれば、敢(あ)へて歸
(かへ)らず。

C: 눈이 뚫어지도록 찾아봐도 봉래산은 안 보이고, 봉래산을 못 찾으
니 감히 돌아갈 수 없네.

A: 童男丱[음慣]女舟中老. 徐福文成多誑誕.

B: 童男(どうなむ)丱女(くゎんぢょ)舟(ふね)の中(うち)に老(お)い
たり。徐福(しょふく)文成(ぶんせい)誑誕(きゃうたん)多(お

---

20 좌훈으로「メン」(もとめん)이라고 적혀 있다.

ほ)し。

C: 사내아이와 계집아이는 배 안에서 늙는구나. 서복(徐福)과 문성(文成)에게는 거짓됨이 많다네.

A: 上元太一虛祈禱.

B: 上元(しゃうぐゑん)太一(たいいち)のみを虛(むな)しく祈禱(きたう)す。

C: (진시황과 한나라 무제는) 상원부인과 태일성만을 찾으며 헛되게 기도하였다네.

A: 君看, 驪山頂上茂陵頭, 畢竟悲風吹蔓草.

B: 君(きみ)看(み)よ、驪山(りざん)の頂(いただき)の上(うへ)、茂陵(ぼうりょう)の頭(ほとり)、畢竟(つひ)に[21]悲(かな)しき風(かぜ)、蔓(はびこ)れる草(くさ)を吹(ふ)くを。

C: 그대 보게나, 여산 꼭대기, 무릉 언저리, 결국 슬픈 바람이 무성한 잡초 위에 부는 것을.

A: 何況玄元聖祖五千言, 不言藥, 不言仙, 不言白日昇靑天.

B: 何(なん)ぞ況(いは)んや玄元聖祖(ぐゑんぐゑんせいそ)の五千言(ごせんげん)にも、藥(くすり)とも言(い)はず、仙(せん)とも言(い)はず、白日(はくじつ)に靑天(せいてん)に昇(のぼ)れりとも言(い)はざるをや。

C: 하물며 말해 무엇하랴? 현원성조께서 지으신 오천 자의 도덕경에

---

21 「畢[훈합부, =]竟」과 같이 가점되어 있고 「畢」 우측 「二」 위쪽에 호분으로 지운 흔적이 있다.

도 불사약에 대한 언급이 없고 신선에 대한 언급도 없으며 대낮에 푸른 하늘로 올라간다는 언급도 없는 것을.

〈해설〉

· 三神山(삼신산): 봉래(蓬萊), 방장(方丈), 영주(瀛州)라는 세 개의 신령한 산.

· 羽化(우화): 날개가 돋아 신선이 됨.

· 秦皇(진황): 진나라 시황제.

· 漢武(한무): 한나라 무제.

· 茫茫(망망): 넓게 탁 트인 모양

· 浩浩(호호): 광대한 모양.

· 丱女(관녀): 머리카락을 두 갈래로 뿔처럼 묶은 계집아이.

· 徐福(서복): 『사기(史記)』「봉선서(封禪書)」에 진시황 28년 서불(徐市)이라는 자가 바다 한가운데에 있는 삼신산에 동남녀(童男女)를 이끌고 불사약을 찾으러 가겠다는 글을 올렸다고 전해진다. 서복은 서불의 다른 이름이다.

· 文成(문성): 한나라 무제의 측근이었던 수행자 소옹(少翁). 한때 문성장군(文成將軍)이라 불렸다.

· 上元(상원): 상원부인. 도교의 선녀. 천상에 있으면서 10만의 옥녀를 다스린다고 한다.

· 太一(태일): 하늘의 최고의 신 태일성(太一星). 태일(泰一)이라고도 한다.

· 驪山頂上(여산정상): 여산은 장안 동쪽에 있는 산으로, 진시황의 무덤이 있다.

· 茂陵頭(무릉두): 무릉은 한나라 무제의 능이다.

· 玄元聖祖(현원성조): 노자(老子)를 말한다. 노자의 성은 이(李)인데, 성이 같은 당나라 황실은 노자를 자신들의 조상으로 받들었다. 당나라 고종이 박주(毫州)에 행차했을 때 노자의 사당을 찾아 현원황제로 추존하였다.

· 五千言(오천언): 노자의 저서 『도덕경(道德經)』을 가리킨다. 상하 2편으로 본문의 글자를 헤아리면 대략 5000글자인 데에서 유래한 것이다.

5. 입부기(立部伎)

A: 立部伎○刺雅樂之替也.

B: 立部伎(りつぶぎ)○雅樂(ががく)の替(か)はることを刺(そし)れり。

C: 입부기(立部伎)○ 아악이 변한 것을 비판한 것이다.

a: 太常選坐部伎無性識者, 退入立部伎.

b: 太常(たいじゃう)、坐部伎(ざぶぎ)の性識(せいしき)無(な)き者(もの)を選(えら)びて、退(しりぞ)けて立部伎(りつぶぎ)に入(い)らしむ。

c: 태상(太常)이 좌부기 중 (음악에) 자질이 없는 자를 골라, 물러나게 하여 입부기에 넣었다.

a: 又選立部伎, 絶無性識者, 退入雅樂部. 則雅聲可知矣.

b: 又(ま)た立部伎(りつぶぎ)の、絶(た)えて性識(せいしき)無(な)き者(もの)を選(えら)びて、退(しりぞ)けて雅樂部(ががくぶ)に入(い)らしむ。則(すなは)ち雅聲(がせい)、知(し)りぬべし。

c: 또 입부기 중에 (음악에) 자질이 전혀 없는 자를 골라, 물러나게 하여 아악부에 넣었다. 그러므로 아성(雅聲)(이 쇠하여 가는 이유)을 알 만하다.

〈해설〉

· 立部伎(입부기): 천자가 향연을 베풀 때 궁전의 정원에 서서 연주하는 악사. 한편 천자의 향연 때 가장 실력이 뛰어나 당상(堂上)에 앉아서 연주하는 악사를 좌부기라고 하였는데, 입부기는 좌부기의 다음으로 수준이 높았으며, 아악부는 가장 수준이 낮았다. 이 시는 가장 실력이 떨어지는 악사로 하여금 중국의 정통 음악인 아악을 담당하게 하는 현실을 비판함으로써 이를 바꿔야 함을 진언하고 있다.

· 太常(태상): 예악(禮樂)을 관장하는 관리 또는 관청.

· 性識(성식): 타고난 자질. 여기에서는 음악에 타고난 자질을 뜻한다.

A: 立部伎鼓笛諠. 舞雙劍跳七丸.

B: 立部伎(りつぶぎ)、鼓笛(こてき)諠(かまびす)し。雙劍(さうけむ)を舞(ま)はし、七丸(しちぐゎん)を跳(をど)らしむ。

C: 입부기(가 연주하니) 고적 소리 시끄럽네. 쌍검 들고 춤추게 하고, 일곱 개 공을 튀어오르게 하네.

A: 嫋巨索掉長竿.

B: 巨索(きょさく)を嫋(たわ)め[22]、長竿(ちゃうかん)を掉(うご)かす。

C: 흔들흔들 줄타기를 하고, 장대를 흔드네.

A: 太常部伎有等級. 堂上者坐堂下立.

---

22 「嫋」 우측 「乂」 위쪽에 호분으로 지운 흔적이 있다.

B: 太常(たいじゃう)の部伎(ぶぎ)は、等級(とうきふ)有(あ)り。堂
　　上(だうじゃう)の者(もの)は坐(ざ)し[23]、堂下(だうか)は立(た)
　　てり。

C: 태상의 부기에는 등급이 있네. 당상(堂上)에서 연주하는 사람은 앉
　　아서 하고 당하(堂下)에서 연주하는 사람은 서서 한다네.

A: 堂上坐部笙歌淸. 堂下立部鼓笛鳴.

B: 堂上(だうじゃう)の坐部(ざぶ)は、笙歌(せいか)淸(す)めり。
　　堂下(だうか)の立部(りつぶ)は、鼓笛(こてき)鳴(な)る。

C: 당상에 앉는 좌부기의 연주에서는 생황과 노랫소리가 맑네. 당하
　　에 선 입부기의 북과 피리 소리는 (시끄럽게) 울리네.

A: 笙歌一聲衆側耳. 鼓笛萬曲無人聽.

B: 笙歌(せいか)一聲(いっせい)、衆(しう)耳(みみ)を側(そばだ)
　　つ。鼓笛(こてき)萬曲(ばんきょく)、人(ひと)の聽(き)く無(な)
　　し。

C: 생황과 노랫소리 한 곡조는 많은 사람들이 귀를 기울이나, 북과 피
　　리 소리 만 곡조는 듣는 이가 없다네.

A: 立部賤坐部貴.

B: 立部(りつぶ)は賤(いや)しく、坐部(ざぶ)は貴(たふと)し。

C: 입부기는 천하고 좌부기는 귀하네.

---

23 좌훈으로 「ノリ」(のり)라고 적혀 있다.

A: 坐部退爲立部伎, 擊鼓吹笙和雜戲.

B: 坐部(ざぶ)退(しりぞ)けられて、立部伎(りつぶぎ)と爲(な)る。鼓(つづみ)を擊(う)ち、笙(せい)を吹(ふ)きて、雜戲(ざつぎ)に和(くゎ)す。

C: 좌부기는 내쳐져서 입부기가 된다네. (그러면) 북을 치고 생황을 불어 여러 곡예에 맞춘다네.

A: 立部又退何所任, 始就樂懸操雅音.

B: 立部(りつぶ)、又(ま)た退(しりぞ)けられて、何(なん)の任(にむ)ずる所(ところ)かある。始(はじ)めて樂懸(がくくゑん)に就(つ)きて、雅音(がおむ)を操(あやつ)る。

C: 입부기는 또 내쳐져서 무엇을 맡게 되나? (그렇게 되면) 비로소 악현(樂懸)에 나아가 아악을 연주한다네.

A: 雅音替壞一至此, 長令爾輩調宮徵.

B: 雅音(がおむ)替(すた)れ[24]壞(やぶ)れて[25]、一(ひと)たび此(ここ)に至(いた)れり。長(なが)く爾(なんぢ)が輩(やから)をして、宮徵(きうち)を調(しら)べしむ。

C: 아악이 쇠퇴하여 실로 이 지경에 이르렀네. 오래도록 너희 (수준 떨어지는) 무리들로 하여금 궁치(宮徵)[아악]를 연주하게 하였네.

A: 圓丘后土郊祀時, 言將此樂感神祇.

B: 圓丘(ゑんきう)后土(こうど)の郊祀(かうし)の時(とき)に、言

---

24 「替」 우측에 「レ」가 가점되어 있고 그 위쪽에 호분으로 지운 흔적이 있다.
25 「壞」 우측에 「レテ」가 가점되어 있고 그 위쪽에 호분으로 지운 흔적이 있다.

(ここ)に此(こ)の樂(がく)を將(もち)て、神祇(しんき)を感(か
む)ぜしめ、

C: 교외의 원구(圓丘)나 후토(后土)에서 천지신명께 제사를 올릴 때, 이
   음악으로 천지신명을 감동시키려 한다네.

A: 欲望鳳來百獸舞. 何異北轅將適楚.

B: 鳳(ほう)の來(きた)りて百獸(はくじう)の舞(ま)ふを²⁶望(のぞ)
   まんと欲(す)。何(なん)ぞ轅(ながえ)を北(きた)にして、將(ま
   さ)に楚(そ)に適(ゆ)かんとするに異(こと)ならん。

C: (이처럼 수준 떨어지는 음악으로) 봉황이 오고 뭇짐승들이 춤추길
   바란다네. (이것이) 어찌 수레채는 북을 향하면서 (남쪽에 있는) 초
   나라로 가고자 하는 것과 다르겠는가?

A: 工師愚賤安足云. 太常三卿爾何人.

B: 工師(こうし)愚賤(ぐせん)にして、安(いづ)くんぞ云(い)ふに足
   (た)らん。太常(たいじゃう)の三卿(さむけい)、爾(なんぢ)何人
   (なんびと)ぞ。

C: 악사들은 어리석고 천하여 말할 바가 없지만 태상의 삼경(三卿), 당
   신들은 뭐하는 자들인가?

〈해설〉
· 嫋巨索(요거삭): 나긋나긋 흔들리는 굵은 줄 위에서 하는 줄타기.
· 掉長竿(도장간): 장대를 흔드는 곡예.

---

26 좌훈으로 「ンフヲ」(まはんことを)라고 적혀 있다.

· 雜戲(잡희): 공던지기나 줄타기 등의 곡예.

· 樂懸(악현): 경(磬)이나 종을 매단 나무선반으로 천자의 궁전 네 귀퉁이에 놓여졌다.

· 雅音(아음): 아악(雅樂)을 말한다.

· 宮徵(궁치): 음계의 이름. 오음계인 궁상각치우(宮商角徵羽) 가운데 두 음인 궁치를 뜻한다. 또는 그 음계를 기조로 하는 악조의 이름을 지칭하기도 한다.

· 圓丘(원구): 도읍 남쪽 교외의 둥근 언덕에서 동짓날 천신에게 제사지내는 시설.

· 后土(후토): 하짓날에 도읍의 교외에서 지신에게 제사를 지내는 것. 원구와 후토, 두 제사를 합쳐 교사(郊祀)라고 한다.

· 北轅適楚(북원적초): 원(轅)은 수레의 채. 남방에 있는 초나라에 가려고 하면서 채는 북으로 향한다는 것. 뜻하는 바와 행동이 상반될 때의 비유.

· 太常三卿(태상삼경): 예의(禮儀)와 음악을 관장하는 태상시(太常寺)에 속한 세 명의 경(卿).

6. 화원경(華原磬)

A: 華原磬〇刺樂工非其人也

B: 華原磬(くゎぐゑんけい)〇樂工(がくこう)の其(そ)の人(ひと)に
あらざることを刺(そし)れり。

C: 화원경(華原磬)〇 악공이 그 사람[적임자]이 아님을 비판한 것이다.

a: 天寶中始廢泗濱磬, 用華原石代之.

b: 天寶中始(てんぽうちうし)の[27]、泗濱磬(しひんけい)を廢(はい)
し、華原石(くゎぐゑんせき)を用(もち)ゐて之(これ)に代(か)
ふ。

c: 천보(天寶) 중초에 사빈경(泗濱磬)을 버리고 화원석으로 이것을 대
신하였다.

a: 詢諸磬人, 則曰, 故老云, 泗濱磬下. 調之不能和. 得華原石, 考之乃
和. 由是不改.

b: 諸(これ)を磬人(けいじん)に詢(と)へば、則(すなは)ち曰(い)は
く、故老(こらう)云(い)はく、泗濱磬(しひんけい)は下(くだ)れ
り。之(これ)を調(ととの)ふれども、和(くゎ)すること能(あた)
はず。華原石(くゎぐゑんせき)を得(え)て、之(これ)を考(かん

---

27 「天寶中始」의 「始」에 「ノ」라고 가점되어 있어 위와 같이 읽었으나 「天寶中(て
んぽうちう)、始(はじ)めて(천보 연간에 처음으로)」와 같이 읽는 것이 타당할
것이다. 혹은 이 부분이 「天寶年中始」와 같이 되어 있는 텍스트도 있다. 이에 따
르면 「天寶年中(てんぽうねんちう)、始(はじ)めて(천보 연간에 처음으로)」라
고 읽을 수 있다.

が)へて、乃(すなは)ち和(くゎ)す。是(これ)に由(よ)りて改(あ
ら た)めず。

c: 이에 대해 경을 연주하는 사람에게 물었더니, (답하여) 말하기를,
"나이 많은 노인[악사]이 말하기를, "사빈경은 뒤떨어진다. 이것으
로 음조를 맞춰보려고 하지만 조화롭게 소리를 낼 수가 없다. 화원
석을 얻어서 이것을 시험해보니 조화를 이루었다."고 말했다. 그래
서 (화원경 사용하는 일을) 바꾸지 않는 것이다."라고 하였다.

〈해설〉

· 華原磬(화원경): 화원경은 화원(華原)에서 생산되는 경(磬). 경은
「へ」자 모양으로 된 석재 타악기. 화원은 당나라 경조부(京兆府)에 속
한 현의 하나. 사빈경(泗濱磬)은 고전에 보이는 바른 악기이지만 화원
경은 천보(天寶) 연간 이후의 대용품이었다. 이 노래는 그 두 가지 음
색의 청탁과 우열을 가려들을 수 없는 사람이 악사를 맡고 있는 현실
을 비판한 것이다.
· 天寶(천보): 당나라 현종 이융기(李隆基) 치세의 연호. 742-756년.
· 泗濱磬(사빈경): 사빈가에서 나는 경석(磬石). 『서경(書經)』「우공(禹
貢)」에 「사빈의 부경(泗濱之浮磬)」이라는 말이 있고, 그 주석에 「사수
(泗水) 물가의 물속에 보이는 돌은 경석으로 삼을 만하다(泗水涯, 水中
見石, 可以爲磬)」라고 하였다.

A: 華原磬, 華原磬, 古人不聽今人聽.
B: 華原磬(くゎぐゑんけい)、華原磬(くゎぐゑんけい)、古(いにし
へ)の人(ひと)は聽(き)かず、今(いま)の人(ひと)は聽(き)く。

C: 화원경, 화원경, 옛사람은 듣지 못하고 지금 사람은 듣는다네.

A: 泗濱石, 泗濱石, 今人不擊古人擊

B: 泗濱石(しひんせき)、泗濱石(しひんせき)、今(いま)の人(ひと)は擊(う)たず、古(いにしへ)の人(ひと)は擊(う)つ。

C: 사빈석, 사빈석, 지금 사람은 칠 수 없지만 옛사람은 두드렸다네.

A: 今人古人何不同. 用之捨之由樂工.

B: 今(いま)の人(ひと)、古(いにしへ)の人(ひと)、何(なん)ぞ同(おな)じからざる。之(これ)を用(もち)ゐ、之(これ)を舍(す)つること、樂工(がくこう)に由(よ)れり。

C: 지금 사람과 옛사람, 어찌하여 같지 않은가? 이것을 사용하고, 이 것을 버리는 일은 악공에게 달렸다네.

A: 樂工雖在耳如壁[28], 不分淸濁卽爲聾.

B: 樂工(がくこう)、耳(みみ)の、壁(かべ)の如(ごと)く在(あ)りといへども[29]、淸濁(せいだく)を分(わか)たざれば、卽(すなは)ち聾(みみしひ)と爲(す)。

C: (아무리) 악공의 귀가 벽과 같다고 해도 맑고 탁한 소리를 구분조 차 못하면 귀머거리와 같다네.

---

28 이 부분이 「樂工豈有耳如壁」와 같이 되어 있는 필사본도 있다. 이에 따르면 「樂 工(がくこう)、豈(あ)に耳(みみ)壁(かべ)の如(ごと)く有(あ)らんや」와 같이 훈 독할 수 있다. '악공의 귀는 벽과 같이 전혀 소리가 들리지 않는 일은 없다'라는 의 미이다.

29 이대로는 의미가 잘 통하지 않는다. 「樂工(がくこう)、耳(みみ)在(あ)りといへ ども、壁(かべ)の如(ごと)く」와 같이 읽어야 뒷구절과 자연스럽게 연결된다.

A: 梨園弟子調律呂. 知有新聲不知古.

B: 梨園(りゑん)の弟子(ていし)、律呂(りつりょ)を調(ととの)ふ。
新聲(しんせい)有(あ)ることを知(し)りて、古(ふる)きを知(し)
らず。

C: 이원(梨園)의 제자들이 가락을 조율함에, 새 음악만을 알 뿐 예전의
음악은 알지 못한다네.

A: 古稱浮磬出泗濱. 立辯致死聲感人.

B: 古(いにしへ)に稱(い)はく、浮磬(ふけい)は泗濱(しひん)より出
(い)でたりと。辯(べん)を立(た)て、死(し)を致(いた)して、聲
(こゑ)人(ひと)を感(かむ)ぜしむ。

C: 옛사람이 말하기를, 경석은 사수에서 나온다고 하였네. 그 소리는
사람을 감동시켜 (자기 직분을) 분별하여 죽음으로써 지키게 하네.

A: 宮懸一聽華原石, 君心遂忘封疆臣.

B: 宮懸(きうくゑん)に一(ひと)たび華原石(くゎぐゑんせき)を聽
(き)くときに、君(きみ)の心(こころ)、遂(つひ)に封疆(ほう
きゃう)の臣(しん)を忘(わす)れたり。

C: 궁중에서 화원경 소리를 한 번 들으면 임금의 마음은 종국에는 국
경을 지키다 죽은 신하를 잊고 만다네.

A: 果然胡寇從燕起. 武臣少肯封疆死.

B: 果然(つひ)に³⁰胡(こ)の寇(あだ)、燕(ゑん)より起(お)こる。武

---

30 「果」 우측 중간에서 「然」 우측 가운데에 적힌 「二」 위까지 호분으로 지운 흔적이

臣(ぶしん)肯(あ)へて封疆(ほうきゃう)に死(し)するもの少(す
く)なし。

C: 결국 안록산의 반군이 연(燕) 땅에서 일어나도, 정녕 무신 가운데
변경에서 목숨을 바치는 자가 드물었다네.

A: 始知樂與時政通. 豈聽鏗鏘而已矣.

B: 始(はじ)めて知(し)んぬ、樂(がく)と時(とき)の政(まつりごと)
と通(つう)ずることを。豈(あ)に鏗鏘(かうしゃう)を聽(き)くの
みならむや。

C: 비로소 알았네, 음악은 당대의 정치와 통하는 것임을. 어찌 악기 소
리만을 듣겠는가?

A: 磬襄入海去不歸. 長安市人爲樂師.

B: 磬襄(けいじゃう)海(うみ)に入(い)りて、去(さ)りて歸(かへ)ら
ず。長安(ちゃうあん)の市人(しじん)を樂(がく)の師(し)と爲
(す)。

C: 경양(磬襄)이 바다로 가서 돌아오지 않으니 장안 젊은이를 악사로
삼았네.

A: 華原磬與泗濱石, 淸濁兩聲誰得知.

B: 華原磬(くゎぐゑんけい)と泗濱石(しひんせき)と、淸濁(せいだ
く)兩(ふた)つの聲(こゑ)、誰(たれ)か知(し)ることを得(え)む。

C: 화원경과 사빈석의 맑고 탁한 두 소리를 누가 구별할 수 있을까?

있다.

〈해설〉

· 耳如壁(이여벽): 귀가 제 구실을 못하는 것을 비유한 말.

· 梨園弟子(이원제자): 이원(梨園)은 현종이 양성한 궁정 직속 음악 교습소 악단원이다. 그곳의 연습생을 '이원의 제자'라고 한다.

· 律呂(율려): 음악의 가락.

· 古稱浮磬出泗濱(고칭부경출사빈): 『서경(書經)』「우공(禹貢)」에 「사빈의 부경(泗濱之浮磬)」이라고 하였다. 부경(浮磬)은 사수(泗水) 물가의 돌로 만든 경을 말하는데, 그 돌이 물 위로 뜬 것처럼 보이는 데서 부경이라고 하였다.

· 立辨治死(입변치사): 『예기(禮記)』「악기(樂記)」에 「석경의 소리는 소리로써 (자기 직분을) 분별하게 하여 그 분별함으로써 목숨을 바치게 하니, 군자가 석경 소리를 들으면 (자신이) 봉해진 강역을 지키기 위해 죽음을 무릅쓴 신하를 생각한다(石聲磬, 磬以立辨, 辨以致死, 君子聽磬聲, 則思死封疆之臣)」라고 되어 있다. 즉 입변치사(立辨致死)란 군신이 각자의 위치가 다름을 분별하여 신명(身命)을 바쳐 자기 직분을 지키는 것을 말한다.

· 聲感人(성감인): 경(磬)의 음색이 사람의 마음을 감동시키는 일.

· 宮懸(궁현): 궁정의 악기를 걸어놓는 선반.

· 封疆臣(봉강신): 자신이 봉해진 강역을 지키는 신하.

· 胡寇從燕起(호구종연기): 안록산의 반란을 가리킨다. 연(燕)은 지금의 북경지방이다.

· 樂與時政通(악여시정통): 음악의 정사(正邪)는 정치의 선악과 통한다는 것.

· 鏗鏘(갱강): 금속 악기나 돌 악기의 소리.

· 磬襄(경양): 옛날에 이름 난 악사였던 격경양(擊磬襄)을 말한다. 세상
이 어지러워져 음란한 음악이 바른 음악을 어지럽히는 것을 한탄하
여 해도(海島)로 갔다. 『논어(論語)』미자(微子)편에 보인다.

· 市人(시인): 도회지의 젊은이.

7. 상양백발인(上陽白髮人)

A: 上陽白髮人○愍怨曠也

B: 上陽(じゃうやう)白髮人(はくはつじん)○怨曠(ゑんくゎう)を
愍(かな)しめり。

C: 상양백발인○ 배우자를 얻지 못함을 슬퍼한 것이다.

a: 天寶五載已後, 楊貴妃專寵. 後宮人無復進幸矣.

b: 天寶(てんぽう)五載(ごさい)より已後(このかた)、楊貴妃(やう
くゐひ)寵(ちょう)を專(もっぱ)らにす。後宮(こうきう)の人(ひ
と)、復(また)進(すす)み幸(かう)せらるる無(な)し。

c: 천보(天寶) 5년 이후 양귀비가 (현종의) 총애를 독점하여, 후궁들은
다시는 은혜를 입은 일이 없었다.

a: 六宮有美色者, 輒置別所.

b: 六宮(りくきう)美色(びしょく)の者(もの)有(あ)らば、輒(すな
は)ち別所(べっしょ)に置(お)く。

c: 6개의 궁에 미색이 뛰어난 이가 있으면 곧 다른 곳으로 보내졌다.

a: 上陽是其一也. 貞元中尙存焉.

b: 上陽(じゃうやう)は是(これ)其(そ)の一(いち)なり。貞元(ぢゃ
うぐゑん)の中(うち)、尙(な)ほ存(そん)す。

c: 상양백발인도 그 중의 하나이다. 정원(貞元) 연간에도 아직 살아 있

었다.

〈해설〉

· 上陽白髮人(상양백발인): 상양궁(上陽宮)에 유폐된 채 백발이 된 궁
  녀. 현종의 총애를 독점한 양귀비에 의해 상양궁에 유폐되어 혼기를
  넘긴 궁녀의 슬픔을 읊은 시이다.
· 怨曠(원광): 배우자를 얻지 못한 남녀. 원녀광부(怨女曠夫). 여기서는
  여성에 대해 말한 것이다.
· 天寶(천보): 당나라 현종 이융기(李隆基) 치세의 연호. 742-756년.
· 進幸(진행): 천자의 침소에 들어 천자를 모시며 총애를 받는 것.
· 六宮(육궁): 황후나 궁녀가 있는 6개의 궁전. 후궁과 같은 의미.
· 貞元(정원): 당나라 덕종 이괄(李适) 치세의 연호. 785-804년.

A: 上陽人, 紅顏闇老白髮新.

B: 上陽(じゃうやう)の人(ひと)、紅顏(こうがん)闇(そら)に老(お)
   いて、白髮(はくはつ)新(あら)たなり。

C: 상양궁의 궁녀, 아름다운 얼굴은 부질없이 늙어 버리고, 백발만이
   새롭구나.

A: 綠衣監使守宮門, 一閉上陽多少春.

B: 綠衣(りょくい)の監使(かむし)、宮門(きうもん)を守(まも)る。
   一(ひと)たび上陽(じゃうやう)に閉(と)ざされて、多少(いくば
   く)の春(はる)ぞ。

C: 푸른 옷을 입은 관리가 궁궐문을 지키네. 한 번 상양에 갇히고 나서

몇 번의 봄이 지났는가.

A: 玄宗末歲初選入, 入時十六今六十.

B: 玄宗(ぐゑんそう)の末(すゑ)の歲(とし)、初(はじ)めて選(えら)
ばれ入(い)りて、入(い)りし時(とき)は十六(じふろく)、今(い
ま)は六十(ろくじふ)。

C: (상양백발인이 말하기를) "현종 말년에 처음 선발되어 (궁에) 들어
왔는데, 들어왔을 때는 16세이고, 지금은 60세입니다.

A: 同時采擇百餘人, 零落年深殘此身.

B: 同時(どうじ)に采(と)り擇(えら)ばれたるもの百餘人(ひゃくよ
にん)、零落(れいらく)年(とし)深(ふか)くして、此(こ)の身(み)
を殘(のこ)せり。

C: 함께 선발된 100여명은 세월이 흘러 죽어갔고 나만이 남았습니다.

A: 憶昔呑悲別親族, 扶入車中不敎哭.

B: 憶(おも)ふ昔(むかし)、悲(かな)しみを呑(の)みで、親族(しん
ぞく)を別(わか)れしときに、車(くるま)の中(なか)に扶(たす)
け入(の)せられて、哭(こく)せしめざりき。

C: 생각해보면 그 옛날, 슬픔을 머금고 가족과 헤어질 때, 부축을 받아
수레에 탔고 울지도 못하게 하였습니다.

A: 皆云入內便承恩. 臉似芙蓉. 胸似玉.

B: 皆(みな)云(い)っしく、內(うち)に入(い)りなば、便(すなは)ち

恩(おん)を承(う)けんと。瞼(れむ)[31]は芙蓉(ふよう)に似(に)た
り。胸(むね)は玉(ぎょく)に似(に)たり。

C: 모두 말하기를, '궁에 들어가면 곧 승은을 입을 것이다. 뺨은 부용
과 닮았고, 가슴은 옥구슬과 닮았으니.'라고 했습니다.

A: 未容君王得見面, 已被楊妃遙側目.

B: 未(いま)だ[32]君王(くんわう)に、面(おもて)を見(み)ることを得
(う)ることを容(ゆる)されざるに、已(すで)に楊妃(やうひ)に遙
(はる)かに目(め)を側(そば)められたり。

C: 아직 군왕에게 얼굴을 보일 기회도 얻지 못하였는데, 이미 양귀비
에게 눈흘김을 당하였습니다.

A: 妬令潛配上陽宮, 一生遂向空房宿.

B: 妬(ねた)むらくは潛(ひそ)かに上陽宮(じゃうやうきう)に配(は
い)せしめて[33]、一生(いっしゃう)遂(つひ)に空(むな)しき房(ね
や)に向(むか)ひて宿(い)ねしことを。

C: (양귀비가) 질투하여 아무도 모르게 상양궁으로 유폐되여, 일생을
끝내 (임금 없는) 빈 방에서 보내게 되었습니다.

A: 秋夜長. 夜長無寐天不明.

B: 秋(あき)の夜(よ)長(なが)し。夜(よ)長(なが)くして寐(い)ぬる
こと無(な)ければ、天(てん)も明(あ)けず。

---

31 좌훈으로 「マフタハ」(마부타하)라고 적혀 있다.
32 「未」 좌측에 「ルニ」(자루니)가 흐리게 보인다.
33 「令」에는 좌훈으로 「シメラレテヨリ」(시메라레테요리)라고 적혀 있다.

C: 가을밤은 길고 긴 밤 내내 잠들지 못하니 날도 밝지 않습니다.

A: 耿耿殘燈背壁影. 蕭蕭闇雨打牕聲.

B: 耿耿(かうかう)たる殘(のこ)んの燈(ともしび)の、壁(かべ)に背(そむ)ける影(かげ)。蕭蕭(せうせう)たる闇(よる)の雨(あめ)の、牕(まど)を打(う)つ聲(こゑ)。

C: 아른대는 잔등(殘燈)이 벽에 비춘 그림자. 쓸쓸한 밤비가 창을 두드리는 소리.

A: 春日遲. 日遲獨坐天難暮.

B: 春(はる)の日(ひ)遲(おそ)し。日(ひ)遲(おそ)くして獨(ひと)り坐(ざ)すれば、天(てん)も暮(く)れ難(がた)し。

C: 봄날은 해가 길지요. 해가 길어 홀로 앉아 있으니 날도 저물지 않습니다.

A: 宮鶯百囀愁厭聞. 梁燕雙栖老休妬.

B: 宮(みや)の鶯(うぐひす)百(もも)たび囀(さへづり)すれども、愁(うれ)へて聞(き)くことを厭(いと)ふ。梁(うつばり)の燕(つばくらめ)雙(なら)び栖(す)めども、老(お)いて妬(ねた)むことを休(や)みつ。

C: 궁 안 꾀꼬리가 수백 번 지저귀어도 수심에 듣기 싫고, 들보의 제비가 쌍쌍이 깃들어도 늙어서 질투도 안 납니다.

A: 鶯歸燕去長悄然. 春往秋來不記年.

B: 鶯(うぐひす)歸(かへ)り、燕(つばくらめ)去(さ)りて、長(なが)く悄然(せうぜん)たり。春(はる)往(ゆ)き、秋(あき)來(きた)れども、年(とし)を記(しる)さず。

C: 꾀꼬리 돌아가고 제비 떠나도 오래도록 쓸쓸합니다. 봄이 가고 가을이 왔지만 몇 년이지 기억도 못합니다.

A: 唯向深宮望明月. 東西四五百廻圓.

B: 唯(ただ)深宮(しむきう)に向(む)かひて、明月(めいぐゑつ)を望(のぞ)む。東西(とうざい)四五百廻(しごひやくくゎい)圓(まど)かなり。

C: 그저 깊은 궁에서 밝은 달을 바라보았습니다. 동서로 뜨고 지는 둥근 달을 사오백 번 보았지요.

A: 今日宮中年最老. 大家遙賜尙書號.

B: 今日(こむにち)宮(みや)の中(うち)、年(とし)最(いと)老(お)いんたり。大家(たいか)遙(はる)かに尙書(しやうしよ)の號(がう)を賜(たま)ふ。

C: 오늘날 궁중에서 나이가 가장 많은 몸이 되었고, 천자는 멀리서 상서(尙書)의 칭호를 하사하셨습니다."(라고 상양백발인은 말했다.)

A: 小頭鞋履窄衣裳. 靑黛點眉眉細長.

B: 小頭(せうとう)の鞋履(くゑいり)、窄(すぼ)き衣裳(いしやう)あり。靑(あを)き黛(まゆずみ)、眉(まゆ)を點(てむ)じ、眉(まゆ)細(ほそ)く長(なが)し。

C: 끝이 뾰족한 신, 가녀린 옷이 있고, 푸른 먹으로 눈썹을 그려서 눈썹은 가늘고 기네.

A: 外人不見. 見應笑. 天寶末年時世粧.

B: 外(うと)き人(ひと)には見(み)えず。見(み)えなば、應(まさ)に笑(わら)ふべし。天寶(てんぽう)の末(すゑ)の年(とし)、時世(いまやう)の粧(すがた)。

C: 세상 사람들에게는 보이지 않지만, (사람들이) 본다면 분명 웃을 것이네. 천보 말년 당시의 화장법이라고.

A: 上陽人苦最多. 少亦苦. 老亦苦. 少苦老苦兩如何.

B: 上陽(じゃうやう)の人(ひと)は、苦(くる)しみ最(もっと)も多(おほ)し。少(わか)くして亦(また)苦(くる)しぶ。老(お)いても亦(また)苦(くる)し[34]。少(わか)くしての苦(くる)しみ、老(お)いての苦(くる)しみ、兩(ふた)つながら如何(いかん)せん。

C: 상양궁의 궁녀는 괴로움이 누구보다 크다네. 어려서도 괴롭고 늙어서도 괴로우니, 어려서의 괴로움과 늙어서의 괴로움, 이 둘을 어찌할 것인가?

A: 君不見, 昔時呂尚美人賦.

B: 君(きみ)見(み)ずや、昔(むかし)の時(とき)、呂尚(りょしゃう)の美人(びじん)の賦(ふ)を。

C: 그대는 보지 못했는가, 옛날 여상(呂尚)의 미인부를.

---

34 좌훈으로 「ム」(くるしむ)라고 적혀 있다.

a: 天寶末有密采艶色者. 當時號花鳥. 使呂尙獻美人賦. 以諷之.

b: 天寶(てんぽう)の末(すゑ)、密(ひそ)かに艶色(ゑむしょく)を采(と)る有(あ)り。當時(たうじ)花鳥(くゎてう)と號(がう)す。呂尙(りょしゃう)をして美人(びじん)の賦(ふ)を獻(けん)ぜしむ。以(もち)て之(これ)を諷(ふう)ず。

c: 천보 말년 비밀리에 미인을 구하는 사람이 있었다. 당시에 (이들은) 화조(花鳥)라고 불렸다. 여상(呂尙)으로 하여금 미인부를 헌상하게 하였는데, 이를 풍자한 것이다.

A: 又不見, 今日上陽白髮歌.

B: 又(ま)た見(み)ずや、今日(こむにち)上陽(じゃうやう)白髮(はくはつ)の歌(うた)を。

C: 또 보지 못했는가, 오늘날 상양백발인의 노래를.

〈해설〉

· 紅顏(홍안): 젊고 혈색이 좋은 아름다운 얼굴.

· 闇老(암로): 어느 새인지 모르게 나이를 먹음.

· 綠衣監使(녹의감사): 신분이 낮은 감독 역할을 하는 관리. 당나라 제도에서는 6, 7품 관원이 녹색 복장을 착용했다.

· 零落(영락): 말라 떨어지는 것. 여기에서는 죽는다는 뜻.

· 入內(입내): 궁중에 들어가는 것.

· 芙蓉(부용): 연꽃.

· 側目(측목): 눈을 흘기는 것.

· 耿耿(경경): 빛이 어렴풋한 모양.

· 蕭蕭(소소): 쓸쓸한 소리의 형용.

· 悄然(초연): 근심하는 모양. 쓸쓸히 기죽어 있는 모양.

· 大家(대가): 천가(天家). 천자. 궁중에서 관리들이 일상적으로 사용하던 속칭.

· 遙賜(요사): 장안의 천자로부터 낙양의 궁녀에게 하사하는 것이므로 요(遙)라고 한 것이다.

· 尙書(상서): 여상서(女尙書)의 칭호. 상서(尙書)는 상서육부(尙書六部)의 장관으로 정3품이다. 여상서는 궁녀 계급 중에서 상서에 상당하는 위치를 말한다.

· 小頭鞋履(소두혜리): 앞이 뾰족한 신발.

· 窄衣裳(착의상): 폭이 좁은 의상. 특히 소매 끝이 좁은 복장을 말한다.

· 靑黛點眉(청대점미): 푸른 먹으로 눈썹을 그리는 것.

· 外人(외인): 상양궁 외부의 사람. 세간 사람.

· 時世粧(시세장): 유행하는 복장.

· 呂尙(여상): 상(尙)은 향(向)의 오류. 여향(呂向)의 자(字)는 자회(子回). 현종(玄宗)이 등용하여 한림(翰林)에 배속하였다. 현종은 여향을 사신으로 파견해 천하의 미인을 구하였으며, 구한 이들은 후궁으로 삼았다. 이러한 역할을 하는 사신을 화조사(花鳥使)라고 불렀다. 미인부[美人之賦]를 헌상한 것은 개원(開元) 연간의 일이다.

8. 호선녀(胡旋女)

A: 胡旋女○戒近習也.

B: 胡旋女(こせんぢょ)○近習(きんしふ)を戒(いまし)めたり。

C: 호선녀(胡旋女)○ 군주를 가까이에서 섬기는 이들을 경계한 것이다.

a: 天寶末康居國獻之.

b: 天寶(てんぽう)の末(すゑ)、康居國(かうきょこく)より之(これ)を獻(たてまつ)る。

c: 천보(天寶) 연간 말에 강거국(康居國)으로부터 헌상되었다.

〈해설〉

· 胡旋女(호선녀): 호선(胡旋)은 오랑캐 춤 중에 몸을 빙빙 돌려가며 추는 춤. 호(胡)는 중앙아시아의 소그디아나(sogdiana)를 가리킨다. 지금의 우즈베키스탄과 타지키스탄에 속하며, 소그드라고도 한다. 호선무(胡旋舞)는 소그드인이 특기로 하는 춤으로서, 빙빙 돌며 추는데 템포가 빠른 것이 특징이다. 백거이의 자주(自註)에 호선녀는 당나라 현종 치세의 연호인 천보 연간(742-756) 말년에 강거국에서 헌상된 것으로 되어 있다. 백거이는 이 시를 통해 호선무를 잘 추었던 양귀비와 안록산을 떠올림으로써 측근의 경계를 게을리 하지 말 것을 군주에게 진언하고 있다.

· 近習(근습): 주군이 믿고 가까이하는 인물.

· 康居國(강거국): 중앙아시아에 존재했던 유목국가. 시르다리야 강

중하류에서 시베리아 남부를 지배했던 것으로 생각되는데, 현재의 카자흐스탄 남부에 해당한다. 강거왕을 정점으로 다섯 소왕(小王)을 거느리는 정치체제를 갖추고 있었다. 영휘(永徽) 연간(650~655)에는 강거도독부(康居都督府)를 두어 강거왕을 도독으로 삼았다.

A: 胡旋女, 胡旋女, 心應絃手應鼓.

B: 胡旋女(こせんぢょ)、胡旋女(こせんぢょ)、心(こころ)は絃(げん)に應(おう)じ、手(て)は鼓(つづみ)に應(おう)ず。

C: 오랑캐 춤을 추는 무희여, 오랑캐 춤을 추는 무희여. 마음은 현악기 소리에 맞추고 손짓은 북소리에 맞추네.

A: 絃鼓一聲雙袖擧. 廻雪飄颻轉蓬舞.

B: 絃鼓(げんこ)一聲(いっせい)、雙(なら)べる袖(そで)擧(あ)がる。廻雪(くゎいせつ)飄颻(へうえう)として、轉蓬(てんほう)[35]舞(ま)ふ。

C: 현악기와 북이 한 번 울리니 양 소매 들어 올리네. 휘감아 도는 눈이 여기저기 휘날리듯, 쑥풀이 나부끼듯 춤추네.

A: 左旋右轉不知疲. 千匝萬周無已時.

B: 左(ひだり)に旋(せん)し、右(みぎ)に轉(ころ)びて、疲(つか)ることを知(し)らず。千(ち)たび匝(めぐ)り、萬(よろづ)たび周(まは)りて、已(や)む時(とき)無(な)し。

C: 왼쪽으로 감아 돌고 오른쪽으로 넘어 돌며, 지칠 줄을 모른다네. 천

---

35 좌훈으로「ノコトク」(てんほうのごとく)라고 적혀 있다.「轉蓬」과「舞」사이에「のごとく」를 넣어 읽는 것이 자연스럽다.

번을 휘감고, 만 번을 돌며 그칠 새가 없다네.

A: 人間物類無可比. 奔車輪緩旋風遲.

B: 人間(じんかん)の物類(ぶつるい)は比(たくら)ぶべき無(な)し。
奔車(ほんしゃ)輪(りん)緩(ゆる)うして、旋風(せんぷう)[36]遲
(おそ)し。

C: 이 세상 것 중에는 비할 것이 없다네. (그 춤사위에 비하면) 내달리
는 수레의 바퀴도 느슨하고 회오리바람도 느리구나.

A: 曲終再拜謝天子. 天子爲之微啓齒.

B: 曲(きょく)終(を)はりて再拜(さいはい)して、天子(てんし)に謝
(まう)す。天子(てんし)、之(これ)が爲(ため)に微(やうや)く[37]
齒(は)を啓(ひら)く。

C: 음악이 끝나고 두 번 절하고 천자께 인사를 여쭈니, 천자께서 이를
위해 살며시 웃으셨다네.

A: 胡旋女出康居. 徒勞東來萬里餘.

B: 胡旋女(こせんぢょ)は康居(かうきょ)より出(い)でたり。徒(い
たづ)らに東來(とうらい)の萬里餘(ばんりよ)に勞(らう)す。

C: 오랑캐 춤을 추는 무희는 강거국에서 왔네. (그렇지만 그들은)
부질없이 (장안이 있는) 동쪽으로 만 리 남짓을 고생하여 온 것이
라네.

---

36 좌훈으로 「ツシカセ」(つじかぜ)라고 적혀 있다.
37 「微」에 「ク」가 적혀 있는데 그 위쪽에 호분으로 지운 흔적이 있다.

A: 中原自有胡旋者. 鬪妙爭能爾不如.

B: 中原(ちうぐゑん)に自(おのづか)ら胡旋(こせん)する者(もの)有(あ)り。妙(めう)を鬪(たたか)はしめ、能(のう)を爭(あらそ)ふこと、爾(なんぢ)には如(し)かず。

C: 중원에도 본래 오랑캐 춤을 추는 자들이 있다네. 뛰어난 솜씨를 다투는 모습은 (오랑캐 춤을 추는 무희인) 그대가 당할 수는 없을 것이네.

A: 天寶季年時欲變. 臣妾人人學圓轉.

B: 天寶(てんぽう)の季(すゑ)の年(とし)、時(とき)變(へん)じなんと欲(ほっ)す。臣妾(しんせふ)の人人(じんじん)、圓轉(ゑんてん)を學(まな)ぶ。

C: 천보 연간 말년에 시절이 변하려 하여, 신하와 후첩들이 너도 나도 빙빙 도는 오랑캐 춤을 배웠네.

A: 中有太眞外祿山. 二人最道能胡旋.

B: 中(うち)に太眞(たいしん)有(あ)り、外(ほか)に祿山(ろくざん)あり。二人(ににん)最(もっと)も道(い)ふ、能(よ)く胡旋(こせん)すと。

C: 궁중에는 양귀비(楊貴妃), 궁 밖에는 안록산(安祿山)이 있어, 두 사람이 오랑캐 춤을 가장 잘 춘다고 일컬어졌네.

A: 梨花園中册作妃. 金鷄障下養爲兒.

B: 梨花園(りくゎゑん)の中(うち)に册(かしづ)かれて[38]妃(ひ)と作

(な)す。金鶏障(きむけいしゃう)の下(もと)に養(やしな)はれて児(こ)と為(す)。

C: (현종은 양귀비를) 배꽃이 피는 뜰 안에 모셔두고 귀비로 삼았다네. (현종은 안록산을) 금계(金鷄)를 그린 병풍 아래에 모셔놓고 (양귀비의) 양자로 삼았다네.

A: 祿山胡旋迷君眼. 兵過黃河疑未反.

B: 祿山(ろくざん)胡旋(こせん)せるは、君(きみ)の眼(まなこ)を迷(まど)はす。兵(へい)黃河(くゎうが)を過(す)ぎて、疑(うたが)ひ未(いま)だ反(はん)せずと。

C: 안록산의 오랑캐 춤은 임금의 눈을 미혹케 하여, (안록산의 반란군) 병사가 황하를 건너도 (현종은) 의심하며 반란을 일으키지 않았다고 하였네.

A: 貴妃胡旋惑君心. 死棄馬嵬念更深.

B: 貴妃(くゐひ)の胡旋(こせん)せるは、君(きみ)の心(こころ)を惑(まど)はす。死(し)して馬嵬(ばぐゎい)に棄(す)てられて、念(おも)ひ更(さら)に深(ふか)し。

C: 양귀비의 오랑캐 춤은 임금의 마음을 현혹시켜, (양귀비는) 죽어서 마외(馬嵬)에 버려졌지만 그 마음은 더욱 깊어갔다네.

A: 從茲地軸天維轉. 五十年來制不禁.

B: 茲(これ)より地軸(ちぢく)天維(てんゐ)轉(めぐ)る。五十年來

---

38 좌훈으로 「エラハラレテ」(えらばられて)라고 적혀 있다. 문법상으로는 「えらばれて」가 옳다.

(ごじふねんらい)制(せい)すれども禁(や)まず。

C: 이 때로부터 천지의 운세가 기울어 버려서, 그로부터 오십년이 지나도록 (오랑캐 춤을) 금하였지만 그치지 않네.

A: 胡旋女莫空舞. 數唱此歌悟明主.

B: 胡旋女(こせんぢょ)、空(むな)しく舞(ま)ふこと莫(な)かれ。數(しばしば)此(こ)の歌(うた)を唱(とな)へて、明主(めいしゅ)に悟(さと)らしめん。

C: 오랑캐 춤을 추는 무희여, 헛되이 춤만 추지 말고 이따금 이 노래를 불러 현명한 군주를 깨우쳐 드리려무나.

〈해설〉

· 中原(중원): 본래 중화문화의 발상지인 황하 중하류 지역 평원을 가리키는 말. 중국(中國)이나 중주(中州)와 같은 뜻으로, 이민족으로부터 떨어진 문명의 중심지라는 의미로 쓰였다.

· 圓轉(원전): 자유롭게 몸을 돌려가며 춤을 춤.

· 太眞(태진): 양귀비가 도교의 여사제인 여관(女冠)이었을 때의 도호(道號).

· 祿山(녹산): 안록산(安祿山). 당나라의 군인. 사마르칸트 출신 소그드인과 돌궐계의 혼혈이다. 녹산(祿山)은 소그드어 록샨(Rokhshan)[빛]의 음역이다. 당나라 현종 때에 반란을 일으켜 스스로 황제로 즉위하였으나 자기 아들에게 살해당하였다.

· 梨花園(이화원): 당나라 현종이 궁중에 설치한 음악 교습소. 가무를 잘하고 음률에 통달한 양귀비와 연이 깊었다.

· 金鷄障(금계장): 금계[천상에 사는 닭]가 그려진 칸막이. 현종이 안
록산을 총애하여 금계장을 치고 그 앞에 특별한 의자를 두어 안록산
을 앉혔다고 한다.

· 馬嵬(마외): 천보(天寶) 15년에 현종이 안록산의 난을 피해 촉(蜀)[지
금의 사천]으로 몽진할 무렵, 마외에 이르러 진현례(陳玄禮) 등이 난
의 화근이 된 양귀비를 사사할 것을 현종에게 요구하였다. 결국 현
종은 양귀비에게 자진을 명하였고, 양귀비는 목을 매달아 죽었다.
난이 진압되고 장안으로 돌아와서도 현종은 화공이 그린 양귀비의
그림을 아침저녁으로 바라보며 양귀비를 잊지 못하였다.

· 地軸天維(지축천유): 땅을 지탱하는 축과 하늘의 네 귀퉁이를 유지
하는 그물. 일컬어 천지를 말한다.

9. 신풍절비옹(新豐折臂翁)

A: 新豐折臂翁○戒邊功也

B: 新豐(しんぽう)の折臂翁(せっぴおう)○邊功(へんこう)を戒(い
まし)めたり。

C: 신풍절비옹(新豐折臂翁)○ 변방의 싸움에서 세운 공을 경계한 것
이다.

〈해설〉

· 新豐折臂翁(신풍절비옹): 장안 동쪽 여산(驪山) 근방의 신풍현에서
마주친 한쪽 팔이 부러진 노인. 노인은 젊은 시절 군역을 피하기 위
해서 한쪽 팔을 부러뜨렸다. 이와 같은 일은 당시에는 드물지 않게
일어나던 일이었다. 노인은 팔을 부러뜨려 몸은 상하였으나 무모한
침략 전쟁에 끌려가는 불행을 피한 덕분에 목숨을 부지하고 여든이
넘도록 장수하게 된 것에 흡족해 한다. 이러한 노인의 회고를 통해
무모한 전쟁이 사회에 가져오는 폐해에 대해 경계하였다.

A: 新豐老翁八十八, 頭鬢眉鬚皆似雪.

B: 新豐(しんぽう)の老(お)いたる翁(おきな)、八十八(はちじふは
ち)、頭鬢(とうひん)眉鬚(びしゅ)皆(みな)雪(ゆき)に似(に)た
り。

C: 신풍의 여든여덟 먹은 늙은 노인, 머리털과 눈썹, 수염이 모두 눈같
이 희네.

A: 玄孫扶向店前行. 左臂憑肩右臂折.

B: 玄孫(ぐゑんそん)に扶(たす)けられて、店(みせ)の前(まへ)に向(む)かひて行(ゆ)く。左(ひだり)の臂(ひぢ)は、肩(かた)に憑(よ)り、右(みぎ)の臂(ひぢ)は折(を)れたり。

C: 고손자의 부축을 받아 점포 앞으로 나아가네. 왼쪽 팔뚝은 (고손자의) 어깨에 기대었고 오른쪽 팔뚝은 부러져 있네.

A: 問翁臂折來幾年. 兼問致折何因緣.

B: 翁(おきな)に問(と)ふ、臂(ひぢ)の折(を)れてより來(このかた)、幾(いくばく)が年(とし)ぞ。兼(か)ねて問(と)ふ、折(を)れたることを致(いた)しけんこと、何(なに)の因緣(いんえん)ぞ。

C: 노인에게 물었다네. 팔뚝이 부러진지 몇 년이 되었느냐고. 더불어 물었다네. 팔뚝이 부러진 것은 무슨 연유냐고.

A: 翁云貫屬新豐縣, 生逢聖代無征戰.

B: 翁(おきな)の云(い)はく、新豐縣(しんぽうけん)に貫屬(くゎんぞく)して、生(う)まれて聖代(せいだい)の征戰(せいせん)無(な)きに逢(あ)へりき。

C: 노인이 말하기를, "본적은 신풍현(新豐縣)으로 태평성대 전쟁 없는 시절에 태어났습니다.

A: 慣聽梨園歌管聲, 不識旗槍與弓箭.

B: 梨園(りゑん)の歌管(かくゎん)の聲(こゑ)を慣(なら)ひ聽(き)き

て、旗槍(きさう)と弓箭(きうせん)とを識(し)らず。

C: 이원의 노래 소리와 피리 소리를 늘상 들었고 창과 군기, 활과 화살
은 알지 못했습니다.

A: 無何天寶大徵兵. 戶有三丁點一丁.

B: 何(なに)とも無(な)く天寶(てんぽう)に大(おほ)いに兵(へい)を
徵(め)す。戶(へ)に三丁(さむてい)有(あ)れば、一丁(いってい)
を點(ぬ)く。

C: 얼마 지나지 않아 천보 연간에 대대적인 징병이 있어, 한 집에 장정
이 셋이면 그 중 한명은 징발했습니다.

A: 點得驅將何處去. 五月萬里雲南行.

B: 點(ぬ)き得(え)て驅(か)り將(ひき)ゐて、何(いづれ)の處(とこ
ろ)にか去(や)る。五月(ごぐゎつ)に萬里(ばんり)の雲南(うんな
む)に行(ゆ)く。

C: 징집하여 끌고서는 어디론가 떠났다는데, 오월에 만 리나 떨어진
운남으로 갔습니다.

A: 聞道雲南有瀘水. 椒花落時瘴煙起.

B: 聞道(い)ふならく、雲南(うんなむ)に瀘水(ろすい)有(あ)りと。
椒花(せうくゎ)落(お)つる時(とき)、瘴煙(しゃうゑん)起(お)こ
る。

C: 듣자하니 운남에는 노수가 있다는데, 산초꽃이 질 무렵엔 독한 연
기가 생긴다고 합니다.

A: 大軍徒涉水如湯, 未過十人二三死.

B: 大軍(たいぐん)徒(かち)より涉(わた)るに、水(みづ)、湯(ゆ)の如(ごと)し。未(いま)だ過(す)ぎざるに十人(じふにん)が二三(にさむ)は死(し)ぬ。

C: 대군이 걸어서 건너는데 물은 끓는 물과 같아서, 다 건너기도 전에 열에 두셋은 죽었습니다.

A: 村南村北哭聲哀, 兒別爺娘夫別妻.

B: 村南(そんなむ)村北(そんほく)、哭(こく)する聲(こゑ)哀(かな)し。兒(じ)は爺娘(やぢゃう)に別(わか)れ、夫(を)は妻(め)に別(わか)る。

C: 마을 남쪽에도 북쪽에도 곡소리가 구슬프게 들렸습니다. 아이는 부모와 헤어지고, 남편은 아내와 헤어졌습니다.

A: 皆云前後征蠻者, 千萬人行無一廻.

B: 皆(みな)云(い)はく、前後(ぜんご)蠻(ばん)を征(せい)する者(もの)、千萬人(せんまんにん)行(ゆ)きて、一(ひと)りも廻(かへ)ること無(な)しと。

C: 모두들 말하기를, 이때껏 남만 정벌에 나간 사람은 몇 천 몇 만이 가서 한 사람도 돌아온 자가 없다 했습니다.

A: 是時翁年二十四, 兵部牒中有名字.

B: 是(こ)の時(とき)に翁(おきな)年(とし)二十四(にじふし)、兵部(へいぶ)の牒(てふ)の中(うち)に、名字(みゃうじ)有(あ)り。

C: 이때 이 노인의 나이는 스물넷이라 병부의 명단 안에 이름이 올라 있었습니다.

A: 夜深不敢使人知, 偸將大石鎚折臂.

B: 夜(よ)深(ふ)けて敢(あ)へて人(ひと)をして知(し)らしめずして、偸(ひそ)かに大石(たいせき)を將(もち)て、臂(ひぢ)を鎚(う)ち折(を)る。

C: (그래서) 한밤중에 아무에게도 들키지 않고 몰래 큰 돌로 팔뚝을 쳐서 부러뜨렸습니다.

A: 張弓簸旗俱不堪. 從玆始免征雲南.

B: 弓(ゆみ)を張(は)り、旗(はた)を簸(あ)ぐるに、俱(とも)に堪(た)えず。玆(これ)より始(はじ)めて雲南(うんなむ)に征(ゆ)くことを免(まぬか)れたり。

C: 활 쏘고 깃발 드는 일을 모두 감당할 수 없게 되었으니, 이로써 비로소 운남 정벌에 징발되는 것을 면하였습니다.

A: 骨碎筋傷非不苦. 且圖揀退歸鄕土.

B: 骨(ほね)碎(くだ)き、筋(すぢ)傷(いた)んで[39]、苦(くる)しま[40]ざるにあらず。且(か)つ圖(はか)りき、揀(えら)び退(しりぞ)けられて、鄕土(きゃうど)に歸(かへ)らんことを。

C: 뼈가 부서지고 힘줄이 상하였으니 고통스럽지 않았다고 할 수 없습니다. (그렇지만) 일단은 정벌군 명부에서 빠져서 고향으로 돌

---

39 좌훈으로 「ソコネテ」(そこねて)라고 적혀 있다.
40 좌훈으로 「イタマ」(いたま)라고 적혀 있다.

아가고자 (그렇게) 한 것입니다.

A: 此臂折來六十年, 一肢雖廢一身全.

B: 此(こ)の臂(ひぢ)折(を)れてより來(このかた)六十年(ろくじふ
ねん)、一(ひと)つの肢(えだ)廢(すた)れたりといへども、一(ひ
と)つの身(み)全(まった)し。

C: 이 팔뚝이 부러진지 육십년, 한쪽 팔은 쓸모없게 되었지만 몸은 보
전했습니다.

A: 至今風雨陰寒夜, 直到天明痛不眠.

B: 今(いま)に至(いた)るまで、風(かぜ)ふき雨(あめ)ふり、陰(く
も)り寒(さ)ゆる[41]夜(よ)、直(ただ)ちに天明(てんめい)に到(い
た)れども[42]、痛(いた)んで眠(ねむ)らず。

C: 지금까지도 바람 불고 비 내리며 흐리고 추운 밤에는 날이 밝을 때
까지 아파서 잠을 못 이룹니다.

A: 痛不眠終不悔. 且喜老身今獨在.

B: 痛(いた)みて眠(ねむ)らずとも、終(つひ)に悔(く)いず。且(か)
つ喜(よろこ)ぶ、老(お)いたる身(み)の今(いま)までに獨(ひと)
り在(あ)ることを。

C: 아파서 잠을 못 이뤄도 끝내 후회하지 않습니다. 또한 늙은 몸이 지
금까지 홀로 살아 있으니 기뻐할 만합니다.

---

41 「サユル」아래에 「ノ」와 같은 획이 보이지만 반영할 수 없다.
42 좌훈으로 「ルマテ」(<u>いた</u>るまで)라고 적혀 있다.

A: 不然當時瀘水頭, 身死魂飛骨不收,

B: 然(しか)らざらましかば當(そ)の時(とき)瀘水(ろすい)の頭(ほとり)に、身(み)死(か)れ⁴³魂(たましひ)飛(う)かんで骨(ほね)收(をさ)まらずして、

C: 그렇게 하지 않았다면 그때 노수 강가에서 몸은 죽고 영혼은 흩어져 뼈도 추리지 못하고,

A: 應作雲南望鄉鬼, 萬人塚上哭呦呦.

B: 雲南(うんなむ)望鄉(ばうきゃう)の鬼(たましひ)と作(な)りて、萬人(ばんにん)の塚(つか)の上(うへ)に哭(こく)せること呦呦(いういう)たらまし。

C: 운남에서 망향의 귀신이 되어 만인총 위에서 서글피 곡했을 것입니다."(라고 노인이 말하였네.)

a: 雲南有萬人塚. 卽鮮于仲通李宓, 曾覆軍之所. 今塚猶存.

b: 雲南(うんなむ)に萬人(ばんにん)の塚(つか)有(あ)り。卽(すなは)ち鮮于仲通(せんうちうとう)李宓(りびつ)、曾(かつ)て軍(ぐん)を覆(くつがへ)す所(ところ)なり。今(いま)塚(つか)猶(な)ほ存(そん)す。

c: 운남에 만인총이 있다. 선우중통과 이밀이 과거에 군사를 잃은 곳이다. 지금도 여전히 무덤이 남아 있다.

A: 老人言君聽取.

---

43 좌훈으로 「シ」(しし)라고 적혀 있다.

B: 老人(らうじん)言(い)ふこと、君(きみ)聽(き)き取(と)れ。

C: 노인이 하는 말을 그대들은 들으시오.

A: 君不聞, 開元宰相宋開府, 不賞邊功防黷武.

B: 君(きみ)聞(き)かずや、開元(かいぐゑん)の宰相(さいしゃう)宋
開府(そうかいふ)が、邊功(へんこう)を賞(しゃう)せずして、
武(ぶ)を黷(けが)すことを防(ふせ)げるを。

C: 그대는 듣지 못했는가, 개원 연간의 재상이었던 송개부가 변방에
서 세운 공을 포상하지 않아서 무력의 남용을 막았음을.

a: 開元初突厥數寇邊.

b: 開元(かいぐゑん)の初(はじ)め、突厥(とっくゑつ)數(しばしば)
邊(へん)に寇(こう)す。

c: 개원 연간 초에 돌궐이 자주 변경을 침략했다.

a: 時天武軍牙將郝靈岑出使. 因引特勒廻鶻部落,

b: 時(とき)に天武軍(てんぶぐん)牙將(がしゃう)郝靈岑(かくうん
しむ)、使(つか)ひに出(い)だす。因(よ)りて特勒廻鶻(とくろく
くゎいこつ)部落(ぶらく)を引(ひ)く。

c: 그때 천무군 아장 학운잠(郝靈岑)을 토벌사로 보냈는데 특륵회골(特
勒廻鶻) 부락을 이끌고 갔다.

a: 斬突厥默啜, 獻首於闕下. 自謂有不世之功.

b: 突厥(とっくゑつ)默啜(ぼくてつ)を斬(き)りて、首(くび)を闕下

(くゑっか)に獻(たてまつ)る。自(みづか)ら不世(ふせい)の功
(こう)有(あ)りと謂(おも)へり。

c: 돌궐의 묵철(默啜)을 베어서 그 목을 궐 앞에 바쳤다. 스스로 세상에
더없이 큰 공을 세웠다고 생각했다.

a: 時宋璟爲相. 以天子年少好武. 恐徼功者生心.

b: 時(とき)に宋璟(そうけい)相(しゃう)たり。以(おも)へり、天子
(てんし)年少(ねんせう)にして武(ぶ)を好(この)むを。恐(おそ)
らくは、功(こう)を徼(もと)むる者(もの)、心(こころ)を生(な)
さんことを。

c: 당시 송경이 재상이었다. 천자가 연소하고 무예를 좋아함을 헤아
려, 공을 구하는 자가 (무공을 세워 천자에게 인정받고자 하는) 마
음을 품는 것을 두려워하였다.

a: 痛抑其黨. 逾年始授郎將.

b: 其(そ)の黨(たう)を痛(いた)み抑(おさ)へて、年(とし)を逾(こ)
えて始(はじ)めて郎將(らうしゃう)を授(さづ)く。

c: (그래서) 그 (학운잠의) 무리를 제지하여 이듬해에야 비로소 낭장
의 관직을 내렸다.

a: 雲岑遂慟哭嘔血而死.

b: 雲岑(うんしむ)、遂(つひ)に慟哭(どうこく)嘔血(おうくゑつ)し
て死(し)ぬ。

c: 운잠은 결국 통곡하고 피를 토하며 죽었다.

A: 又不聞, 天寶宰相楊國忠, 欲求恩幸立邊功.

B: 又(ま)た聞(き)かずや、天寶(てんぽう)の宰相(さいしゃう)楊國忠(やうこくちう)が、恩幸(おんかう)を求(もと)めんと欲(ほっ)して、邊功(へんこう)を立(た)つるを。

C: 또한 듣지 못했는가, 천보 연간의 재상이었던 양국충(楊國忠)이 은총을 얻기 위해 무력 정벌을 벌인 것을.

A: 邊功未立生人怨, 請問新豐折臂翁.

B: 邊功(へんこう)未(いま)だ立(た)たずして、人(ひと)の怨(うら)みを生(な)せり。請(こ)ひ問(と)ふ、新豐(しんぽう)の折臂翁(せっぴおう)に。

C: (그러나) 변공(邊功)은 못 세우고 사람들의 원망만 샀다네. (이러한 사실이 의심된다면) 신풍의 팔 부러진 노인에게 물어보게나.

a: 天寶末楊國忠爲相. 重結閣羅鳳之役. 募人討之.

b: 天寶(てんぽう)の末(すゑ)、楊國忠(やうこくちう)相(しゃう)たり。重(かさ)ねて閣羅鳳(かくらほう)の役(えき)を結(けつ)す。人(ひと)を募(つの)りて之(これ)を討(たう)せしむ。

c: 천보 연간 말에 양국충이 재상이 되었다. 거듭 각라봉(閣羅鳳)과 전쟁을 일으켜 사람들을 모아서 토벌하였다.

a: 前後發二十餘萬衆去, 無返者, 又捉人連枷赴役.

b: 前後(ぜんご)發(はっ)すること二十餘萬(にじふよまん)、衆(し

う)去(さ)りて、返(かへ)る無(な)き者(もの)[44]、又(ま)た人(ひ
と)を捉(と)らへて枷(か)を連(つら)ねて、役(えき)に赴(おもむ)
かしむ。

c: 그 무렵 이십여 만 명이 떠나서 돌아온 자가 없었다. 또 사람을 잡아
서 칼을 채워서 싸움터로 향하게 했다.

a: 天下怨哭, 人不聊生. 故祿山得乘人心, 而盜天下.

b: 天下(てんか)怨(うら)み哭(こく)して、人(ひと)聊(いささ)かも
生(い)きず。故(ゆゑ)に祿山(ろくざん)人心(じんしむ)に乘(の)
ることを得(え)て、天下(てんか)を盜(ぬす)む。

c: 천하가 원망하며 곡하여 사람들은 도무지 살 수 없었다. 그래서 안
록산이 인심을 얻어 천하를 훔쳤다.

a: 元和初而折臂翁猶存. 因備歌之.

b: 元和(ぐゑんわ)の初(はじ)め、折臂翁(せっぴおう)猶(な)ほ存(そ
ん)す。因(よ)りて備(つぶさ)に之(これ)を歌(うた)ふ。

c: 원화 연간 초에 팔뚝 부러진 노인은 아직 생존해 있었다. 그래서 자
세하게 이것을 노래한 것이다.

〈해설〉

· 鬢(빈): 귀밑털.

· 鬚(수): 턱수염

· 玄孫(현손): 손자의 손자. 고손자.

---

44 「返(かへ)る者(もの)無(な)し」라고 훈독하는 것이 자연스럽다고 생각된다. c의
번역은 이에 따랐다.

· 聖代(성대): 국운이 왕성한 시대. 여기서는 현종의 치세였던 개원 연간의 태평성대를 가리킨다.

· 梨園(이원): 현종이 부설한 음악 교습소. 이화원(梨花園).

· 無何(무하): 얼마 안되어. 얼마 있다가.

· 天寶大徵兵(천보대징병): 천보 10년(751) 4월에 양국충(楊國忠)이 지금의 운남(雲南) 지방에 있던 남조(南詔)를 치기 위해 대규모로 군사를 징발한 것을 말한다.

· 丁(정): 장정. 당나라 제도에서는 백성을 연령에 따라 황(黃)·소(小)·중(中)·정(丁)·노(老)로 구별했다. 천보 연간에는 23세 이상의 젊은이를 정(丁)이라고 불렀다.

· 點(점): 이름 위에 표시하여 징집하는 것.

· 瀘水(노수): 강 이름. 지금은 금사강(金沙江). 운남성에서 발원하여 양자강으로 흘러 들어간다.

· 煙(장연): 남쪽 지방 특유의 습하고 더운 독기를 품은 기운이 안개처럼 가득찬 것.

· 爺嬢(야양): 부모.

· 牒(첩): 장부. 명부.

· 呦呦(요요): 울음소리를 나타낸 의성어. 훌쩍훌쩍.

· 鮮于仲通李宓(선우중통이밀): 선우중통과 이밀은 남조를 공략했다가 패퇴한 장군들이다. 천보 10년(751)에 양국충이 선우중통에게 8만의 병사를 이끌고 남조를 토벌하게 하였으나 전멸하였다. 또한 천보 13년(754)에는 이필에게 7만의 병사를 내주어 공략하게 하였으나 이 역시 전멸하였다.

· 宋開府(송개부): 현종 초기 개원 연간의 명재상인 송경(宋璟). 개부(開

府)는 개부의동삼사(開府儀同三司)라는 관직명이다.

· 邊功(변공): 국경지대에서 세운 전공.

· 黷武(독무): 무덕(武德)을 더럽힌다는 것으로, 무력을 남용하여 무모한 전쟁을 일으키는 것을 말한다.

· 牙將(아장): 대장과 부장에 버금가는 장수.

· 郝雲岑(학운잠): 당나라 현종 시기의 장수 학영전(郝靈佺).

· 特勒廻鶻(특륵회골): 회골은 위구르. 특륵은 위구르의 왕족들에게 수여되는 관작(官爵).

· 默啜(묵철): 돌궐의 가한(可汗)[왕]. 오랫동안 당나라와의 분쟁을 이어왔다. 학운잠이 묵철의 목을 베어 바쳤으나 재상 송영이 그의 오만함을 억누르고자 큰 상을 내리지 않았다. 이 고사는 중당 시기에 널리 알려져 있었다.

· 天武軍(천무군): 북방에 배치된 군대.

· 郎將(낭장): 무신의 관직명. 5품에 해당한다.

· 楊國忠(양국충): 양귀비의 사촌 오빠로 천보 연간 말의 재상. 남방 오랑캐를 정벌하기 위해 두 번에 걸쳐 대규모 병력을 투입하였으나 모두 실패로 끝났다.

· 閣羅鳳(각라봉): 운남을 지배하던 남조의 왕. 인질로 당나라에 붙들려 있었으나 탈출하였다. 그를 토벌하기 위해 선우중통이 이끌고 온 대군을 물리쳤다. 천보대징병과 관련이 있으며 합라봉(閤羅鳳)이라고도 한다.

10. 태항로(太行路)

A: 太行路○借夫婦, 以諷君臣之不終也.

B: 太行路(たいかうろ)○夫婦(ふうふ)を借(か)りて、以(もち)て君臣(くんしん)の終(を)へざるを諷(ふう)す。

C: 태항로(太行路)○ 부부에 빗대어 군신(의 관계)이 끝을 다하지 못함을 풍자하였다.

〈해설〉

· 太行路(태항로): 태항산맥의 길. 태항은 하북성과 산서성의 경계에 남북으로 400킬로미터에 걸쳐 뻗은 산맥의 이름. 예부터 험준하기로 유명하다. 『문선(文選)』에 실린 조조의 「고한행(苦寒行)」에도 「북쪽 태항산은 몹시도 높아 (오르기) 어렵네. 양의 창자처럼 비탈길 구불구불하여 차바퀴가 부러지는구나(北山太行山, 艱哉何巍巍, 羊腸阪詰屈, 車輪爲之摧)」라는 묘사가 보인다. 백거이는 이 시를 통해 부부 관계, 나아가 군신 관계가 좋은 끝맺음을 얻는 것이 험준한 태항산맥의 길을 무사히 지나는 것보다 어려움을 언급하고 있다.

A: 太行之路能摧車. 若比人心是坦途.

B: 太行(たいかう)の路(みち)は、能(よ)く車(くるま)を摧(くだ)く。若(も)し人(ひと)の心(こころ)に比(たくら)ぶれば、是(こ)れ[45]坦(たひ)らかなる途(みち)なり。

---

45 좌훈으로 「ハ」(これは)라고 적혀 있다.

C: 태항산의 길은 수레를 망가뜨릴 정도라지만 만약 사람의 마음에
비한다면 평탄한 길이라네.

A: 巫峽之水能覆舟. 若比人心是安流.

B: 巫峽(ぶけふ)の水(みづ)は能(よ)く舟(ふね)を覆(くつがへ)す。
若(も)し人(ひと)の心(こころ)に比(くら)ぶれば、是(これ)[46]安
(しづ)かなる流(なが)れなり。

C: 무협의 강물은 배를 뒤집을 정도라지만 만약 사람의 마음에 비한
다면 평온한 흐름이라네.

A: 君心好惡苦不常. 好生毛羽惡生瘡.

B: 君心(くんしむ)の好惡(かうを)を、苦(はなは)だ常(つね)ならず。
好(よ)みすれば毛羽(もうう)を生(しゃう)じ、惡(にく)みすれば
瘡(きず)を生(しゃう)ず。

C: 그대의 마음에 좋아하고 싫어함이 심히 한결같지 않아서, 좋으면
깃털이 돋아날 듯 띄워올리고 싫으면 흠결만 찾는구나.

A: 與君結髮未五載, 豈期牛女爲參商.

B: 君(きみ)と髮(かみ)を結(あ)げて、未(いま)だ五載(ごさい)あら
ざるに、豈(あ)に牛女(ぎうぢょ)を期(き)して參商(しむしゃう)
と爲(な)らんや。

C: 그대와 머리를 올려 부부가 된 지가 아직 오년도 안 되었음에 견우
성과 직녀성처럼 애틋하기를 바랬건만, 같은 하늘에 뜨지 못하는

---

46 좌훈으로 「ハ」(これは)라고 적혀 있다.

삼성과 상성처럼 헤어질 줄 어찌 알았겠는가.

A: 古稱色衰相棄背. 當時美人猶怨悔.

B: 古(いにしへ)に稱(い)ひき、色(いろ)衰(おとろ)へて、相(あ)ひ
棄(すた)れ背(そむ)くこと。當時(そのかみ)の美人(びじん)も猶
(な)ほ怨(うら)み悔(く)いき。

C: 옛말에 이르기를, 미색이 쇠하면 버림을 받는다고 했네. 그 옛날 미
인들도 원통해 하였다네.

A: 何況如今鸞鏡中, 妾顔未改君心改.

B: 何(いか)に況(いは)んや、如今(いま)鸞鏡(らんけい)の中(う
ち)、妾(せふ)が顔(かたち)未(いま)だ改(あらた)めざるに、君
(きみ)の心(こころ)改(あらた)むる。

C: 하물며 말하여 무엇하랴. 지금 거울에 비친 내 얼굴은 그대로인데
그대의 마음은 변하였네.

A: 爲君薰衣裳, 君聞蘭麝不馨香.

B: 君(きみ)が爲(ため)に衣裳(いしやう)に薰(たきもの)すれども、
君(きみ)蘭麝(らんじや)を聞(き)きながら、馨香(けいきやう)な
らずとおもへり。

C: 그대를 위해 의복에 향을 입히지만, 그대는 (옷에 입힌) 난향과 사
향을 맡고도 좋은 향기인 줄 모른다네.

A: 爲君盛容飾, 君看金翠無顔色

B: 君(きみ)が爲(ため)に容飾(ようしょく)を盛(さか)んにすれど
も、君(きみ)金翠(きむすい)を看(み)て、顔色(がんしょく)無
(な)しとおもへり。

C: 그대를 위해 용모를 곱게 꾸미지만, 그대는 (꾸며 놓은) 황금과 비
취를 보고도 아름답다고 여기지 않는다네.

A: 行路難, 難重陳.

B: 行路(かうろ)の難(かた)きこと、重(かさ)ねて陳(の)べ難(がた)
し。

C: 인생길 험난함은 더는 말하기 어렵네.

A: 人生莫作婦人身. 百年苦樂由他人.

B: 人(ひと)生(う)まれて、婦人(ふじん)の身(み)と作(な)る莫(な)
かれ。百年(ひゃくねん)の苦樂(くらく)は、他人(たにん)に由
(よ)れり。

C: 여자로 태어나지 말지어다. 평생의 즐거움과 괴로움이 남에게 달
렸다네.

A: 行路難, 難於山. 險於水.

B: 行路(かうろ)の難(なん)なること、山(やま)よりも難(かた)
し[47]。水(みづ)よりも險(けは)し。

C: 인생길 어려움은 산보다 험하고 물보다 험하네.

---

[47] 좌훈으로 「ク」(<u>かたく</u>)라고 적혀 있다.

A: 不獨人閒夫與妻. 近代君臣亦如此.

B: 獨(ひと)り人閒(じんかん)、夫(を)と妻(め)とのみにあらず。近代(きんだい)の君臣(くんしん)、亦(ま)た此(か)くの如(ごと)し。

C: 비단 세간의 부부만이 아니라, 요즘의 군신도 또한 이와 같다네.

A: 君不見, 左納言右納史, 朝承恩暮賜死.

B: 君(きみ)見(み)ずや、左[48]納言(さなふごん)、右[49]納史(うなふし)の、朝(あした)には恩(おん)を承(うけたまは)りて、暮(ゆふべ)には死(し)を賜(たま)へることを。

C: 그대는 보지 못했는가, 천자를 좌우에서 모시던 납언과 납사들도 아침에는 은총을 입다가 저녁에는 죽음을 받는 것을.

A: 行路難, 不在水, 不在山. 只在人情反覆閒.

B: 行路(かうろ)の難(かた)きこと、水(みづ)にもあらず、山(やま)にもあらず。只(た)だ人(ひと)の情(こころ)、反覆(はんぷく)の閒(あひだ)に在(あ)り。

C: 인생길이 험난한 것은 물 때문도 아니며 산 때문도 아니라네. 오로지 사람의 인정이 정처없기 때문이라네.

〈해설〉

· 摧車(최거): 길이 너무도 험하여 수레 바퀴가 망가짐.

· 坦途(탄도): 평탄한 길.

---

48 「左」우측 하단에 붉은 글씨로 「ハ」라고 적혀 있다. 훈독문에 반영할 수 없다.
49 「右」우측 하단에 붉은 글씨로 「ハ」라고 적혀 있다. 훈독문에 반영할 수 없다.

· 巫峽(무협): 양자강 상류인 무산(巫山)에 있는 협곡. 구당협(瞿塘峽),
  서릉협(西陵峽)과 함께 삼협 가운데 하나. 삼협 일대는 물살이 매우
  급하여 예로부터 배가 다니기 어려운 곳으로 알려졌다.

· 安流(안류): 평온한 강류.

· 好生毛羽惡生瘡(호생모우오생창): 좋아하면 깃털이라도 돋아난
  듯 띄워 올리면서 억지로 좋은 점을 찾으려 들지만, 싫어하면 억지
  로 흠결을 만들어 나쁜 점을 찾으려 든다는 것. 이 표현은『문선(文選)』
  에 실린 장형(張衡)의「서경부(西京賦)」에「좋아하는 것은 깃털이 나
  게 하고 싫어하는 것은 부스럼이 나게 하네(所好生毛羽, 所惡成瘡痏)」라
  는 구절에서 유래한 것으로 보인다.

· 結髮(결발): 결혼. 남자는 20살에 관을 쓰고 여자는 15살에 쪽을 지고
  머리를 올리는 성년 의식을 하는 것에서 유래하여 성년이 되는 것을
  가리켰으나 결혼하는 것까지 의미하게 되었다.

· 牛女(우녀): 견우성과 직녀성. 두 별은 매년 7월 7일 저녁에 한 하늘
  에서 만난다고 하여 사이 좋은 부부에 비유된다.

· 參商(삼상): 삼(參)은 오리온자리, 상(商)은 전갈자리. 오리온자리는
  겨울, 전갈자리는 여름에만 뜨는 별자리라서 한 하늘에 동시에 뜨는
  일이 없다. 이에 친했던 이가 서로 떨어져 있음을 나타내는 비유로
  사용되었다.

· 鸞鏡(난경): 뒷면에 난(鸞)[봉황과 비슷한 부류의 영험한 새]을 새긴
  화장거울. 난은 정이 깊은 새로 일컬어진다.

· 蘭麝(난사): 방향(芳香)의 이름.

· 百年(백년): 인간의 일생.

· 左納言(좌납언): 납언은 천자의 측근에 있으면서 천자의 말씀을 밖

에 전하고 백성들의 말을 천자에 아뢰는 일을 관장하는 옛 관직명이
다. 당나라 관제에서는 문하성시중(門下省侍中)에 해당한다.

· 右納史(우납사): 많은 이본에 납사(納史)로 되어 있으나 내사(內史)로
보는 것이 타당하다. 내사는 『주례(周禮)』「대종백(大宗伯)」에 보이
는 옛 관직명으로, 당나라 관제에서는 재상직인 중서령(中書令)에
해당한다.

· 朝承恩暮賜死(조승은모사사): 덕종과 순종 시절에 총애를 받다가
좌천되거나 죽임을 당한 신하들이 있었음을 열거하면서 선대 황제
들의 행적을 비판한 것이다.

11. 사천대(司天臺)

A: 司天臺○引古以儆今也.

B: 司天臺(してんだい)○古(いにしへ)を引(ひ)きて、以(もち)て今(いま)を儆(いまし)めたり。

C: 사천대(司天臺)○ 옛일을 인용하여 지금을 경계한 것이다.

⟨해설⟩

· 司天臺(사천대): 천문대. 당나라 사천대는 천문 관찰과 역수(曆數)를 관장하였다. 백거이는 요임금 시절 천문관인 희화(羲和)가 하늘의 조짐과 인사 사이의 관련성을 잘 관찰하여 천자의 정치에 도움이 되었다는 고사를 인용하여, 현재의 천문관은 그렇지 못하니 이를 바로잡아야 함을 말하고 있다.

A: 司天臺, 仰觀俯察天人際.

B: 司天臺(してんだい)、仰(あふ)ぎて[50]觀(み)、俯(ふ)して察(み)るに、天人(てんじん)の際(あひだ)。

C: 사천대는 (위로는 하늘의 조짐을) 우러러 보고, (아래로는 인사(人事)를) 내려다 봄에, 하늘과 사람의 사이로다[하늘과 사람 사이의 관련성을 관찰하는 시설이다].

A: 羲和死來職事廢. 官不求賢空取藝.

---

50 「仰」 우측 어깨에 붉은 점이 있으나 잘못 찍힌 것으로 보인다.

B: 羲[51]和(きくゎ)死(し)してより來(このかた)、職事(しょくじ)廢
(すた)る。官(くゎん)に賢(けん)を求(もと)めず、空(むな)しく
藝(げい)のみを取(と)れり。

C: (그러나 요임금 시절의 천문관인) 희화(羲和)가 죽은 이래 그 직무
는 쇠퇴하여, 관원(官員)으로 어진 사람을 구하지 않고 공허히 기술
뿐인 사람만을 등용하게 되었다네.

A: 昔聞西漢元成閒, 上陵下替謫見天.

B: 昔(むかし)聞(き)きき、西漢(せいかん)の元成(ぐゑんせい)の閒
(あひだ)に、上(かみ)陵(しの)ぎ、下(しも)替(すた)れて、謫
(せ)め、天(てん)に見(み)る。

C: 예전에 듣기를, 서한(西漢)의 원제(元帝)와 성제(成帝) 시절에는 하극
상이 나타나 이를 꾸짖는 조짐이 하늘에 보였다고 하네.

A: 北辰微闇少光色. 四星煌煌如火赤.

B: 北辰(ほくしん)微(やうや)く闇(くら)くして、光色(くゎうしょ
く)少(すく)なし。四星(しせい)煌煌(くゎうくゎう)として、火
(ひ)の赤(あか)きが如(ごと)し。

C: 북극성이 점점 어두워져 빛과 색이 줄어들고, 사성(四星)만이 찬란
하여 빛의 붉음과 같았다네.

A: 耀芒動角射三台. 上台半滅中台坼.

B: 芒(ばう)を耀(かがや)かし、角(かく)を動(うご)かして、三台

---

51 「羲」우측 위쪽에 짧은 선이 기입되어 있으나 잘못 기입된 것으로 보인다.

(さむだい)を射(い)る。上台(じゃうだい)半(なか)ば滅(き)え
て、中台(ちうだい)坼(さ)けたり。

C: (북극성은 별빛은) 끝을 번쩍이고 모를 움직여 삼대성(三臺星)을 비
  췄다네. (이 때문에) 상대(上台)의 별빛은 희미해지고 중대(中台)의
  별빛은 갈라져 버렸다네.

A: 是時非無太史官. 眼見心知不敢言.

B: 是(こ)の時(とき)に太史(たいし)の官(くゎん)無(な)きにあら
  ず。眼(まなこ)に見(み)、心(こころ)に知(し)れども、敢(あ)へ
  て言(まう)さず。

C: 이때 (천문대에) 태사관(太史官)이 없었던 것이 아니라네. (하지만
  그는) 눈으로 보고 마음으로 알았지만 감히 아뢰지 못했다네.

A: 明朝趨入明光殿, 唯奏慶雲壽星見.

B: 明朝(みゃうてう)明光殿(めいくゎうてん)に趨(はし)り入(い)り
  て[52]、唯(た)だ慶(よろこ)びの雲(くも)、壽(ことぶき)の星(ほ
  し)のみ見(み)ゆることを奏(そう)す。

C: 다음날 아침 명광전(明光殿)에 달려가서 그저 태평성대를 상징하
  는 구름과 별만이 보였다고 아뢰었네.

A: 天文時變兩如斯, 九重天子不得知.

B: 天文(てんぶん)時變(じへん)、兩(ふた)つながら斯(か)くの如
  (ごと)し。九重(きうちょう)の天子(てんし)、知(しろしめ)すこ

---

52 좌훈으로 「マイリ」(まゐり)라고 적혀 있다.

とを得(え)ず。

C: 천문의 이변과 시세(時勢)의 이변, 이 두 가지가 모두 이러하니, 구중궁궐 천자께서는 아실 수가 없다네.

A: 不得知安用臺高百尺爲.

B: 知(しろしめ)すことを得(え)ざれば、安(いづ)くんぞ臺(だい)の高(たか)さ百尺(ももさか)なることを用(もち)ゐて爲(せ)む。

C: (천자께서 이러한 이변을) 모르신다면 백자 높이 사천대가 무슨 소용 있으리오.

〈해설〉

· 仰觀俯察(앙관부찰): 하늘을 올려다 보아 천문을 관찰함.『주역(周易)』「계사전(繫辭傳)」에 보이는 말로서, 하늘의 조짐과 인사(人事) 사이의 관련성을 관찰하는 일을 말한다.

· 天人際(천인제): 하늘의 조짐과 인사(人事)의 관련성.

· 義和(희화): 요임금 시절 천문(天文)을 담당했던 관리.『상서(尙書)』「요전(堯典)」에 보인다.

· 西漢元成(서한원성): 서한은 전한(前漢)이라고도 하며, 기원전 2세기 초부터 200년간의 시대이다. 원(元)은 원제(元帝), 성(成)은 성제(成帝)를 말하는데, 모두 전한 말기의 천자이다.

· 上陵下替(상능하체): 하능상체(下陵上替)의 잘못. 아래가 위를 욕보여 위가 체면과 위치를 잃음. 하극상을 의미한다.

· 謫見天(적견천): 사람에게 잘못이 있으면 이를 꾸짖는 조짐이 천문(天文)에 나타난다는 것으로『예기(禮記)』「혼의(昏義)」에 나오는 말이다.

· 北辰(북신): 북극성.

· 四星(사성): 태일성(太一星) 뒤에 있는 네 개의 별로, 후비(后妃)의 위(位)를 상징한다. 오성(五星)으로 되어 있는 이본도 있다. 오성은 동방의 세성(歲星)[목성], 남방의 형혹성(熒惑星)[화성], 중앙의 진성(鎭星)[토성], 서방의 태백성(太白星)[금성], 북방의 진성(辰星)[수성]을 가리킨다.

· 煌煌(황황): 반짝반짝 빛나는 모양.

· 耀芒動角(요망동각): 망각(芒角)을 비추어 움직이는 것을 의미한다. 망각(芒角)은 직역하면 물체의 모가 진 가장자리를 뜻하나, 여기에서는 별이 방사(放射)하는 빛의 밝음을 나타냈다.

· 三台(삼대): 별 이름. 천주(天柱)라고도 하며 북두칠성의 제1성으로부터 제4성에 이르는 네 개의 별 아래에 상하 두 개씩 늘어서는 여섯 개의 별이다. 이를 상대(上台), 중대(中台), 하대(下台)의 세 계급으로 나누어, 상대는 천자(天子)와 후비(后妃), 중대는 제후(諸侯)와 삼공(三公)과 경대부(卿大夫), 하대는 사(士)와 서인(庶人)에 해당시킨다.

· 太史官(태사관): 천문과 역수를 관장하는 관직.

· 明光殿(명광전): 궁전의 이름. 한나라 무제가 지은 궁전으로 신하가 정사를 보는 곳이다.

· 慶雲(경운): 태평의 조짐을 나타내는 경사스러운 구름. 경운(卿雲)이라고도 한다.

· 壽星(수성): 남극성(南極星). 남극노인성(南極老人星)이라고도 한다. 용골좌(龍骨座)의 수성(首星)인 카노푸스(Canopus)이다. 당시 수성이 나타나면 세상이 잘 다스려진다고 믿었다.

12. 포황(捕蝗)

A: 捕蝗○刺長吏也.

B: 捕蝗(ほくゎう)○長吏(ちゃうり)を刺(そし)れり。

C: 포황(捕蝗)○ 지방장관을 비난하였다.

〈해설〉

· 捕蝗(포황): 메뚜기를 잡는 일. 지방장관이 농사가 걱정된다며 백성
들에게 메뚜기 잡게 한 것이 정작 백성들에게는 무익한 일이었음을
풍자한 시이다.

· 長吏(장리): 지방장관.

A: 捕蝗, 捕蝗, 誰家子.

B: 蝗(いなご)を捕(と)らへ、蝗(いなご)を捕(と)らふる、誰(たれ)
が家(いへ)の子(こ)ぞ。

C: 메뚜기를 잡고 메뚜기를 잡는 것은 뉘 집 자식인가?

A: 天熱日長饑欲死.

B: 天(てん)熱(あつ)く、日(ひ)長(なが)くして、饑(う)ゑて死(し)
なんと欲(ほつ)す。

C: 하늘은 뜨겁고 해는 길어 배고파 죽을 지경이네.

A: 興元兵後傷陰陽.

B: 興元(こうぐゑん)に兵(いくさ)の後(のち)に、陰陽(いむやう)を傷(やぶ)る。

C: 홍원 연간에 반란이 있은 후 음양의 조화를 잃었다네.

A: 和氣蠱蠹化爲蝗.

B: 和氣(くゎき)蠱蠹(こと)して、化(くゎ)して蝗(いなご)と爲(な)れり。

C: 조화로운 기운이 파괴되어 메뚜기가 되었다네.

A: 始自兩河及三輔, 荐食如蠶. 飛似雨.

B: 始(はじ)めは兩河(りゃうが)より、三輔(さむほ)に及(およ)んで、荐(しき)りに食(は)むこと、蠶(かふこ)の如(ごと)し。飛(と)ぶこと、雨(あめ)に似(に)たり。

C: 처음에는 양하(兩河)에서 시작하여 삼보(三輔)에 이르러 끊임없이 먹어치우는 것이 누에고치와 같고 나는 것은 비와 같다네.

A: 雨飛蠶食. 千里閒不見靑苗. 空赤土.

B: 雨(あめ)のごとく飛(と)び、蠶(かふこ)のごとく食(は)む。千里(せんり)の閒(あひだ)に、靑苗(せいべう)を見(み)ず。空(むな)しく赤土(せきど)のみなり。

C: 비처럼 날고 누에고치처럼 먹어서, 천 리 간에 푸른 싹을 볼 수 없고 그저 붉은 땅 뿐이라네.

A: 河南長吏言憂農. 課人晝夜捕蝗蟲,

B: 河南(かなむ)の長吏(ちゃうり)、農(のう)を憂(うれ)ふることを
言(まう)す。人(ひと)に課(おほ)せて、晝夜(ひるよる)蝗蟲
(くゎうちう)を捕(と)らへしむ。

C: 하남의 지방장관은 농사가 걱정된다며 백성에게 명하여 밤낮으
로 메뚜기를 잡게 했다네.

A: 是時粟斗錢三百, 蝗蟲之價與粟同.

B: 是(こ)の時(とき)に粟(しょく)、斗(とう)に錢(ぜに)三百(さむ
びゃく)、蝗蟲(くゎうちう)の價(あたひ)、粟(しょく)と同(お
な)じ。

C: 이때 좁쌀 한 말에 삼백 냥으로, 메뚜기 값이 좁쌀 값과 같았다네.

A: 捕蝗捕蝗. 竟何利. 徒使饑人重勞費.

B: 蝗(いなご)を捕(と)らへしめ、蝗(いなご)を捕(と)らへしむ。竟
(つひ)に何(なん)の利(り)かある。徒(いたづ)らに饑人(きじん)
をして重(かさ)ねて勞費(らうひ)せしむ。

C: 메뚜기를 잡고 또 잡게 해봐야 결국 무슨 이익이 있겠는가? 쓸데없
이 배고픈 사람을 두 번 고생시키는 것이지.

A: 一蟲雖死百蟲來. 豈將人力競天災.

B: 一(ひと)つの蟲(むし)は死(し)ぬといへども、百(もも)の蟲(む
し)は來(きた)る。豈(あ)に人力(じんりょく)を將(もち)て、天
(てん)の災(わざは)ひを競(きそ)はんや。

C: 한 마리 벌레는 죽지만 백 마리 벌레가 오니 어찌 인력으로 하늘의

재앙에 맞서겠는가?

A: 我聞. 古之良吏有善政. 以政驅蝗蝗出境.

B: 我(われ)聞(き)く。古(いにしへ)の良吏(りゃうり)、善(よ)き政
(まつりごと)有(あ)り。政(まつりごと)を以(もち)て、蝗(いな
ご)を驅(か)りしかば、蝗(いなご)境(さかひ)を出(い)でき。

C: 내가 듣기를, 옛날 좋은 관리가 있어 선정을 베풀고 이로써 메뚜기
를 쫓아내자 메뚜기가 고을 밖으로 나갔다 하네.

A: 又聞. 貞觀之初道欲昌. 文皇仰天呑一蝗.

B: 又(ま)た聞(き)く。貞觀(ぢゃうぐゎん)の初(はじ)めに、道(み
ち)昌(さか)んならんと欲(ほっ)す。文皇(ぶんくゎう)天(てん)
に仰(あふ)ぎ、一(ひと)つの蝗(いなご)を呑(の)めり。

C: 또 들었네. 정관 연간 초에 도(道)가 흥하려 하려던 즈음 태종 황제
께서 하늘을 우러르며 메뚜기 한 마리를 삼키셨다 하네.

A: 一人有慶兆民賴. 是歲雖蝗不爲害.

B: 一人(いちにん)慶(けい)有(あ)るときは、兆民(てうみん)賴(か
うぶ)る。是(こ)の歲(とし)、蝗(いなご)ありといへども、害(が
い)を爲(な)さざりき。

C: 천자 한 사람의 덕행이 있으면 만백성이 은혜를 입는다네. 이 해에
는 메뚜기가 있기는 했지만 해를 입지는 않았다네.

a: 貞觀二年大宗呑蝗蟲. 事見貞觀實錄.

b: 貞觀(ぢゃうぐゎん)二年(にねん)、大宗(たいそう)蝗蟲(くゎう ちう)を呑(の)む。事(こと)、貞觀(ぢゃうぐゎん)實錄(じつろ く)に見(み)えたり。

c: 정관 2년 태종이 메뚜기를 먹었다는 이야기가 정관실록에 보인다.

〈해설〉

· 興元兵(흥원병): 흥원은 당나라 덕종(德宗) 이괄(李适) 치세의 연호. 784년 1-12월. 이보다 앞서 건중(建中) 3년(782)에는 지방군벌인 절도 사의 횡포가 극에 달하여 주도(朱滔), 전열(田悅), 왕무준(王武俊) 등이 모두 왕을 참칭하고, 건중 4년(783)에는 경원원절도사(涇元原節度使) 주비(朱泚)의 반란이 일어나 덕종은 봉천(奉天)으로 몽진했다. 흥원 원년(784)에 이회광(李懷光)이 반란을 일으켜 다시 양주(梁州)로 몽 진했다. 더구나 이 해에는 메뚜기의 대해(大害)가 있었다.

· 傷陰陽(상음양): 양기와 음기의 조화가 깨지는 것.

· 蠱蠹(고두): 고(蠱)는 곡물이나 식기에 붙는 벌레. 두(蠹)는 나무좀. 고 두(蠱蠹)는 이 해충들이 물건을 파괴하는 것을 말한다.

· 兩河(양하): 하북(河北)과 하남(河南).

· 三輔(삼보): 한나라 시대에는 경조(京兆), 풍익(馮翊), 부풍(扶風)을 삼 보라고 했다. 즉 장안의 도(都)와 근교의 군부(郡部)를 아울러서 세 개 의 행정구역으로 나눈 것이다.

· 荐食(천식): 끊임없이 먹어들어 감.

· 蝗蟲之價(황충지가): 메뚜기 한 말을 잡는 경비.

· 古之良吏(고지량리): 후한의 탁무(卓茂)나 노공(魯恭)과 같은 관리. 『후한서(後漢書)』「탁무전(魯恭傳)」과 「노공전(魯恭傳)」에 그들의 선

정에 관한 기록이 있다.

· 貞觀(정관): 당나라 태종(太宗) 이세민(李世民) 치세의 연호. 627-649년.

· 文皇呑蝗(문황탄황): 문황은 태종(太宗)을 말한다. 정관 2년 메뚜기 피해가 있었을 때, 태종이 몸소 메뚜기 한 마리를 삼키고 하늘에 빌자 그 해가 그쳤다는 얘기가 『정관정요(貞觀政要)』「농무(農務)」에 보인다.

· 一人有慶兆民賴(일인유경조민뢰): 천자 1인에게 선행이 있으면 억조(億兆) 백성들이 그 은혜를 입는다는 것. 『상서(尙書)』「여형(呂刑)」에 실린 말이다.

13. 곤명춘수만(昆明春水滿)

A: 昆明春水滿○思王澤之廣被也.

B: 昆明春水滿(こんめいしゅんすいまん)○王澤(わうたく)の廣(ひ
ろ)く被(かうぶ)ることを思(おも)ふ。

C: 곤명춘수만(昆明春水滿)○ 임금의 은택이 널리 미치는 것을 생각한
것이다.

a: 貞元中始漲泛.

b: 貞元中(ぢゃうぐゑんちう)、始(はじ)めて漲(みなぎ)り泛(う)か
ぶ。

c: 정원(貞元) 연간에 비로소 물이 가득 차올랐다.

〈해설〉

· 昆明春水滿(곤명춘수만): 곤명은 장안의 서남쪽 교외에 있던 곤명
지(昆明池)를 가리킨다. 한나라 무제가 곤명국[지금의 운남성]을 정
벌하기 전에 곤명국에 있는 전지(滇池)라는 호수를 본떠서 만들었다.
무제는 이곳에서 수군의 훈련을 실시했다고 한다. 그 후 물이 말라
있던 것을 당나라 덕종 정원 13년(797) 8월에 조칙을 내려 바닥을 준
설하고 물을 끌어와 복원하였다. 곤명지에 가까이 사는 백성들만 특
별한 은혜를 입을 것이 아니라 천자의 은혜가 온 천하에 널리 미치기
를 바라며 지은 시이다.

A: 昆明春, 昆明春, 春池岸古春流新.

B: 昆明(こんめい)の春(はる)、昆明(こんめい)の春(はる)、春池(しゅんち)、岸(きし)古(ふ)りて、春(はる)の流(なが)れ、新(あら)たなり。

C: 곤명지(昆明池)의 봄이여, 곤명지의 봄이여, 봄 연못[곤명지]의 언덕은 오래되었고 봄의 물줄기는 새롭네.

A: 影浸南山靑滉瀁. 波沈西日紅瀰淪.

B: 影(かげ)南山(なむざん)を浸(ひた)して、靑(あを)くして滉瀁(くゎうやう)たり。波(なみ)西日(せいじつ)を沈(しづ)めて、紅(あか)く瀰淪(ゐんりん)たり。

C: 종남산(終南山)의 그림자 잠긴 물은 푸르며 드넓네. 서녘으로 지는 해가 가라앉아 물결이 붉게 흔들리네.

A: 往年因旱靈池竭. 龜尾曳塗魚煦沫.

B: 往(いん)じ年(とし)、旱(ひでり)に因(よ)りて靈池(れいち)竭(つ)きぬ。龜尾(くゐび)は塗(ぬかり)に曳(ひ)き、魚(うを)は沫(あわ)に煦(いきづ)く。

C: 지난날 가뭄에 신령한 연못이 말라, 거북이는 진흙탕에서 꼬리를 끌고 물고기는 입에서 거품을 뿜으며 헐떡이네.

A: 詔開分水[53]注恩波, 千介萬鱗同日活.

B: 詔(みことのり)して分水(ふんすい)を開(ひら)きて、恩波(おん

---

53 「八水」라고 된 책도 있다.

ぱ)を注(そそ)ぐ。千(ちち)の介(かふ)ある、萬(よろづ)の鱗(いろくづ)ある、同日(どうじつ)に活(い)きぬ[54]。

C: (덕종 황제께서) 조칙을 내리시어 나눠진 물줄기를 열어서, 성은의 물결을 부으니 천 가지 만 가지 껍질 있고 비늘 있는 것들이 한 날 다시 살아났다네.

A: 今來淨淥水照天. 游魚鱍鱍蓮田田.

B: 今來(ことし)[55]淨淥(せいろく)の水(みづ)、天(てん)を照(て)らす。游魚(いうぎょ)鱍鱍(はつはつ)として、蓮(はちす)田田(てんてん)たり。

C: 이제는 맑은 물에 하늘이 비친다네. 헤엄치는 물고기들은 살랑살랑 꼬리를 흔들고 연잎은 두둥실 물 위에 떠 있다네.

A: 洲香杜若抽心短. 沙暖鴛鴦鋪翅眠.

B: 洲(す)香(かうば)しくしては、杜若(とじゃく)心(なかご)を抽(ぬ)きて短(みじか)く、沙(すな)暖(あたた)かにしては、鴛鴦(ゑんあう)翅(つばさ)を鋪(し)きて眠(ねむ)る。

C: 연못 가운데 모래톱은 향긋하여 나도생강의 속살이 짤막하게 삐져나와 있고, 모래는 따뜻하여 원앙이 날개를 펴고 잠든다네.

A: 動植飛沈皆遂性. 皇澤如春無不被.

B: 動植(どうしょく)飛沈(ひちむ)、皆(みな)性(せい)を遂(と)ぐ。皇澤(くゎうたく)春(はる)の如(ごと)くにして、被(かうぶ)らし

---

54 좌훈으로 「ヘル」(よみがへる)라고 적혀 있다.

55 좌훈으로 「イマ」(いま)라고 적혀 있다.

めずといふこと無(な)し。

C: 들짐승과 식물, 날짐승과 물고기들도 모두 자기 천성을 이루었고, 황제의 은택은 봄과 같아 그것을 입지 않은 것이 없다네.

A: 漁者仍豐網罟資, 貪人久獲菰蒲利.

B: 漁(ぎょ)する者(もの)は、仍(しき)りに網罟(ばうこ)の資(し)を豊(ゆた)かにし、貪(やつやつ)しき人(ひと)は、久(ひさ)しく菰蒲(こほ)の利(り)を獲(え)たり。

C: 고기 잡는 이들은 늘 그물 수확이 풍요롭고, 가난한 이들은 오래도록 줄과 부들의 이로움을 얻었네.

A: 詔以昆明近帝城, 宦家不得收其征.

B: 詔(みことのり)して昆明(こんめい)の、帝城(ていじゃう)に近(ちか)きを以(もち)て、宦家(おほやけ)其(そ)の征(おほちから)を収(をさ)むることを得(え)ず。

C: 조칙을 내려, 곤명지가 황성에서 가깝다는 이유로 관아에서 세금을 걷지 못하게 하였다네.

A: 菰蒲無租魚無税. 近水之人感君惠.

B: 菰蒲(こほ)は租(そ)も無(な)く、魚(うを)は税(ぜい)も無(な)し。水(みづ)に近(ちか)き人(ひと)、君(きみ)の惠(いつく)しびを感(かむ)ず。

C: 줄과 부들에도 세금이 없고, 물고기에도 세금이 없네. 물 가까이에 사는 백성들은 임금의 은혜를 느낀다네.

A: 感君惠獨何人.

B: 君(きみ)の惠(いつく)しびを感(かむ)ずること、獨(ひと)り何人(なにびと)ぞ。

C: 임금의 은혜를 느끼는 것은 유독 누구이던가?

A: 吾聞率土皆王民. 遠民何疎近何親.

B: 吾(われ)聞(き)く、率土(そつど)は皆(みな)王民(わうみん)なり。遠(とほ)き民(たみ)は何(なん)ぞ疎(うと)く、近(ちか)きは何(なん)ぞ親(した)しからん。

C: 내가 듣기로 온 천하 모두가 임금의 백성이라는데, 어찌 멀리 있는 백성은 소원히 하고 가까이 있는 백성만을 친애할 수 있겠는가?

A: 願推此惠及天下, 無遠無近同欣欣.

B: 願(ねが)はくは、此(こ)の惠(いつく)しびを推(と)って、天下(てんか)に及(およ)ぼして、遠(とほ)きも無(な)く、近(ちか)きも無(な)く、同(おな)じく欣欣(きんきん)たらしめん。

C: 원컨대 이 은혜를 두루 천하에 미치게 하여 먼 백성 가까운 백성 할 것 없이 모두 함께 기뻐하게 하였으면 좋겠네.

A: 吳興山中罷推茗, 鄱陽坑裏休封銀.

B: 吳興(ごこう)の山中(さんちう)に茗(めい)を推(と)ることを罷(や)め、鄱陽(はやう)の坑(かう)の裏(うら)に銀(ぎん)を封(ほう)ずることを休(やす)む。

C: 오흥(吳興)의 산속에서는 찻잎을 전매(專賣)하는 것을 그만두고, 파

양(鄱陽)의 은광에서는 채굴된 은을 압류하여 독점하는 것을 멈추었으면 좋겠네.

A: 天涯地角無禁利, 熙熙同似昆明春.

B: 天涯(てんがい)地角(ちかく)利(り)を禁(いさ)ぶこと無(な)くして、熙熙(きき)として同(おな)じく昆明(こんめい)の春(はる)に似(に)たらしめん[56]。

C: 하늘과 땅 어느 곳에서나 이로움을 꾸짖는 일 없이, 사이좋게 어울려 모두 함께 곤명지의 봄과 같아졌으면 좋겠네.

〈해설〉

· 南山(남산): 장안 남쪽의 종남산(終南山)을 가리킨다.

· 滉瀁(황양): 물이 드넓게 가득 찬 모양.

· 淪淪(윤륜): 깊고 넓은 수면에 잔잔한 물결이 치는 모양.

· 詔開分水(조개분수): 정원 13년 8월의 조칙을 말한다. 분수는 팔수(八水)로 된 이본도 있다. 팔수는 물을 끌어 온 여덟 개의 큰 강으로서, 경(涇)·위(渭)·산(滻)·파(灞)·노(澇)·호(滈)·예(灃)·율(潏)을 가리킨다.

· 淨淥(정록): 물이 맑은 모양.

· 鱍鱍(발발): 물고기가 꼬리를 흔드는 모양.

· 田田(전전): 연잎이 물 위에 많이 뜬 모양.

· 杜若(두약): 나도생강[학명: Pollia japonica]. 한편 일본어에서는 두약(杜若)을 나도생강과는 전혀 다른 종인 「かきつばた[제비붓꽃. 학명 Iris laevigata]」로 읽는다.

---

56 좌훈으로 「セシメン」(にせしめん)이라고 적혀 있다.

· 菰蒲(고포): 줄과 부들. 줄은 습지에 자생하는 물풀로서 열매를 먹을
  수 있다. 부들은 습지에 나는 다년초로서 잎사귀가 가늘고 길어 자
  리를 짜는 데에 쓰인다.
· 飛沈(비침): 날짐승과 물고기.
· 率土(솔토): 온 천하. 온 국토.
· 欣欣(흔흔): 기뻐하는 모습.
· 吳興(오흥): 지금의 절강성(浙江省) 호주시(湖州市). 차의 명산지이다.
· 推茗(각명): 찻잎을 조정에서 독점적으로 매입하는 것. 각다(推茶)라
  고도 한다. 차에 세금이 부과된 것은 덕종 정원9년(793)에 시작되었다.
· 鄱陽(파양): 강서성(江西省) 파양현. 커다란 은광이 있었다.
· 封銀(봉은): 은광을 막아 자유롭게 채굴하지 못하게 하는 것, 또는 은
  을 압류하는 것으로 어찌되었건 관에서 이익을 독점하는 것을 말
  한다.
· 熙熙(희희): 사이좋게 즐거워하는 모양.

14. 성염주(城鹽州)

A: 城鹽州○美聖謨而誚邊將也.

B: 城鹽州(じゃうゑむしう)○聖謨(せいぼ)を美(ほ)めて邊將(へん
しゃう)を誚(そし)る。

C: 성염주(城鹽州)○ 천자의 군략을 칭찬하고 변방의 장수를 꾸짖다.

a: 貞元歲壬申特詔城之.

b: 貞元(ぢゃうぐゑん)の歲(とし)、壬申(じむしん)、特(とく)に詔
(みことのり)して之(これ)を城(きづ)く。

c: 정원(貞元) 연간 임신(壬申)년에 특별히 조칙을 내려 이를 축조하였다.

〈해설〉

· 城鹽州(성염주): 염주(鹽州)에 성을 쌓다. 백거이는 이 시를 통해 오랑
캐의 침략을 막아야 하는 변방의 장수들이 이를 등한시하고 자신의
영달만을 추구하는 것을 비판하고, 이를 천자에게 알려 경계하게 하
였다.

· 鹽州(염주): 감숙성(甘肅省) 영하부(寧夏府) 영주(靈州)의 동남쪽, 화마
지(花馬池)의 북쪽에 위치한다. 여기에 있었던 성벽이 덕종 정원 3년
(787)에 토번[티벳] 군에 의해 파괴되었기 때문에, 정원 8년(792)에
다시 짓기 시작하여 다음 해에 완성하였다. 이후 토번의 침략이 멎
었다고 한다.

A: 城鹽州, 城鹽州. 城在五原原上頭.

B: 鹽州(ゑむしう)に城(きづ)き、鹽州(ゑむしう)に城(きづ)く。城
(しろ)は五原(ごぐゑん)原上(ぐゑんじゃう)の頭(ほとり)に在
(あ)り。

C: 염주(鹽州)에 성을 쌓고 염주에 성을 쌓네. 성은 오원(五原)의 황야
부근에 있네.

A: 蕃東節度鉢闡布, 忽見新城當要路.

B: 蕃東(ばんとう)の節度(せつど)、鉢闡布(はつせんほ)、忽(たち
ま)ち新城(しんじゃう)の要路(えうろ)に當(あ)たるを見(み)る。

C: 토번의 동쪽을 다스리는 절도사(節度使)였던 발천포(鉢闡布)가, 문
득 이 새로운 성이 요충지에 있음을 보고,

A: 金鳥飛傳贊普聞. 建牙傳箭集群臣.

B: 金鳥(きむてう)傳(でん)を飛(と)ばして、贊普(さんふ)聞(ぶん)
す。建牙(けんが)して箭(や)を傳(つ)げて群臣(ぐんしん)を集
(あつ)む。

C: (발천포가) 금조(金鳥)로 전서(傳書)를 보내어 토번의 임금이 들었
네. (토번의 임금은) 깃발을 세우고 (위급함을 알리는) 화살을 쏘아
여러 신하를 모았네.

A: 君臣頳[音稱]面有憂色. 皆言勿謂唐無人.

B: 君臣(くんしん)頳面(しょう⁵⁷めん)にして、憂(うれ)へたる色

----
57 「頳」의 한음(漢音)은 「てい」이다. 그러나 음주가 달려 있으므로 「稱」의 한음
「しょう」로 읽었다.

(いろ)有(あ)り。皆(みな)言(い)っしく、唐(たう)に人(ひと)無(な)しと謂(い)ふこと勿(な)かれ。

C: 군신들은 붉은 얼굴에 우려하는 낯빛을 보이며 모두 말했네. "당나라에 인재가 없다고 이르지 말라."

A: 自築鹽州十餘載, 左衽氈裘不犯塞.

B: 鹽州(ゑむしう)を築(きづ)きてより十餘載(じふよさい)、左衽(さじむ)の氈裘(せんきう)、塞(さい)を犯(をか)さず。

C: 염주에 성을 쌓은 지 십여 년, 오랑캐가 변방을 침범하지 않네.

A: 晝牧牛羊夜捉生. 長去新城百里外.

B: 晝(ひる)は牛羊(ぎうやう)を牧(か)ひ、夜(よる)は生(せい)を捉(と)らふ。長(なが)く新城(しんじゃう)を去(さ)れること、百里(ひゃくり)の外(そと)。

C: 낮에는 소와 양을 기르고 밤에는 들짐승을 잡는다네. (오랑캐가) 멀리 염주성을 떠난 것이 백 리 밖이네.

A: 諸邊急警勞戍人. 唯此一道無煙塵.

B: 諸邊(しょへん)急(きふ)に警(いまし)めて、戍人(しうじん)を勞(らう)せしむ。唯(ただ)此(こ)の一道(いちだう)のみ煙塵(ゑんぢん)無(な)し。

C: 여러 변방이 급히 경계하여 수비대로 하여금 일에 힘쓰게 하였네. 단지 이 한 길만이 연기와 먼지가 없었네.

A: 盧夏潛安誰復辯. 秦原闇通何處見.

B: 盧夏(ろか)潛(やうや)く安(やす)んじて誰(たれ)か復(また)辯(わきま)へん。秦原(しんぐゑん)闇(あむ)に通(つう)じて何(いづ)れの處(ところ)にか見(み)ん。

C: 노하(盧夏) 지방은 점차 안정되었지만 (그 이유를) 누가 이해하겠는가? 진원(秦原) 지방도 (안정되어 오랑캐를 걱정하지 않고) 어느 샌가 (교역로가) 열리니 (그런 일을) 어느 곳에서 볼 수 있겠는가?

A: 鄜[音夫]州驛路好馬來. 長安藥肆黃耆賤.

B: 鄜州(ふしう)の驛路(むまやぢ)より好馬(かうば)來(きた)る。長安(ちゃうあん)の藥(くすり)の肆(し)に黃耆(くゎうし)賤(やす)し。

C: 부주(鄜州)의 역로(驛路)로부터 좋은 말이 온다네. 장안의 약방에 황기(黃耆)가 싸다네.

A: 城鹽州, 城鹽州. 未城天子憂.

B: 鹽州(ゑむしう)に城(きづ)く、鹽州(ゑむしう)に城(きづ)く。未(いま)だ城(きづ)かざるに、天子(てんし)憂(うれ)ふ。

C: 염주에 성을 쌓고 염주에 성을 쌓네. 성을 쌓기 전에 천자께서는 근심이 있으셨네.

A: 德宗按圖自定計. 非關將略與廟謀.

B: 德宗(とくそう)圖(づ)を按(あん)じて、自(みづか)ら計(はかりごと)を定(さだ)む。將略(しゃうりゃく)と廟謀(べうぼう)とに

關(あづか)るにあらず。

C: 덕종(德宗)은 지도를 보고 스스로 계획을 세웠네. 장수의 책략과 문무대신의 책략과 관계없네.

A: 吾聞高宗中宗世, 北虜猖狂最難制.

B: 吾(われ)聞(き)く、高宗(かうそう)中宗(ちうそう)の世(よ)に、北虜(ほくりょ)猖狂(しゃうくゐゃう)して最(もっと)も制(せい)し難(がた)し。

C: 내가 듣기를, 고종(高宗)과 중종(中宗) 때에 북쪽 오랑캐가 창궐하여 가장 제압하기 어려웠다 하네.

A: 韓公創築受降城. 三城鼎峙屯漢兵.

B: 韓公(かんこう)創(はじ)めて受降(じゅかう)の城(しろ)を築(きづ)く。三城(さむじゃう)、鼎(かなへ)のごとくに峙(そばだ)ちて、漢(かん)の兵(へい)を屯(あつ)む。

C: 한국공(韓國公) 장인원이 처음으로 수항성(受降城)을 축조하여, 세 성이 솥과 같이 우뚝 솟아 있었으며 당나라 병사들이 주둔하고 있었다네.

A: 東西互絕數千里. 耳冷不聞胡馬聲.

B: 東西(とうざい)互(わた)り絕(わた)ること、數千里(すうせんり)。耳(みみ)冷(ひ)ややかにして胡馬(こば)の聲(こゑ)を聞(き)かず。

C: 동서로 걸친 것이 수천 리. 가을이 되어도 오랑캐의 말 울음소리가

들리지 않네.

A: 如今邊將非無策. 心笑韓公築城壁.

B: 如今(いま)邊將(へんしゃう)策(はかりごと)無(な)きにあらず。
心(こころ)に韓公(かんこう)が城壁(じゃうへき)を築(きづ)くこ
とを笑(わら)ふ。

C: 지금 변방의 장수가 계책이 없는 것은 아니지만, (그들은) 마음속
으로 한국공이 성벽을 축조한 것을 비웃네.

A: 相看養寇爲身謀. 各握强兵固恩澤.

B: 相(あ)ひ看(み)て寇(こう)を養(やしな)ひて、身(み)の爲(ため)
に謀(はか)る。各(おのおの)强兵(きゃうへい)を握(にぎ)りて、
恩澤(おんたく)を固(かた)うす。

C: (오랑캐의 침입이 있어도) 서로 얼굴을 보며 적의 세력을 키우며
자신의 (영달)만을 도모한다네. 각자 강력한 병사를 손에 쥐고 (황
제에게 받는) 은택을 (더욱) 굳히려 한다네.

A: 願分今日邊將恩, 襃贈韓公封子孫.

B: 願(ねが)はくは、今日(こむにち)の邊將(へんしゃう)の恩(おん)
を分(わか)ちて、韓公(かんこう)を襃贈(ほうそう)して子孫(し
そん)を封(ほう)ぜん。

C: 바라는 것은, 오늘날 변방 장수의 은택을 나누어 한국공을 포상하
여 추증(追贈)하고 그 자손을 등용하는 것이라네.

A: 誰能將此鹽州曲, 翻作歌詞聞至尊

B: 誰(たれ)か能(よ)く、此(こ)の鹽州(ゑむしう)の曲(きょく)を將(もち)て、翻(ほどこ)して歌詞(かし)を作(つく)りて、至尊(しそん)に聞(ぶん)せん[58]。

C: 누가 능히 이 염주곡에 가사를 붙여서 천자께 들려드릴까?

〈해설〉

· 蕃東節度(번동절도): 토번(吐藩), 즉 티벳의 동쪽 지방을 다스리는 절도사(節度使).

· 鉢闡布(발천포): 토번인. 발천포(鉢闡逋)라고도 쓴다. 후에 토번의 재상이 되었다.

· 金鳥飛傳(금조비전): 급사(急使)를 파견하여 일을 보고하는 것.

· 贊普(찬보): 토번의 임금. 『신당서(新唐書)』「토번전(吐藩傳)」에 「토번의 속어로 강웅(彊雄)을 찬(贊)이라 하고 장부를 보(普)라고 한다. 따라서 군장(君長)을 일러 찬보(贊普)라고 하는 것이다(其俗謂彊雄曰贊, 丈夫曰普, 故號君長曰贊普)」라고 되어 있다.

· 建牙(건아): 기를 세움. 군대(軍隊)의 선두에 세우는 큰 깃발을 아(牙)라고 하는 데서 유래하였다.

· 傳箭(전전): 사자(使者)를 보내는 것. 『신당서』「토번전」에 「토번이 병사를 일으킬 때 칠촌(七寸) 금전(金箭)으로 계(契)를 삼았는데, 100리마다 역이 하나 있어 급병(急兵)이 있으면 역인(驛人)이 가슴 앞에 은으로 된 송골매를 달고, 심히 급하면 송골매를 많이 달았다(其擧兵, 以七寸金箭爲契, 百里一驛, 有急兵, 驛人臆前加銀鶻, 甚急, 鶻益多)」라고 되어 있다.

---

58 좌훈으로 「シメン」(<u>き</u>かしめん)라고 적혀 있다.

· 頳面(정면): 붉은 얼굴. 붉은 흙으로 얼굴을 칠하는 토번의 풍습을 묘사한 것이다.

· 左衽氈裘(좌임전구): 좌임(左衽)은 옷을 입을 때 왼쪽 섶을 안쪽으로 들어가게 입는 것을 말한다. 전구(氈裘)는 모직으로 된 옷이다. 오랑캐의 풍습을 일컫는다.

· 捉生(착생): 들짐승을 잡는 것. 적을 사로잡는 것, 즉 오랑캐가 당나라 사람을 포로로 삼는 것으로 풀이하기도 하나 취하지 않는다.

· 新城(신성): 염주성.

· 盧夏(노하): 영하(靈夏)로 되어 있는 이본도 있는데, 이는 영주(靈州)와 하주(夏州)의 땅을 가리킨다. 모두 염주(鹽州) 인근의 땅이다. 노(盧)는 어느 지역인지 알 수 없다.

· 秦原(진원): 진주(秦州)와 원주(原州). 진주는 지금의 감숙성 천수(天水)시, 원주는 지금의 영하회족 자치구 고원(固原)시.

· 鄜州(부주): 장안의 북쪽에 있는 주의 이름.

· 藥肆(약사): 약을 파는 가게.

· 黃蓍(황기): 토번에서 생산되는 약초의 이름.

· 韓公(한공): 중종 때 한국공(韓國公)으로 봉해진 장인원(張仁愿).

· 三城(삼성): 신룡(神龍) 3년(707)에 장원인이 황하 북쪽에 동수항성, 중수항성, 서수항성을 쌓아 돌궐의 침입을 막았다. 수항성은 항복한 사람을 받아들이는 성채이다.

· 漢兵(한병): 당나라 병사.

· 耳冷(이랭): 가을이 되는 것. 가을바람에 귓가에 서늘함을 느낄 무렵. 가을이 되면 유목민들이 침략해 왔다고 한다.

15. 도주민(道州民)

A: 道州民○美臣遇明主也.

B: 道州民(だうしうみん)○臣(しん)、明主(めいしゅ)に遇(あ)ふこ
とを美(ほ)む。

C: 도주민(道州民)○ 신하가 어진 천자를 만난 것을 찬미하였다.

〈해설〉

· 道州民(도주민): 도주(道州)는 지금의 호남성(湖南省) 영주시(永州市)
도현(道縣). 충신의 간언으로 도주의 백성이 노예로서 헌상되던 일을
천자께서 그만두게 하신 일을 읊으며 충신과 명군의 만남을 찬미하
고 있다.

A: 道州民多侏儒. 長者不過三尺餘.

B: 道州(だうしう)の民(たみ)、侏儒(しゅじゅ)多(おほ)し。長(た
けたか)き者(もの)は、三尺餘(さむせきよ)に過(す)ぎず。

C: 도주지방 백성은 난쟁이가 많네. 키가 크다는 사람도 석자를 넘지
않는다네.

A: 市作矮奴年進送. 號爲道州任土貢.

B: 市(か)うて矮奴(わいど)と作(な)して、年(とし)ごとに進送(し
んそう)す。號(がう)して道州(だうしう)の任土(にむど)の貢(こ
う)と爲(す)。

C: 팔려서 난쟁이 노예가 되어 매년 천자에게 헌상되었네. 이름하여 도주지방 특산공물이라고 했다네.

A: 任土貢寧若斯.

B: 任土(にむど)の貢(こう)、寧(むし)ろ斯(か)くの若(ごと)くならんや。

C: 특산공물 헌상함이 어찌하여 이렇단 말인가.

A: 不聞使人生別離. 老翁哭孫母哭兒.

B: 聞(き)かずや、人(ひと)をして生(い)きながら別離(べつり)せしむることを。老翁(らうおう)は孫(まご)に哭(な)き、母(はは)は兒(こ)に哭(な)く。

C: 듣지 못했는가, 백성들을 생이별시키는 것을. 할아비는 손자에 울고, 어미는 자식에 운다네.

A: 一自陽城來守郡, 不進矮奴. 頻詔問.

B: 一(ひと)たび陽城(やうじゃう)が來(きた)りて、郡(ぐん)に守(しゅ)たりしより、矮奴(わいど)を進(たてまつ)らず。頻(しき)りに詔問(せうもん)す。

C: 일단 양성(陽城)이 수령으로 부임한 후로는 난쟁이 노예를 바치지 않았다네. (그랬더니) 빈번히 조서를 내려서 책문하였다네.

A: 城云. 臣按六典書, 任土貢有不貢無.

B: 城(じゃう)云(い)ふ。臣(しん)、六典(りくてん)の書(しょ)を按

(あん)ずるに、土(ど)に任(まか)せて、有(あ)るを貢(こう)し、無(な)きをば貢(こう)せず。

C: 양성이 아뢰었네. "당육전을 살펴보건대 그 지역에서 나는 것은 바치고, 나지 않는 것은 바치지 않는다고 하였으니,

A: 道州水土所生者, 只有矮民無矮奴.

B: 道州(だうしう)の水土(すいど)の生(せい)する所(ところ)の者(もの)、只(ただ)矮民(わいみん)有(あ)りて、矮奴(わいど)無(な)し。

C: 도주지방 토지에서 나는 것은 키가 작은 백성일 뿐, 난쟁이 노예는 없습니다."

A: 吾君感悟璽書下. 歲貢矮奴宜悉罷.

B: 吾(わ)が君(きみ)、感悟(かむご)して璽書(じしょ)下(くだ)る[59]。歲(とし)ごとに矮奴(わいど)を貢(たてまつ)ること、宜(よろ)しく悉(ことごと)く罷(や)むべし。

C: 우리 임금 깨닫고서 칙서를 내리셨네. "해마다 난쟁이 노예를 헌상하던 것을 마땅히 모두 그만두어야 할 것이다."

A: 道州民, 老者幼者何欣欣.

B: 道州(だうしう)の民(たみ)、老(お)いたる者(もの)、幼(わか)き者(もの)、何(なん)ぞ欣欣(きんきん)する。

C: 도주지방 백성들은 늙은이나 젊은이나 얼마나 기뻤겠는가.

---

59 좌훈으로 「す」(くだす)라고 적혀 있다.

A: 父兄子弟始相保. 從此得作良人身.

B: 父兄(ふくゑい)子弟(してい)、始(はじ)めて相(あ)ひ保(たも)つ。此(これ)より良人(りゃうじん)の身(み)と作(な)ることを得(え)たり。

C: 부자 형제 비로소 안심하고 모여 사니 이로부터 양인의 신분을 얻었다네.

A: 道州民, 民到于今受其賜. 欲說使君先下淚.

B: 道州(だうしう)の民(たみ)、民(たみ)今(いま)に到(いた)るまで、其(そ)の賜(たまもの)を受(う)く。使君(しくん)に說(と)かんと欲(ほっ)するに、先(ま)づ淚(なみだ)を下(くだ)す。

C: 도주지방 백성은 지금까지도 은혜를 입고 있다네. (그래서) 양성의 이야기를 꺼내려 할 때면 눈물 먼저 흘린다네.

A: 仍恐兒孫忘使君. 生男多以陽爲字.

B: 仍(よ)りて恐(おそ)る、兒孫(じそん)の使君(しくん)を忘(わす)れんことを。男(をとこ)を生(う)んで、多(おほ)く陽(やう)を以(もち)て、字(あざな)と爲(す)。

C: 이에 후손들이 양성을 잊을까 염려하여, 아들을 낳으면 대부분 양(陽)자를 써서 자(字)를 짓는다네.

〈해설〉

· 侏儒(주유): 난쟁이.

· 市(시): 사다.

· 矮奴(왜노): 난쟁이 노예.

· 進送(진송): 조정에 헌상(獻上)하다.

· 任土貢(임토공): 해당 지역의 특산 공물.

· 陽城(양성): 인명(人名). 자(字)는 항종(亢宗). 덕종에게 불려가 간의대
부(諫議大夫)가 되었으나, 정원(貞元) 15년(799) 9월 도주(道州)의 자사
로 좌천되었다.

· 守郡(수군): 지방수령이 됨.

· 詔問(조문): 칙서를 내어 심문함.

· 六典(육전): 『당육전(唐六典)』을 말한다. 현종 때에 만들어진 당나라
정부조직법을 기록한 책이다.

· 吾君(오군): 덕종을 가리킨다.

· 璽書(새서): 천자의 어인(御印)을 누른 칙서(勅書).

· 欣欣(흔흔): 기뻐하는 모양.

· 相保(상보): 서로 안심하고 살다.

· 良人(양인): 자유로운 평민으로 양민이라고도 한다.

· 使君(사군): 자사(刺史)의 존칭. 여기서는 도주의 자사였던 양성(陽城)
을 가리킨다.

16. 순서(馴犀)

A: 馴犀〇感爲政之難終也.

B: 馴犀(しゅんせい)[60]〇政(まつりごと)を爲(な)すことの終(を)はり難(がた)きを感(かむ)ず。

C: 순서(馴犀)〇 선정을 끝까지 관철하는 일이 어렵다는 것을 느껴서 지은 것이다.

a: 貞元丙戌歲南海進馴犀.

b: 貞元(ぢゃうぐゑん)丙戌(へいしゅつ)の歲(とし)、南海(なむかい)より馴犀(しゅんせい)を進(たてまつ)る。

c: 정원 연간 병술년에 남해에서 코뿔소를 진상하였다.

a: 詔納苑中. 至十三年. 冬大寒. 馴犀死矣.

b: 詔(みことのり)して、苑中(ゑんちう)に納(い)る。十三年(じふさむねん)に至(いた)る。冬(ふゆ)大(おほ)いに寒(さむ)し。馴犀(しゅんせい)死(し)す。

c: 조칙을 내려 궁중의 정원에 들였다. 정원(貞元) 13년(797)에 이르러 겨울에 혹독한 추위로 코뿔소가 죽었다.

〈해설〉

· 馴犀(순서): 사육하여 길들여진 코뿔소. 덕종 정원 연간(785-805)에

---

60 「犀」는 오음(吳音) 「さい」로 읽는 것이 일반적이다. 그러나 원문에 한음(漢音) 「せい」가 가점되어 있어서 그것에 따랐다.

남방에서 헌상된 코뿔소를 처음에는 귀히 여겼으나 결국 추위에 얼
어 죽게 만들었다. 덕종 건중 연간(780-783) 초에 남방에서 헌상된 코
끼리를 살려서 돌려보낸 것과 대조하여 선정을 끝까지 이어가는 것
이 얼마나 어려운가에 대해 이야기한 시이다.

· 貞元丙戌歲(정원병술세): 정원 연간에 병술년은 존재하지 않는다.
이본 가운데에는 병자(丙子)로 되어 있는 것이 있는데 이것은 정원 12
년(796)에 해당한다. 한편 『구당서(舊唐書)』에는 정원 9년 10월에 코
뿔소가 헌상되었고 12년 12월에 코뿔소가 죽었다는 기록이 보인다.
위의 역사적 사실과 본문의 「상림원에 들어와서 삼사년(入上林三四
年)」을 감안하면 병술(丙戌)은 갑술(甲戌)의 잘못으로 보아 정원 10년
(794)으로 파악할 수도 있다.

A: 馴犀馴犀通天犀, 軀貌駭人角駭雞.

B: 馴犀(しゅんせい)、馴犀(しゅんせい)、通天(つうてん)の犀(せ
い)、軀貌(くばう)は人(ひと)を駭(おどろ)かし、角(つの)は鷄
(にはとり)を駭(おどろ)かす。

C: 순서, 순서, 통천서(通天犀), 몸집은 사람을 놀라게 하고 뿔은 닭을
놀라게 하네.

A: 海蠻聞有明天子, 驅犀乘傳來萬里.

B: 海蠻(かいばん)、明天子(めいてんし)有(いま)すことを聞(き)き
て、犀(せい)を驅(か)り、傳(でん)に乘(の)せて、萬里(ばんり)
に來(きた)る。

C: 남쪽 바다 오랑캐가 어진 천자가 계시다는 말을 듣고 코뿔소를 몰

아 역참을 이용해서 만 리 길을 왔다네.

A: 一朝得謁大明宮. 歡呼拜舞自論功.

B: 一朝(いってう)大明宮(たいめいきう)に謁(えっ)することを得
(え)たり。歡呼(くゎんこ)拜舞(はいぶ)して、自(みづか)ら功
(こう)を論(ろん)ず。

C: 어느 날 대명궁에서 천자를 알현할 기회를 얻자 환호하며 예를 올
리고 스스로 공을 논하였네.

A: 五年馴養始堪獻. 六譯語言方得通.

B: 五年(ごねん)に馴(な)らし養(やしな)ひ、始(はじ)めて獻(たて
まつ)るに堪(た)えたり。六譯(りくえき)の語言(ぎょげん)、方
(まさ)に通(つう)ずることを得(え)たり。

C: 오 년간을 길들이고 키워야 비로소 헌상할 수 있었다네. 여섯 번의
통역을 거쳐서야 비로소 말이 통할 수 있었네.

A: 上嘉人獸俱來遠.

B: 上(しゃう)、人獸(じんしう)の俱(とも)に遠(とほ)くより來(き
た)るを嘉(よろこ)ぶ。

C: 천자께서는 사람과 짐승이 함께 멀리서 온 것을 기뻐하셨다네.

A: 蠻館四方犀入苑, 餚以瑤蒭鎖以金.

B: 蠻(ばん)をば四方(しはう)に館(くゎん)して、犀(せい)をば苑
(ゑん)に入(い)るるに、餚(か)ふに瑤蒭(えうすう)を以(もち)て

し、鎖(つな)ぐに金(きむ)を以(もち)てす。

C: 오랑캐를 사방관에 머물게 하고 코뿔소는 궁중의 정원에 들였는데 좋은 꼴을 먹이고 금사슬을 채웠다네.

A: 故郷迢遞君門深.

B: 故郷(こきゃう)迢遞(てうてい)として、君(きみ)の門(もん)深(ふか)し。

C: 고향 땅은 아득하고 궁문은 깊다네.

A: 海鳥不知鐘鼓樂. 池魚空結江湖心.

B: 海鳥(かいてう)は鐘鼓(しょうこ)の樂(がく)を知(し)らず。池魚(ちぎょ)は空(むな)しく江湖(かうこ)の心(こころ)を結(むす)べり。

C: 바닷새는 종고(鍾鼓)의 음악을 들어도 알 수 없고 연못의 물고기는 부질없이 고향의 물만 그리워하였네.

A: 馴犀生處南方熱. 秋無白露冬無雪.

B: 馴犀(しゅんせい)の生(うま)るる處(ところ)は、南方(なむぱう)にして熱(あつ)し。秋(あき)は白露(はくろ)も無(な)く、冬(ふゆ)は雪(ゆき)も無(な)し。

C: 순서가 태어난 곳은 남방의 더운 곳. 가을에는 서리도 내리지 않고 겨울에는 눈도 오지 않는다네.

A: 一入上林三四年, 又逢今歳苦寒月.

B: 一(ひと)たび上林(しゃうりむ)に入(い)りて、三四年(さむしねん)、又(また)今歳(ことし)苦寒(くかん)の月(つき)に逢(あ)へり。

C: 상림원에 들어와서 삼사년, 올해도 몹시 추운 계절을 만났네.

A: 飲氷臥霰苦踡跼. 角骨凍傷鱗甲蹜.

B: 氷(こほり)を飲(の)み、霰(あられ)に臥(ふ)して、苦(くる)しんで踡跼(くゑんきょく)す[61]。角骨(かくこつ)凍(こほ)り傷(やぶ)れて、鱗甲(りんかふ)蹜(しじ)まる。

C: 얼음을 마시고 눈 위에 누워 괴로워하며 웅크리니, 뿔도 뼈도 얼고 상처 입어 온몸이 쪼그라들었네.

A: 馴犀死蠻兒啼. 向闕再三顔色低.

B: 馴犀(しゅんせい)死(し)して、蠻兒(ばんじ)啼(な)く。闕(くゑつ)に向(む)かひて、再三(さいさむ)して、顔色(がんしょく)低(た)れり。

C: 순서가 죽으니 오랑캐 통곡하고 궁궐 향해 두 번 세 번 절하며 안색이 침울하네.

A: 奏乞. 生歸本國去. 恐身凍死似馴犀.

B: 奏(そう)して乞(こ)ふ。生(い)きながら本國(ほんごく)に歸(かへ)り去(さ)りなん。恐(おそ)るらくは、身(み)の凍(こほ)り死(し)して、馴犀(しゅんせい)に似(に)たらんことを。

---

61 좌훈으로「セクヽマル」(せぐくまる)라고 적혀 있다.

C: 아뢰어 청하였네. "살아서 본국에 돌아갈 수 있기를 원합니다. 몸이 얼어 죽어서 순서처럼 되는 것은 아닌지 두렵습니다."

A: 君不見, 建中初馴象生還放林邑.

B: 君(きみ)見(み)ずや、建中(けんちう)の初(はじ)め、馴(な)れたる象(しゃう)の生(い)きながら、林邑(りむいふ)に還(かへ)し放(はな)たれんことを。

C: 그대는 보지 못했는가? 건중 연간 초에 길들여진 코끼리가 (죽지 않고) 살아서 임읍국(林邑國)에 돌려보내져서 풀려난 것을.

a: 建中元年詔盡出苑中, 馴象放歸南方也.

b: 建中(けんちう)元年(ぐゎんねん)、詔(みことのり)して盡(ことごと)く苑中(ゑんちう)を出(い)だして、馴象(しゅんしゃう)南方(なむぱう)に放(はな)ち歸(かへ)す。

c: 건중 원년(780)에 조칙을 내려 궁중의 정원에서 키우던 코끼리를 내보내어 남방으로 돌려보냈다네.

A: 君不見, 貞元末馴犀凍死蠻兒泣.

B: 君(きみ)見(み)ずや、貞元(ぢゃうぐゑん)の末(すゑ)、馴犀(しゅんせい)の凍(こほ)り死(し)して、蠻兒(ばんじ)の泣(な)くを。

C: 그대는 보지 못했는가? 정원 연간 말에 순서가 얼어 죽어 오랑캐가 통곡했던 것을.

A: 所嗟建中異貞元. 象生犀死. 何足言.

B: 嗟(なげ)く所(ところ)は、建中(けんちう)、貞元(ぢゃうぐゑん)に異(こと)なること。象(しゃう)は生(い)き、犀(せい)は死(し)す。何(なん)ぞ言(い)ふに足(た)らん。

C: 개탄스러운 것은 건중 연간과 정원 연간의 정치가 (이렇게도) 다른 것이라네. 코끼리는 살았고 코뿔소는 죽었네. (이를 더) 말해 무엇 하랴?

〈해설〉

· 通天犀(통천서): 코뿔소의 일종으로 뿔에 빨간 줄이 박혀 있는 것. 『포박자(抱朴子)』에 「통천서는 뿔에 붉은 줄 같은 것이 하나 있다. 닭들이 모여 있는 곳 한가운데에 뿔로 쌀을 쌓아 놓으면 닭들이 그것을 쪼으려다 얼마 가지 않아서 곧 놀라서 도망친다. 그러므로 남쪽 사람들이 통천서를 해계서(駭鷄犀)라고도 한다(通天犀角有一赤理如縋, 以角盛米置群鷄中, 鷄欲啄之, 未至數寸, 卽驚却退, 故南人或名通天犀爲駭鷄犀)」라고 되어 있다.

· 海蠻(해만): 남쪽 바다의 오랑캐.

· 傳(전): 역전(驛傳). 사람과 말을 항시 갖추어 놓은 역참을 통해 문서와 물자를 순조롭게 오가게 했던 교통망.

· 大明宮(대명궁): 장안의 북동쪽에 인접한 궁전. 외국 사신을 접견하는 곳이었다.

· 拜舞(배무): 천자에게 감사할 때의 예법.

· 六譯(육역): 여섯 번의 통역을 거치다. 지역이 먼 것을 이르는 말.

· 四方(사방): 사방관(四方館). 동서남북 여러 나라들과의 무역과 사신 접대를 담당한 곳.

· 瑤蒭(요추): 좋은 여물.

· 迢遞(소체): 아득하게 먼 모양.

· 海鳥(해조): 원거(鶢鵾)라는 새를 가리킨다. 이 새가 바람을 피하기 위해 노나라 동문 밖에 머물렀는데 그것을 알지 못한 대부 장문중이 사람들에게 명하여 제사지내게 했다는 이야기가 『국어(國語)』에 보인다.

· 江湖心(강호심): 큰 강이나 호수로 가고 싶다고 생각하는 마음.

· 上林(상림): 상림원(上林苑). 장안의 남서쪽에 있던 천자의 동물원.

· 踡跼(권국): 몸을 앞으로 웅크리다.

· 鱗甲(인갑): 비늘과 등딱지.

· 林邑(임읍): 참파. 인도차이나 반도에 있던 옛 나라 이름. 지금의 베트남 남부. 점성(占城), 환왕(環王)이라고도 한다.

17. 오현탄(五絃彈)

A: 五絃彈 ○ 惡鄭之奪雅也.

B: 五絃彈(ごげんだん) ○ 鄭(てい)の雅(が)を奪(うば)ふことを惡(にく)む。

C: 오현탄(五絃彈) ○ 정(鄭)이 아(雅)를 빼앗는 것을 미워한 것이다.

⟨해설⟩

· 五絃彈(오현탄): 오현(五絃)은 오현금(五絃琴)으로서 다섯줄 거문고를 말한다. 백거이는 이 시를 통해 다섯줄 거문고로 타는 음악과 같은 외설스러운 속악(俗樂)이 유행하여 아악(雅樂)과 같은 본래의 정통한 음악을 압도하고 있는 것을 우려하는 마음을 나타냈다.

· 鄭(정): 정국(鄭國)의 속악(俗樂)으로 외설스럽게 여겨졌다.

· 雅(아): 조정의 아악(雅樂).

A: 五絃彈, 五絃彈. 聽者傾耳心寥寥.

B: 五絃彈(ごげんだん)、五絃彈(ごげんだん)。聽(き)く者(もの)耳(みみ)を傾(かたむ)けて、心(こころ)寥寥(れうれう)たり。

C: 다섯줄 거문고를 튕기네, 다섯줄 거문고를 튕기네. 듣는 이는 귀를 기울이고 마음은 빠져든다네.

A: 趙璧知君入骨愛, 五絃一一爲君調.

B: 趙璧(てうへき)、君(きみ)の骨(ほね)に入(い)りて、愛(あい)す

ることを知(し)りて、五絃(ごげん)一一(いちいち)君(きみ)が爲
(ため)に調(しら)ぶ。

C: 조벽(趙璧)은 임금이 (이를) 사무치게 좋아하는 것을 알고서, 다섯
줄을 한줄 한줄 임금을 위해 연주했네.

A: 第一第二絃索索. 秋風拂松疎韻落.

B: 第一(だいいち)第二(だいに)の絃(げん)は索索(さくさく)た
り[62]。秋(あき)の風(かぜ)、松(まつ)を拂(はら)ひて疎韻(そゐ
ん)落(お)つ。

C: 첫째 둘째 줄이 내는 소리는 쓸쓸하니, 가을바람은 솔가지에 흔들
어 드문드문 소리가 떨어지네.

A: 第三第四絃冷冷. 夜鶴憶子籠中鳴.

B: 第三(だいさむ)第四(だいし)の絃(げん)は冷冷(れいれい)た
り[63]。夜(よる)の鶴(つる)、子(こ)を憶(おも)ひて籠(こ)の中(な
か)に鳴(な)く。

C: 셋째 넷째 줄이 내는 소리는 냉랭하니, 밤 두루미는 새끼를 그리며
새장 안에서 우네.

A: 第五絃聲最掩抑. 隴水凍咽流不得.

B: 第五(だいご)の絃(げん)の聲(こゑ)は、最(もっと)も掩抑(えむ
よく)せり。隴水(りょうすい)凍(こほ)り咽(むせ)んで流(なが)
るること得(え)ず。

---

62 좌훈으로 「トシテ」(<u>さくさく</u>として)라고 적혀 있다.
63 좌훈으로 「トシテ」(<u>れいれい</u>として)라고 적혀 있다.

C: 다섯째 줄이 내는 소리는 가장 억눌린 듯하니, 농수(隴水)는 얼어붙어 흐르지 못하네.

A: 五絃竝奏君試聽. 凄凄切切復錚錚.

B: 五絃(ごげん)、竝(なら)び奏(そう)す、君(きみ)試(こころ)みに聽(き)け。凄凄(せいせい)切切(せつせつ)として復(また)錚錚(さうさう)たり。

C: 다섯 줄을 모두 튕기니, 그대들은 한번 들어보시오. 쓸쓸하고 애절하며 또한 쇳소리 같구려.

A: 鐵擊珊瑚一兩曲. 氷寫玉盤千萬聲.

B: 鐵(てつ)、珊瑚(さんご)を擊(う)つ、一兩曲(いちりゃうきょく)。氷(こほり)、玉盤(ぎょくはん)に寫(しゃ)す、千萬聲(せんばんせい)。

C: 쇠로 산호를 두드리는 듯이 한두 곡이요, 얼음이 옥쟁반에 쏟아지는 듯이 천만 소리라네.

A: 殺聲入耳膚血寒. 慘氣中人肌骨酸.

B: 殺聲(さっせい)耳(みみ)に入(い)りて、膚血(ふくゑつ)寒(さむ)し。慘氣(さむき)人(ひと)に中(あ)たりて肌骨(きこつ)酸(す)し。

C: 살기 어린 소리가 귓전에 들면 피와 살갗이 시리고, 스산한 기운이 사람에게 닿아 뼈와 살이 쑤신다네.

A: 曲終聲盡欲半日. 四坐相對愁無言.

B: 曲(きょく)終(を)へ、聲(こゑ)盡(つ)きて、半日(はんにち)に欲(な)んなんとす。四坐(しざ)相(あ)ひ對(たい)して愁(うれ)へて言(い)ふこと無(な)し。

C: 곡이 끝나고 소리가 다하니 반나절이 되려 하네. 네 자리에 앉은 이들 서로 마주 보고 근심하며 말이 없네.

A: 座中有一遠方士. 喞喞咨咨聲不已.

B: 座中(ざちう)に一(ひと)りの遠方(ゑんぱう)の士(し)有(あ)り。喞喞(そくそく)咨咨(しし)として、聲(こゑ)已(や)まず。

C: 좌중에 먼 곳에서 온 선비 한 사람이 있었는데, 탄식하는 소리 그치지 않네.

A: 自歎今朝初得聞. 始知孤負平生耳.

B: 自(みづか)ら歎(なげ)く、今朝(けさ)初(はじ)めて聞(き)くことを得(え)たることを。始(はじ)めて知(し)りぬ、平生(へいぜい)の耳(みみ)に孤負(そむ)けることを。

C: 오늘 아침에야 비로소 이 음악을 듣게 되었음을 자탄하며, 평생 시시한 음악만 들어 왔음을 알았다네.

A: 唯憂趙璧白髮生. 老死人閒無此聲.

B: 唯(た)だ憂(うれ)ふらくは、趙璧(てうへき)が白髮(はくはつ)生(お)ひて、人閒(じんかん)に老(お)い死(かが)まりて[64]、此(こ)

---

64 좌훈으로 「シニナハ」(しになば)라고 적혀 있다.

の聲(こゑ)無(な)からんことを。[65]

C: 다만 조벽이 백발 성성하여 늙어 인간 세상을 떠난다면, 이 음악이 없어질 것을 근심하였다네.

A: 遠方士爾聽, 五絃信爲美. 吾聞. 正始之音不如是.

B: 遠方(ゑんぱう)の士(し)、爾(なんぢ)聽(き)け、五絃(ごげん)信(まこと)に美(び)なりと爲(す)。吾(われ)聞(き)く。正始(せいし)の音(おと)は是(か)くの如(ごと)くにあらず。

C: 멀리서 온 선비여, 그대는 들으라. 다섯 줄 거문고 소리가 진실로 아름답다고 그대는 생각하지만, 내가 듣기로는 올바른 음악은 이와 같지 않았다고 하더이다.

A: 正始之音其若何. 朱絃疎越淸廟歌.

B: 正始(せいし)の音(おむ)、其(それ)若何(いかん)。朱絃(しゅげん)疎越(そくゎつ)して淸廟(せいべう)に歌(うた)ふ。

C: 올바른 음악은 어떠한 것인가 하면, 붉은 줄에 드문드문 구멍이 뚫려 있는 거문고로 청묘(淸廟)에서 노래하는 것이라네.

A: 一彈一唱再三歎. 曲淡節稀聲不多.

B: 一(ひと)たび彈(たん)じ、一(ひと)たび唱(とな)へて、再三(さいさむ)歎(なげ)く。曲(きょく)淡(あは)く、節(せつ)稀(まれ)にして、聲(こゑ)多(おほ)からず。

<hr/>

65 여기서는 「老死人間, 無此聲」과 같이 파악하였으나, 한문 구문상 「老死, 人間無此聲」과 같이 파악하는 것도 가능하다. 이에 따라 훈독하면 「老(お)い死(か)まりて、人間(じんかん)に此(こ)の聲(こゑ)無(な)かんらんことを。」와 같이 된다.

C: 한 번 튕기고 한 번 부르면 두 번 세 번 탄식하네. 곡은 담백하고 가락은 드물어 소리도 많지 않다네.

A: 融融曳曳召元氣. 聽之不覺心平和.

B: 融融(いういう)曳曳(えいえい)として元氣(ぐゑんき)を召(まね)く。之(これ)を聽(き)きて覺(おぼ)えず、心(こころ)平和(へいわ)なり。

C: 두루 즐겁고 마음이 누그러져 천지의 원기를 불러오며, 이것을 들으면 저절로 마음은 평화로워진다네.

A: 人情重今多賤古. 古琴有絃人不撫.

B: 人(ひと)の情(せい)は、今(いま)を重(おも)んじて多(おほ)く古(いにしへ)を賤(いや)しんず。古琴(こきむ)絃(げん)有(あ)れども、人(ひと)撫(ひ)かず。

C: 사람들 마음은 요즘 것을 중히 여기고 대개는 옛것을 업신여기네. 옛 거문고에 줄은 있지만 아무도 연주하지 않네.

A: 更從趙璧藝成來, 二十五絃不如五.

B: 更(さら)に趙璧(てうへき)が藝(げい)の成(な)りしより來(このかた)、二十五絃(にじふごげん)、五(ご)には[66]如(し)かず。

C: 게다가 조벽의 기예(技藝)가 이루어지고 난 이래로는, 옛날의 스물다섯 줄짜리 거문고가 다섯 줄 거문고를 못 당하게 되었다네.

---

66 좌훈으로 「二」(ごに)라고 적혀 있다.

〈해설〉

· 寥寥(요료): 침정(沈靜)함. 즉 깊이 빠져드는 것을 말한다.

· 趙璧(조벽): 정원(貞元) 연간의 사람으로 오현금의 명수였다.

· 索索(삭삭): 쓸쓸한 모양.

· 疎韻(소운): 드문드문 나는 소리.

· 掩抑(엄억): 억누르다. 여기서는 억눌려 나는 오현금의 소리를 형용
하였다.

· 隴水(농수): 감숙성(甘肅省)의 농산(隴山)에서 발원하는 강. 산모퉁이
위에 맑은 물이 솟아 사방으로 흘러내려 간다.

· 凄凄(처처): 바람이 찬 모양.

· 切切(절절): 절박한 모양.

· 錚錚(쟁쟁): 쇳소리.

· 殺聲(살성): 살기를 머금은 소리.

· 慘氣(참기): 비참한 기운.

· 唧唧(즉즉): 벌레 소리. 물 붓는 소리. 탄식하는 소리.

· 呇呇(자자): 한숨짓는 소리.

· 孤負平生耳(고부평생이): 고부(孤負)는 배반하는 것. 평생 동안 귀에
배반한다는 것은, 지금까지도 귀를 갖고 있으면서 그것을 스스로 배
반하여 시시한 음악만 들어왔음을 말한 것이다.

· 正始之音(정시지음): 고대의 유서 깊은 시초의 음악.

· 朱絃疎越淸廟歌(주현소활청묘가): 『예기(禮記)』「악기(樂記)」에 「종
묘 제례에서 청묘의 시를 연주할 때에 쓰이는 슬에는, 붉은 현이 있
고 바닥에는 듬성듬성하게 구멍이 뚫려 있는데, 한 사람이 노래하면
세 사람이 한숨을 짓지만, 선왕께서 남기신 음악의 자취이므로 존숭

되는 것이다(淸廟之瑟, 朱弦而疏越, 壹唱而三歎, 有遺音者矣)」라고 되어 있다. 주현(朱絃)은 붉은 실을 누여 만든 현으로 소리가 탁하다. 활(越)은 슬 바닥의 구멍을 말하는데, 소활(疎越)은 이것을 드문드문하게 뚫어서 소리가 더디도록 한 것이다.

· 融融(융융): 조화롭게 즐거워하는 모양.
· 曳曳(예예): 마음이 누그러지는 모양.
· 二十五絃不如五(이십오현불여오): 이십오현(二十五絃)은 슬(瑟)을 말하고, 오(五)는 오현금(五絃琴)을 가리킨다.

18. 만자조(蠻子朝)

A: 蠻子朝○刺將驕而相備位也.

B: 蠻子朝(ばんしてう)○將(しゃう)の驕(おご)りて、相(しゃう)の
位(くらゐ)に備(そな)はることを刺(そし)る。

C: 만자조(蠻子朝)○ 장수는 교만하고 재상은 자리만 보전하는 것을
비난한 것이다.

〈해설〉

· 蠻子朝(만자조): 남조만(南詔蠻)의 귀순으로 인해 입조(入朝)가 특별
히 우대되었는데, 그것을 맞이하는 무장이나 재상들이 자신의 공으
로 삼아 뽐을 내거나 무능하게 대처하는 것을 비난한 시이다. 덕종
정원 19년(803)과 20년(804)년의 일이다.

A: 蠻子朝, 汎皮船兮渡繩橋. 來自嶲[音髓]州道路遙.

B: 蠻子(ばんし)朝(てう)す、皮(かは)の船(ふね)を汎(う)かべて、
繩(なは)の橋(はし)を渡(わた)る。嶲州(すいしう)より來(きた)
りて、道路(だうろ)遙(はる)かなり。

C: 남쪽 오랑캐가 입조하니 가죽 배를 띄우고 줄로 만든 다리를 건너
네. 수주(嶲州)로부터 왔으며 먼 길을 왔다네.

A: 入界先經蜀川過. 蜀將收功先表賀.

B: 界(さかひ)に入(い)りて、先(ま)づ蜀川(しょくせん)を經(へ)て

過(す)ぐ。蜀(しょく)の將(しゃう)、功(こう)を收(をさ)めて、先(ま)づ表賀(へうが)す。

C: 중국의 경계에 들어와서는 우선 촉천(蜀川)을 지나니, 촉의 장수(위고(韋皐)가) 공을 세우고자 우선 (황제께) 표(表)를 올려 하례하네.

A: 臣聞. 雲南六詔蠻, 東連牂柯西連蕃.

B: 臣(しん)聞(き)く。雲南(うんなむ)の六詔(りくせう)の蠻(ばん)、東(ひがし)のかた牂柯(さうか)に連(つら)なり、西(にし)のかた蕃(ばん)に連(つら)なる。

C: "신이 듣기를, 운남의 육조만(六詔蠻)은 동쪽으로는 장가(牂柯)에 연접하고 서쪽으로는 토번[티벳]에 연접한다고 합니다.

A: 六詔星居初鎖碎. 合爲一詔漸強大.

B: 六詔(りくせう)星(ほし)のごとく居(ゐ)て、初(はじ)めて鎖碎(ささい)なり。合(がつ)して一詔(いっせう)として、漸(やうや)くに強大(きゃうだい)なり。

C: 육조는 별처럼 산재해 있어 처음에는 세력이 크지 않았지만, 하나로 합친 후에는 점점 강대해졌습니다.

A: 開元皇帝雖聖神, 唯蠻倔強不來賓.

B: 開元(かいぐゑん)の皇帝(くゎうてい)、聖神(せいしん)なりといへども、唯(た)だ蠻(ばん)のみ倔強(くっきゃう)にして來賓(らいひん)せず。

C: 현종 황제께서 성신(聖神)임에도 불구하고, 남만(南蠻)만이 뜻을 굽

히지 않고 내빈하지 않았습니다.

A: 鮮于仲通六萬卒, 征蠻一陣全軍沒.

B: 鮮于仲通(せんうちうとう)が六萬(ろくまん)の卒(そつ)、蠻(ばん)を征(せい)すること、一陣(いちぢん)、軍(ぐん)を全(こぞ)って沒(ぼっ)したり[67]。

C: 선우중통(鮮于仲通)의 6만의 병사가 남쪽 오랑캐를 정벌할 때, 단 한 번의 전투로 전군이 궤멸했습니다.

A: 至今西洱[音二]河岸邊, 箭孔刀痕滿枯骨.

B: 今(いま)に至(いた)るまで、西洱(せいじ)河岸(かがん)の邊(ほとり)[68]、箭(や)の孔(あな)、刀(かたな)の痕(あと)、枯骨(ここつ)に滿(み)てり。

C: 오늘날 서이하(西洱河) 기슭에는 화살 구멍과 칼자국이 백골에 가득 남아있습니다.

a: 天寶十三載鮮于仲通統兵六萬, 討雲南王閤羅鳳于西洱河. 全軍覆歿也.

b: 天寶(てんぽう)十三載(じふさむさい)に、鮮于仲通(せんうちうとう)、兵(へい)六萬(ろくまん)を統(す)べて、雲南王(うんなむわう)閤羅鳳(かふらほう)を西洱河(せいじが)に討(う)つ。軍(ぐん)を全(こぞ)って覆(くつがへ)し歿(ぼっ)したり。

---

67 좌훈으로 「セリ」(ぼっせり)라고 적혀 있다.
68 「西洱河(せいじか)の岸邊(がんへん)」이라고 읽는 것이 바람직해 보인다. C의 우리말 번역은 이에 따랐다.

c: 천보 13년에 선우중통이 병사 6만을 이끌고 운남왕 합라봉(閤羅鳳)을 서이하에서 토벌하고자 하였으나 전군이 궤멸하였다.

A: 誰知今日慕華風. 不勞一人蠻自通.

B: 誰(たれ)か知(し)らん、今日(こむにち)華風(くゎふう)を慕(した)ふことを。一人(いちにん)を勞(らう)せず、蠻(ばん)、自(みづか)ら通(とう)す。

C: 누가 알았겠습니까, (그러했던 남쪽 오랑캐들이) 오늘날 화풍(華風)을 사모하리라는 것을. 한 사람도 힘들게 하지 않고 남조만이 스스로 통교(通交)를 청하여 왔습니다.

A: 誠由陛下休明德, 亦賴微臣誘諭功.

B: 誠(まこと)に陛下(へいか)休明(きうめい)の德(とく)に由(よ)り、亦(また)微臣(びしん)が誘諭(いうゆ)の功(こう)に賴(たよ)れり。

C: 진실로 황제 폐하의 성덕에 의한 것이며, 또한 미천한 신이 회유한 공에 의한 것이기도 합니다."

A: 德宗省表知如此. 笑令中使迎蠻子.

B: 德宗(とくそう)表(へう)を省(み)て、此(か)くの如(ごと)きことを知(し)りぬ。笑(わら)ひて中使(ちうし)をして蠻子(ばんし)を迎(むか)へしむ。

C: 덕종은 상표문을 보시고 이러한 사정을 아시고서, 웃으며 환관으로 하여금 남쪽 오랑캐들을 맞이하게 하였다네.

A: 蠻子道從者誰何.

B: 蠻子(ばんし)道從(だうじゅう)の者(もの)は誰何(たれ)ぞ

C: (궁중에 들어 온) 남쪽 오랑캐들을 이끌고 뒤따르는 자는 누구인가?

A: 摩挲俗羽雙隈伽. 清平官持赤藤杖, 大將軍繫金哢[丘加切]嗟[咨邪切].

B: 摩挲(ばさ)の俗羽(ぞくう)は雙(さう)の隈伽(わいか)。清平(せいへい)の官(くゎん)は、赤藤(せきとう)の杖(つゑ)を持(も)てり。大將軍(たいしゃうぐん)は金哢嗟(きむかしゃ)を繫(か)けたり。

C: 마사 오랑캐는 저간의 관습대로 한 쌍의 큰 벽옥(碧玉)을 들었다네. 청평관(清平官)은 붉은 등나무로 된 지팡이를 지녔으며, 대군장(大軍將)은 금으로 된 띠를 둘렀다네.

A: 異牟尋男尋閣勸, 特敕召對延英殿.

B: 異牟尋(いぼうじん)が男(をとこ)尋閣勸(じむかふくゎん)、特(とく)に敕(ちょく)して延英殿(ゑんえいでん)に召(め)し對(むか)へしむ。

C: 이모심(異牟尋)의 아들 심합권(尋閣勸)에게 특별히 명을 내려 연영전(延英殿)에 불러서 만나셨네.

A: 上心貴在懷遠蠻. 引臨玉座近天顏.

B: 上(しゃう)の心(こころ)貴(たっと)ぶらくは、遠蠻(ゑんばん)を懷(なつ)くるに在(あ)り。引(ひ)きて玉座(ぎょくざ)に臨(のぞ)

めて、天顔(てんがん)に近(ちか)づく。

C: 황제의 마음이 중히 여긴 것은 멀리서 온 오랑캐를 회유하는 것이라네. (심합권을) 옥좌로 불러 용안 가까이 오게 하셨네.

A: 冕旒不垂親勞倈. 賜衣賜食移時對.

B: 冕旒(べんりう)垂(た)れず、親(みづか)ら勞倈(らうらい)す。衣(ころも)を賜(たま)ひ、食(しょく)を賜(たま)ひて、時(とき)を移(うつ)して對(む)かへり。

C: 면류관에 다는 구슬을 드리우지 않고 친히 맞이하여 위로하셨네. 옷을 하사하고 음식도 하사하였으며 시간을 넘겨서 대면하셨네.

A: 移時對不可得. 大臣相看有羨色.

B: 時(とき)を移(うつ)して對(たい)することも得(う)べからず。大臣(だいじん)相(あ)ひ看(み)て、羨(うらや)める色(いろ)有(あ)り。

C: 시간을 넘겨 대면하시는 일은 있을 수 없는 일. 대신들은 서로 쳐다보며 부러워하는 낯빛을 띠었다네.

A: 可憐. 宰相拕紫佩金章, 朝日唯聞對一刻.

B: 憐(あは)れむべし。宰相(さいしゃう)の紫(むらさき)を拕(ひ)き、金章(きむしゃう)を佩(お)びて、朝(てう)の日(ひ)[69]唯(た)だ聞(き)く、對(む)かへること一刻(いっこく)なることを。[70]

---

69 「隔日」이라고 되어 있는 텍스트도 있다. 이 경우 「日(ひ)を隔(へだ)てて(하루 걸러)」라고 읽을 수 있다. 「朝日」의 경우도 조회가 하루 걸러 이루어지므로 결과적으로는 동일한 내용이 된다.

C: 가련하구나. 재상이 보라색 인수를 드리우고 황금 훈장을 차고서
   도, 조회가 있는 날 아침 황제를 알현하는 시간이 단지 일각(一刻)뿐
   이라지.

〈해설〉

· 皮船(피선): 돼지가죽이나 소가죽을 연결하여 주머니 형태로 만든 배.

· 繩橋(승교): 강의 양쪽 기슭을 등나무 줄을 짜서 만든 줄로 연결하고
  아래에 대나무나 나무를 깔아서 만든 다리.

· 巂州(수주): 사천성(四川省) 서창현(西昌縣)의 지명.

· 蜀將(촉장): 검남서천(劍南西川) 절도사 위고(韋皐)를 가리킨다.

· 六詔蠻(육조만): 당시 운남(雲南)에 있었던 여섯 민족의 총칭. 조(詔)
  는 왕이라는 뜻. 『구당서(舊唐書)』「남조만전(南詔蠻傳)」에 따르면, 남
  조만(南詔蠻)은 원래 오만(烏蠻)의 별종(別種)으로 우두머리가 여섯이
  었으며, 스스로 육조(六詔)라고 칭하였다고 한다.

· 牂牁(장가): 한나라 시대의 군명(郡名). 지금의 운남(雲南), 귀주(貴州)
  지방.

· 星居(성거): 별과 같이 산재함을 이른다.

· 合爲一詔(합위일조): 육조(六詔) 중 남조(南詔)의 피라각(皮邏閣)이 당
  나라로부터 귀의왕(歸義王)이라는 칭호를 받고 이가만(洱訶蠻)을 친
  공으로 운남왕(雲南王)에 봉해지자, 다른 오조(五詔)를 통일하여 일대
  세력을 갖기에 이른 사실을 말한다.

· 開元皇帝(개원황제): 현종(玄宗).

---

70 「唯(ただ)對(むか)へること一刻(いっこく)なるを聞(き)く。」와 같이 훈독하는
   것이 바람직해 보인다.

· 倔强(굴강): 강대함.

· 鮮于仲通(선우중통): 인명. 천보(天寶) 13년(754) 6만의 군대를 거느리고 운남왕 합라봉(閣羅鳳)을 서이하(西洱河)에서 토벌하고자 하였는데 전군이 궤멸한 사실을 가리킨다. 이로 인해「9. 신풍절비옹(新豊折臂翁)」에 등장하는 천보대징병(天寶大徵兵)이 일어난 것이다.

· 西洱河(서이하): 운남성을 흐르는 강의 이름.

· 休明(휴명): 훌륭하고 아름다움.

· 微臣(미신): 미천한 신하. 즉, 촉의 장수 위고(韋皐)가 스스로를 칭한 말이다.

· 中使(중사): 천자 측근의 환관.

· 道從(도종): 도(道)는 선두에서 이끄는 것을 의미하고 종(從)은 그 뒤를 따르는 것을 뜻한다. 도종(導從)과 같다.

· 摩挲(마사): 마사(磨些)라고 된 책도 있다. 오랑캐족의 이름.

· 俗羽(속우): 〈신석〉에서 속습(俗習)의 잘못으로 해석하였으나 분명하지 않다.

· 雙隈伽(쌍우가): 〈신석〉에서 '한 쌍의 큰 벽옥을 들었다'고 해석하였으나 분명치 않다.

· 淸平官(청평관): 재상에 해당하는 남조의 문관(文官).

· 赤藤杖(적등장): 남조(南詔)의 특산물인 붉은 등나무로 만든 지팡이.

· 大將軍(대장군): 대군장(大軍將)이 옳다. 남조의 무관(武官). C의 우리말 번역은 이 해설에 따랐다.

· 呋嗟(거차): 부드럽게 무두질한 띠.

· 異牟尋(이모심): 남조왕(南詔王)의 이름. 대력(大曆) 4년(769) 남조왕이 되고, 정원(貞元) 10년(794) 운남왕(雲南王)에 봉해졌다.

· 尋閤勸(심합권): 이모심의 장남. 정원 10년 이모심이 운남왕으로 책위되자 그 뒤를 이어 남조왕이 되었다.

· 延英殿(연영전): 당대(唐代) 연영문(延英門) 안에 있던 궁전.

· 冕旒不垂(면류불수): 면(冕)은 천자의 관(冠). 유(旒)는 관 앞에 드리운 구슬. 그것을 드리우지 않았다는 것은 천자의 얼굴을 보게 한 것을 의미한다.

· 勞徠(노래): 오는 사람을 맞아 오는 중의 수고를 위로하여 주는 것.

· 移時(이시): 정해진 시간을 넘긴다는 의미.

· 拕紫(타자): 보라색 인수(印綬)를 드리운다는 것.

· 金章(금장): 황금 훈장을 찬다는 것. 높은 지위를 의미한다.

· 朝日(조일): 조회하는 날. 하루 걸러 있었다.

· 一刻(일각): 15분. 짧은 시간.

19. 표국악(驃國樂)

A: 驃國樂○欲王化之先邇後遠也.

B: 驃國樂(へうこくがく)○王化(わうくゎ)の邇(ちか)きを先(さき)にし、遠(とほ)きを後(のち)にせんことを欲(ほっ)す。

C: 표국악(驃國樂)○ 임금의 덕화(德化)가 가까운 곳을 먼저하고 먼 곳은 나중에 하기를 바라는 것이다.

a: 貞元十七年來獻之.

b: 貞元(ぢゃうぐゑん)十七年(じふしちねん)來(きた)りて獻(たてまつ)る。

c: (표국악은) 정원(貞元) 17년(801)에 (표국 사람들이) 와서 바쳤다.

〈해설〉

· 驃國樂(표국악): 남방의 표국(驃國)에서 헌상된 음악에 대해 이야기하고 천자에게 먼 오랑캐 땅의 음악보다 가까운 중화의 전통음악을 소중히 할 것을 역설하였다. 표국[pyu]은 지금의 미얀마 북부에 존재했던 불교국가로 불교음악이 융성하였다. 표국의 음악이 당나라에 헌상된 시점을 『신당서(新唐書)』「예악지(禮樂志)」에서는 덕종 정원 17년(801)이라고 적고 있다. 그러나 『구당서(舊唐書)』「덕종본기(德宗本紀)」와 「음악지(音樂志)」에는 정원 18년(802) 정월로 되어 있다.

· 邇(이): 가까운 곳은 중국을 가리킨다.

· 遠(원): 먼 곳은 오랑캐를 가리킨다.

A: 驃國樂, 驃國樂, 出自大海西南角.

B: 驃國樂(へうこくがく)、驃國樂(へうこくがく)、大海(たいかい)の西南(せいなむ)の角(すみ)より出(い)づ。

C: 표국의 음악, 표국의 음악, 큰 바다 서남쪽 구석에서 나왔네.

A: 雍羌之子舒難陀, 來獻南音奉正朔.

B: 雍羌(ようきゃう)が子(こ)、舒難陀(じょなんだ)來(きた)りて、南音(なむおむ)を獻(たてまつ)りて、正朔(せいさく)を奉(ほう)ず。

C: (표국의 왕인) 옹강(雍羌)의 아들 서난타(舒難陀)가 와서 남방의 음악을 바치며 당나라에 복종하겠다고 하였네.

A: 德宗立仗御紫庭, 黈纊不塞爲爾聽.

B: 德宗(とくそう)、仗(ぢゃう)を立(た)てて、紫庭(してい)に御(ぎょ)す。黈纊(とうくゎう)塞(ふさ)がざることは、爾(なんぢ)が爲(ため)に聽(き)かんとなり。

C: 덕종은 의장(儀仗)을 갖추고 궁전 뜰에 행차하셨다네. 주광(黈纊)을 끼지 않으신 것은 그들을 위해 들으시려는 것이라네.

A: 玉螺一吹椎髻聳, 銅鼓千擊文身踊.

B: 玉螺(ぎょくら)一(ひと)たび吹(ふ)きて、椎髻(ついけい)聳(そび)えけり。銅鼓(どうこ)千(ち)たび擊(う)ちて、文身(ぶんしん)踊(をど)る。

C: 옥라(玉螺)를 한 번 부니 (오랑캐의) 상투머리 솟아 오르고, 동고(銅

鼓)를 천 번 치니 (오랑캐의) 문신한 몸이 춤을 추네.

A: 珠纓炫轉星宿搖. 花鬘[音慢. 髮飾也]抖擻龍蛇動.

B: 珠纓(しゅえい)炫轉(けんてん)して、星宿(せいしく)搖(ゆら)ぐ。花鬘(くゎまん)抖擻(とうそう)して、龍蛇(りうじゃ)動(うご)く。

C: 구슬 달린 갓끈은 눈부시게 빛나며 별자리가 움직이는 듯 흔들리네. 꽃 장식은 흔들리며 용과 뱀이 꿈틀거리는 듯 움직이네.

A: 曲終王子啓聖人, 臣父願爲唐外臣.

B: 曲(きょく)終(を)はりて、王子(わうし)聖人(せいじん)に啓(まう)さく、臣(しん)が父(ちち)、唐(たう)の外臣(ぐゎいしん)たらんことを願(ねが)ふ。

C: 곡이 끝나자 왕자가 천자께 아뢰기를, 부왕이 당나라의 외신이 되기를 원한다고 하였다네.

A: 左右歡呼何拿⁷¹翕. 皆尊德廣之所及.

B: 左右(さいう)歡呼(くゎんこ)して、何(なん)ぞ翕習(きふしふ)する。皆(みな)尊德(そんとく)の廣(ひろ)きが及(およ)ぼす所(ところ)なり。

C: 좌우의 신하들이 환호하는 모습이 얼마나 성대한지, 모두 천자의 넓은 덕이 미친 것이라고 하였다네.

---

71 「翕」으로 된 텍스트도 있다. 어떤 기세가 성한 것을 이르는 의태어이므로 「翕習」이 옳다. B는 이에 따랐다.

A: 須臾百辟詣閤[72]門, 俯伏拜表賀至尊.

B: 須臾(しゅゆ)に百辟(ひゃくへき)、閤門(かふもん)に詣(まう)で、俯伏(ふふく)拜表(はいへう)して、至尊(しそん)を賀(が)す。

C: 잠시 후 백관(百官)이 궁궐 문으로 와서 엎드려 절하고 상표문(上表文)을 올리며 천자께 경하 드리며 아뢰기를,

A: 伏見驃人獻新樂. 請書國史傳子孫.

B: 伏(ふ)して驃人(へうじん)の新樂(しんがく)を獻(たてまつ)るを見(み)る。請(こ)ふ、國史(こくし)に書(しる)して子孫(しそん)に傳(つた)へん。

C: "엎드려 표국(驃國) 사람들이 새로운 음악을 바치는 것을 보았습니다. 바라옵건대 국사에 기록하여 자손들에게 전하소서."라고 하였다네.

A: 時有擊壤老農父. 闇測君心閒獨語,

B: 時(とき)に壤(つちくれ)を擊(う)つ老(お)いたる農父(のうふ)有(あ)り。闇(あむ)に君心(くんしん)を測(はか)って、閒(ひそ)かに獨(ひと)り語(かた)らく、

C: 그때 땅을 구르는 늙은 농부가 있어, 어렴풋이 천자의 마음을 짐작하여 조용히 혼잣말을 하기를,

---

72 「閣」으로 된 텍스트도 있다.

A: 聞君政化甚聖明. 欲感人心致太平.

B: 聞(き)く、君(きみ)の政化(せいくゎ)、甚(はなは)だ聖明(せいめい)なりと。人(ひと)の心(こころ)を感(かむ)ぜしめて、太平(たいへい)を致(いた)さんと欲(ほつ)す。

C: "듣자하니 천자의 정치와 덕화가 높고 밝으셔서, 백성들의 마음을 감화시켜 태평성대를 이루고자 하신다더라.

A: 感人在近不在遠. 太平由實. 非由聲.

B: 人(ひと)を感(かむ)ぜしむることは、近(ちか)きに在(あ)りて、遠(とほ)きに在(あ)らず。太平(たいへい)は實(まこと)に由(よ)れり。聲(こゑ)に由(よ)るにあらず。

C: 백성들을 감화시키는 것은 가까이에 있는 것이지 먼 곳에 있지 않다. 태평성대는 실제에 의한 것이지 구호에 의한 것이 아니다.

A: 觀身理國國可濟. 君如心兮民如體

B: 身(み)を觀(み)て國(くに)を理(をさ)むれば、國(くに)濟(せい)しつ[73]べし。君(きみ)は心(こころ)の如(ごと)く、民(たみ)は體(たい)の如(ごと)し。

C: 자신의 몸을 닦아서 나라를 다스리면 나라를 구할 수 있다. 천자는 마음과 같고 백성은 몸과 같다.

A: 體生疾苦心慘悽. 民得和平君愷悌

B: 體(たい)疾苦(しつく)を生(な)すときは、心(こころ)慘悽(さむ

---

73 좌훈으로 「フ」(すくふ)라고 적혀 있다.

せい)す。民(たみ)和平(わへい)を得(う)るときは、君(きみ)愷
悌(がいてい)なり[74]。

C: 신체가 병으로 괴로우면 마음은 비통하다. 백성이 화목하고 평안
하면 천자도 편안하고 즐겁다."

A: 貞元之民若未安, 驃樂雖聞君不歡.

B: 貞元(ぢゃうぐゑん)の民(たみ)、若(も)し未(いま)だ安(やす)か
らずんば、驃樂(へうがく)聞(き)くといへども、君(きみ)歡(よ
ろこ)ばず。

C: 정원의 백성들이 만약 아직 편안하지 못하다면, 표국의 음악을 듣
는다 해도 천자께서는 즐겁지 않을 것이라네.

A: 貞元之民苟無病, 驃樂不來君亦聖.

B: 貞元(ぢゃうぐゑん)の民(たみ)、苟(いや)しくも病(へい)無(な)
くんば、驃樂(へうがく)は來(きた)らざれども、君(きみ)亦(ま
た)聖(せい)ならん。

C: 정원의 백성들이 병들지 않는다면, 표국의 음악이 없다 해도 천자
께서는 성군이 되실 것이라네.

A: 驃樂驃樂徒喧喧. 不如聞此蒭蕘言

B: 驃樂(へうがく)、驃樂(へうがく)、徒(いたづ)らに喧喧(くゑん
くゑん)たり。此(こ)の蒭蕘(すぜう)の言(ことば)を聞(き)かん
には如(し)かず。

---

74 좌훈으로 「ス」(がいていす)라고 적혀 있다.

C: 표국의 음악, 표국의 음악, 쓸데없이 소란스럽지만, 이 비천한 늙은 농부가 하는 말을 듣는 것만 못하네.

〈해설〉

· 雍羌(옹강): 표국(驃國) 임금의 이름.

· 舒難陀(서난타): 표국왕의 왕자(王子).

· 奉正朔(봉정삭): 정삭(正朔)은 달력을 말한다. 정삭을 바친다는 것은 천자가 정하신 달력을 사용하겠다는 것으로, 신하가 되어 복종하겠다는 의미이다.

· 立仗(입장): 의장(儀仗)을 세움. 의장이란 천자나 왕공(王公) 등 지위가 높은 사람이 행차할 때 쓰이는 병장기나 물건을 이른다.

· 紫庭(자정): 궁전 뜰.

· 黈纊(주광): 천자가 쓰는 관의 양 옆에 드리우는 노란 면으로 된 귀막이. 불필요한 허튼소리를 듣지 않기 위함이다.

· 玉螺(옥라): 아름다운 소라고둥. 구멍을 뚫어 나팔처럼 불어 소리를 내었다.

· 椎髻(추계): 모밀잣밤나무의 열매 모양으로 틀어 올린 상투. 남쪽 오랑캐들의 머리 모양.

· 文身(문신): 문신한 몸. 남쪽 오랑캐들의 특징을 나타낸다.

· 炫轉(현전): 눈이 부시도록 반짝반짝 빛나다.

· 花鬘(화만): 무희 등이 머리에 꽂는 꽃장식.

· 外臣(외신): 왕실의 바깥 울타리 역할을 하는 신하. 제후나 속국.

· 百辟(백벽): 백관(百官).

· 閤門(합문): 대궐 문.

- 拜表(배표): 머리 숙여 절하고 상표문(上表文)을 올림.
- 擊壤老農父(격양노농부): 백거이 자신을 가리킨다. 격양(擊壤)이란 발로 땅을 구르며 장단을 맞추는 것이다. 일설에는 양(壤)을 고대의 악기, 혹은 놀이도구로 해석하기도 한다. 요순 시대에 천하가 태평하고 만민이 근심이 없는 세상에 대해서 여든 넘은 노인이 격양하며 노래했다는 고사에 따른 것이다.
- 感人心致太平(감인심치태평):『역경(易經)』「함괘(咸卦)」의「단전(彖傳)」에「성인(聖人)이 인심(人心)을 감응케 하니 천하가 화평하다(聖人感人心, 而天下和平)」라고 되어 있는 것과 관련된다.
- 觀身(관신): 자기 몸을 닦다.『노자(老子)』54장「그러므로 몸으로써 몸을 보고, 집안으로써 집안을 보고, 마을로써 마을을 보고, 나라로써 나라를 보고, 천하로써 천하를 본다(故以身觀身, 以家觀家, 以鄕觀鄕, 以國觀國, 以天下觀天下)」에서 온 표현이다.
- 君如心兮民如體(군여심혜민여체):『예기(禮記)』「치의(緇衣)」에「백성은 군주로써 마음을 삼고, 군주를 백성으로써 몸을 삼는다(民以君爲心, 君以民爲體)」라고 한 말에 의거한다.
- 憯悽(참서): 마음이 괴로운 모양.
- 愷悌(개제): 편안하고 즐거운 모양.
- 蒭蕘(추요): 꼴과 나무를 베어 먹고 사는 천민. 앞에 나온 격양노농부(擊壤老農父), 즉 백거이 자신을 가리킨다.

20. 박융인(縛戎人)

A: 縛戎人○達窮民之情也.

B: 縛戎人(はくじうじん)○窮民(きうみん)の情(じゃう)に達(たっ)す。

C: 박융인(縛戎人)○ 곤궁한 백성의 실정을 잘 아는 것이다.

〈해설〉

· 縛戎人(박융인): 뒷짐 결박된 오랑캐. 융인(戎人)은 토번인[티벳인]을 가리킨다. 이 시는 중국 서북방에서 당나라 군대의 포로가 되어 장안을 거쳐 남쪽으로 호송되는 토번인의 노고(勞苦)를 읊었다. 토번의 포로로 잡혀 갔던 당나라 사람이 도망쳐 나왔는데 도리어 토번인으로 오인을 받아 당나라의 포로가 된 남자의 고통을 통해 백성들의 고통을 천자에게 고하고자 한 것이다.

A: 縛戎人, 縛戎人, 耳穿面破驅入秦.

B: 縛戎人(はくじうじん)、縛戎人(はくじうじん)、耳(みみ)穿(うが)たれ、面(おもて)破(やぶ)れ、驅(か)られて秦(しん)に入(い)る。

C: 결박당한 오랑캐, 결박당한 오랑캐, 귀 뚫리고 얼굴 찢겨 쫓겨서 장안에 들어왔네.

A: 天子矜憐不忍殺. 詔徙東南吳與越.

B: 天子(てんし)矜(かな)しみ憐(あは)れんで、殺(ころ)すに忍(しの)ばず。詔(せう)して東南(とうなむ)の呉(ご)と越(ゑつ)とに徙(うつ)す。

C: 천자께서 가엾게 여겨 차마 죽이지 못하고, 조칙을 내려 동남쪽 오(吳)와 월(越)로 이주하게 하셨네.

A: 黄衣小使錄姓名. 領出長安乘遞行.

B: 黄衣(くゎうい)の小使(せうし)、姓名(せいめい)を錄(しる)す。領(りゃう)して長安(ちゃうあん)より出(い)だして、乘(の)りて遞(てい)に行(ゆ)く。

C: 누런 옷의 아전이 이름을 기록한 후, 이끌고서 장안을 떠나 역마 타고 가네.

A: 身被金瘡面多瘠. 扶病徒行日一驛.

B: 身(み)は金瘡(きむさう)を被(かうむ)り、面(おもて)は多(おほ)く瘠(や)せたり。病(やまひ)を扶(たす)けて徒(かち)より行(ゆ)くこと、日(ひ)に一驛(いちえき)。

C: 몸은 쇠독 상처를 입고, 얼굴은 심히 수척하네. 병든 몸을 이끌고서 하루에 한 역씩 걸어간다네.

A: 朝飡飢渴費杯盤. 夜臥腥臊汚牀席.

B: 朝(あした)の飡(そな)へ、飢(いひう)ゑ渴(みづう)ゑて、杯盤(はいばん)を費(つひ)やす。夜(よん)の臥(ねどころ)、腥(なまぐさ)く臊(なまぐさ)うして、牀席(しゃうせき)を汚(よご)す。

C: 아침은 밥 굶주리고 물 굶주려 그릇을 비워내고, 밤의 잠자리는 퀴퀴하여 돗자리를 더럽히네.

A: 忽逢江水憶交河. 垂手齊聲嗚咽歌.

B: 忽(たちま)ちに江水(かうすい)に逢(あ)ひて、交河(かうが)を憶(おも)ふ。手(て)を垂(た)れ、聲(こゑ)を齊(ととの)へて、嗚咽(をえつ)して歌(うた)ふ。

C: 문득 강수(江水)를 만나 고향의 교하(交河)를 그리워하네. 손을 떨구고 소리 맞춰 오열하며 노래하네.

A: 其中一虜語諸虜, 爾苦非多. 我苦多.

B: 其(そ)の中(なか)の一(ひとり)の虜(りょ)、諸(かたへ)の虜(りょ)に語(かた)らく、爾(なんぢ)が苦(くる)しみ、多(おほ)かるにあらず。我(わ)が苦(くる)しみ多(おほ)し。

C: 그중의 한 포로가 옆에 있는 포로에게 말하기를, "너희들의 고생은 많은 것도 아니다, 내 고생이 (제일) 많다."

A: 同伴行人因借問. 欲說喉中氣憤憤.

B: 同伴(どうはん)の行人(かうじん)、因(よ)りて借問(と)ふ。說(と)かんとするに、喉(のど)の中(うち)に氣(き)憤憤(ふんぷん)たり。

C: 동반한 일행이 그 연유를 묻네. 말하려고 하니 목 안에 울분이 차네.

A: 自云鄉管本涼原. 太曆年中沒落蕃.

B: 自(みづか)ら云(い)ひしく、郷管(きゃうくゎん)は本(もと)涼原(りゃうぐゑん)なりと。太暦(たいれき)の年(とし)の中(うち)に蕃(ばん)に沒落(ぼつらく)せり。

C: 스스로 말하기를 본관은 (중국의) 양원(涼原)이라 하네. 대력(大暦) 연간에 토번에 함락되어 포로로 잡혔다네.

A: 一落蕃中四十載. 身着皮裘繫毛帶.

B: 一(ひと)たび蕃中(ばんちう)に落(らく)して、四十載(しじふさい)、身(み)皮裘(ひきう)を着(き)て、毛帶(もうたい)を繫(か)けたり。

C: 토번에 정착한 지 40년, 몸에 가죽옷을 입고 털띠를 매었네.

A: 唯許正朝服漢儀. 斂衣整巾潛淚垂.

B: 唯(た)だ正朝(せいてう)のみ漢(かん)の儀(よそ)ひを服(ふく)することを許(ゆる)す。衣(ころも)を斂(をさ)め[75]、巾(かぶり)を整(ととの)へ、潛(ひそ)かに淚(なみだ)を垂(た)る。

C: 설날에만 중국 옷 입는 것이 허락되니, 의복과 두건을 바로 갖추고 남몰래 눈물짓네.

A: 誓心密定歸鄕計. 不使蕃中妻子知.

B: 心(こころ)に誓(ちか)ひて、密(ひそ)かに鄕(きゃう)に歸(かへ)らん計(はかりごと)を定(さだ)む。蕃中(ばんちう)の妻子(さいし)をして知(し)らしめず。

---

75 좌훈으로「カヒツクロ」(かいつくろ<u>ひ</u>)라고 적혀 있다.

C: 마음에 맹세하여 몰래 고향으로 돌아가고자 계획을 세웠네. 토번 땅의 처자식도 모르게 하였네.

a: 有李如暹者, 蓬子將軍之子也. 嘗沒蕃中.

b: 李如暹(りじょせむ)は⁷⁶、蓬子(ほうし)將軍(しゃうぐん)が子(こ)なり。嘗(かつ)て蕃中(ばんちう)に沒(ぼっ)す。

c: 이여섬(李如暹)은 봉자(蓬子) 장군의 자식이다. 일찍이 토번의 포로가 되었다.

a: 自云, 蕃法唯正歲一日, 許唐人之沒蕃者, 服唐衣冠.

b: 自(みづか)ら云(い)ひしく、蕃(ばん)の法(はふ)、唯(た)だ正歲(せいさい)一日(いちにち)に、唐人(たうじん)の蕃(ばん)に沒(ぼっ)する者(もの)は、唐(たう)の衣冠(いくゎん)を服(ふく)することを許(ゆる)す。

c: 스스로 말하기를, 토번의 법은 정월 초하루에만 토번의 포로가 된 중국인이 중국의 의관을 입는 것을 허락하였다.

a: 由是悲不自勝. 遂密定歸計也.

b: 是(これ)に由(よ)りて悲(かな)しみ自(みづか)ら勝(た)へず。遂(つひ)に密(ひそ)かに歸計(くゎけい)を定(さだ)む。

c: 이로 인해 슬퍼하여 견딜 수 없어 결국 몰래 돌아갈 계획을 세웠다.

---

76 한문대로라면「李如暹といふ者有(あ)り」라고 훈독하는 것이 타당할 것이다. 여기서는「暹」우측 아래쪽에 가나점「ハ」만 기입되어 있어서 위와 같이 훈독하였다.

A: 暗思幸有殘筋骨. 更恐年衰歸不得.

B: 暗(あむ)に思(おも)ふ、幸(さいは)ひに殘(のこ)んの筋骨(きんこつ)有(あ)ることを。更(さら)に恐(おそ)るらくは、年(とし)衰(おとろ)ふるまで歸(かへ)ること得(え)ざらんことを。

C: 남몰래 다행히 남은 근력이 있음을 생각하네. 더 두려운 것은 나이 들어 쇠하도록 돌아갈 수 없는 것이네.

A: 蕃候嚴兵鳥不飛. 脫身冒死奔逃歸.

B: 蕃候(ばんこう)兵(へい)を嚴(きび)しうして、鳥(とり)だも飛(と)ばず。身(み)を脫(たっ)し死(し)を冒(をか)して、奔逃(ほんたう)し歸(かへ)る。

C: 토번 병사의 경비가 삼엄하여 새조차 날지 못하니, 빠져나와 죽음을 무릅쓰고 도망쳐 돌아갔네.

A: 晝伏宵行經大漠. 雲陰月黑風沙惡.

B: 晝(ひる)は伏(ふ)し、宵(よる)は行(ゆ)きて、大漠(たいばく)を經(わた)る。雲(くも)陰(くも)り、月(つき)黑(くろ)くして、風沙(ふうさ)惡(あ)し。

C: 낮에는 숨고 밤에는 걸어서 큰 사막 지나갈 때, 구름은 어둡고 달은 캄캄하고 모래바람 거치네.

A: 驚藏靑塚寒草疎. 偸渡黃河夜氷薄.

B: 驚(おどろ)きて靑塚(せいちょう)に藏(かく)るれば、寒草(かんさう)疎(おろそ)かなり。偸(ひそ)かに黃河(くゎうが)を渡(わ)

た)れば、夜(よる)の氷(こほり)薄(うす)し。

C: 놀라 청총(青塚)에 숨으니 차가운 풀이 듬성하네. 몰래 황하(黃河)를 건너니 밤 얼음이 얇네.

A: 忽聞漢軍鼙鼓聲, 路傍走出再拜迎.

B: 忽(たちま)ちに漢(かん)の軍(いくさ)の鼙鼓(へいこ)の聲(こゑ)を聞(き)きて、路(みち)の傍(かたは)らに走(はし)り出(い)でて、再拜(さいはい)して迎(むか)ふ。

C: 문득 중국 군대의 기병 북소리를 듣고는 길옆으로 뛰어나가 재배하고 맞이하네.

A: 游騎不聽能漢語. 將軍遂縛作蕃生.

B: 游騎(いうき)は聽(ゆる)さず、能(よ)く漢(かん)の語(ことば)することを。將軍(しゃうぐん)遂(つひ)に縛(ゆは)へて、蕃(ばん)の生(せい)と作(な)しつ。

C: 중국 말을 능숙하게 하는 것을 기병은 들어 주지 않았고, 장군은 결국 포박하여 토번 포로로 삼았네.

A: 配向江南卑濕地, 定無存恤空防備.

B: 配(はい)せられて江南(かうなむ)の卑濕(ひしふ)の地(ち)に向(む)かひて、定(さだ)めて存恤(そんじゅつ)すること無(な)くして、空(むな)しく防備(ばうび)す。

C: 유배되어 강남(江南)의 낮고 습한 땅으로 향하니, 분명 불쌍히 여길 이 없고 방비해도 허사라네.

A: 念此吞聲仰訴天. 若爲辛苦度殘年.

B: 此(これ)を念(おも)ひて聲(こゑ)を呑(の)みて、仰(あふ)ぎて天(てん)に訴(うった)ふ。若爲(いかんし)てか[77]辛苦(しんく)して、殘(のこ)んの年(とし)を度(わた)らん。

C: 이를 생각하며 소리 죽여 하늘을 우러러 호소하네. 어떻게 남은 생을 살아갈까?

A: 涼原鄕井不得見, 胡地妻兒虛棄捐.

B: 涼原(りゃうぐゑん)の鄕井(きゃうせい)をば見(み)ること得(え)ずして、胡(こ)の地(ち)の妻兒(さいじ)をば、虛(むな)しくして棄(す)て捐(す)つ。

C: 양원(涼原) 고향 땅은 보지 못하고, 토번 땅의 처자식은 괜히 버렸구나.

A: 沒蕃被囚思漢土. 歸漢被劫爲蕃虜.

B: 蕃(ばん)に沒(ぼっ)して囚(と)らはれて、漢(かん)の土(と)を思(おも)ふ。漢(かん)に歸(かへ)りては劫(おびや)かされて、蕃(ばん)の虜(りょ)となる。

C: 토번에 함락되어 포로로 잡혀서는 중국을 그리다가, 중국에 돌아와서는 협박을 당하여 토번 포로가 되었네.

A: 早知如此悔歸來. 兩地寧如一處苦.

B: 早(はや)く此(か)くの如(ごと)きことを知(し)らましかば、歸

---

77 좌훈으로 「イカンモシテカ」(いかんもしてか)라고 적혀 있다.

(かへ)り來(きた)ることを悔(く)いまし。兩地(りゃうち)、寧
(むし)ろ一(ひと)つの處(ところ)の苦(くる)しみに如(し)かん
や。

C: 일찍이 이럴 줄 알았다면 돌아오지 말 것을. 양쪽에서 고생하는 것
이 도리어 한 곳에서 고생하는 것만 할까.

A: 縛戎人, 戎人之中我苦辛.

B: 縛戎人(はくじうじん)、戎人(じうじん)の中(うち)に、我(われ)
苦辛(くしん)す。

C: 결박당한 오랑캐, 그런 중에서도 내 괴로움이 제일이라.

A: 自古此冤應未有. 漢心漢語吐蕃身.

B: 古(いにしへ)より此(こ)の冤(たしなみ)[78]、應(まさ)に未(いま)
だ有(あ)らざるべし。漢(かん)の心(こころ)、漢(かん)の語(こ
とば)、吐蕃(とばん)の身(み)なり[79]。

C: 자고이래 이 같은 원통한 일, 진정 없을 것이네. 중국 마음, 중국 말,
토번의 몸이라네.

〈해설〉

· 秦(진): 장안. 옛날에 진나라 땅이었으므로 이렇게도 부른다.
· 東南吳越(동남오월): 장안에서 동남에 해당하는 오(吳)와 월(越). 오
는 지금의 강소성(江蘇省), 월은 절강성(浙江省) 일대 지역이다.
· 黃衣小使(황의소사): 황색 의복을 입은 신분이 낮은 관리.

---

78 좌훈으로 「ウラミ」(うらみ)라고 적혀 있다.
79 좌훈으로 「タリ」(みたり)라고 적혀 있다.

· 領(영): 데리고 가다. 뒤에 거느리다.

· 遞(체): 역마.

· 金瘡(금창): 칼, 창 따위의 쇠붙이에 다쳐 쇠독이 든 상처.

· 扶病(부병): 병든 몸을 추스르다.

· 朝飡(조찬): 아침 끼니.

· 費杯盤(비배반): 다 먹어치우다.

· 腥臊(성조): 비린내가 나는 것을 말함.

· 牀席(장석): 침대. 깔고 자는 돗자리.

· 江水(강수): 양자강(揚子江).

· 交河(교하): 신강(新疆) 위구르족 자치구 투르판 서쪽에 있는 큰 강.

· 氣憤憤(기분분): 노하는 모양.

· 鄕管(향관): 본적지.

· 涼原(양원): 감숙성(甘肅省) 무위시(武威市) 일대.

· 太曆(대력): 대력(大曆). 당나라 8대 황제 대종(代宗)의 연호(766-779).

· 沒落蕃(몰락번): 토번[티벳]에 함락되다.

· 四十載(사십재): 사십년.

· 皮裘(피구): 가죽 외투.

· 正朝服漢儀(정조복한의): 정월 초하루에만 중국의 복장을 하다.

· 斂衣(염의): 옷매무새를 고치다.

· 歸鄕計(귀향계): 도망쳐 고향으로 돌아가는 계획.

· 蕃候(번후): 티벳의 번병(番兵).

· 大漠(대막): 광대한 사막.

· 靑塚(청총): 왕소군(王昭君)의 무덤. 지금의 귀화성(歸化城)의 남쪽 30
리에 있다. 한나라 원제(元帝)의 궁녀 왕장(王嬙)[왕소(王昭)]은 모연수

(毛延壽)라는 화공에게 뇌물을 쓰지 않아 추녀로 그려져 천자의 총애를 받지 못하고 흉노에게 시집보내져서 그곳에서 죽었다. 그 슬픔이 응어리져 무덤 위의 풀이 늘 푸르고 시들지 않아 사람들이 이를 청총(靑塚)이라 했다.

· 鼙鼓(비고): 말 위에서 치는 북.

· 游騎(유기): 순시하는 말 탄 군사.

· 蕃生(번생): 티벳인 포로. 생(生)은 생구(生口), 즉 포로라는 뜻.

· 配(배): 유배하다.

· 存恤(정휼): 위로하여 불쌍히 여기다.

· 若爲(약위): 어떻게.

· 殘年(잔년): 여생.

· 鄕井(향정): 향토(鄕土). 고향.

· 棄捐(기연): 버리다.

· 冤(원): 억울한 죄.

A: 白氏長慶集卷第三終

B: 白氏長慶集(はくしちゃうけいしふ)卷第三(くゎんだいさむ)終
(を)はり

C: 백씨장경집 권제3 끝

A: 白氏長慶集卷第四

B: 白氏長慶集(はくしちゃうけいしふ)卷第四(くゎんだいし)

C: 백씨장경집 권제4

A: 唐太子少傅刑部尙書致仕, 贈尙書右僕射, 太原白居易樂天著.

B: 唐(たう)の太子少傅(たいしせうふ)刑部尙書(けいぶしゃうしょ)にして致仕(ちし)し、尙書右僕射(しゃうしょうぼくや)に贈(ぞう)せられたる、太原(たいぐゑん)の白居易(はくきょい)樂天(らくてん)著(ちょ)

C: 당나라 태자소부(太子少傅) 및 형부상서(刑部尙書)의 소임을 마치고 상서우복야(尙書右僕射)로 추증된 태원(太原)의 백거이(白居易) 낙천(樂天) 지음.

A: 明後學松江馬元調巽甫校

B: 明(みん)の後學(こうがく)松江(しょうかう)の馬元調(ばぐゑんてう)巽甫(そんほ)校(かう)

C: 명 후학 송강(松江)의 마원조(馬元調) 손보(巽甫) 교감.

A: 諷諭四

B: 諷諭(ふうゆ)四(し)

C: 풍유(諷諭) 네 번째.

a: 新樂府三十首

b: 新樂府(しんがふ)三十首(さむじっしゅ)

c: 신악부(新樂府) 30수.

21. 여궁고(驪宮高)

A: 驪宮高○美天子重惜人之財力也.

B: 驪宮高(りきうかう)○天子(てんし)重(おも)く人(ひと)の財力
(ざいりょく)を惜(を)しみたまふことを美(ほ)めたり。

C: 여궁고(驪宮高)○ 천자께서 인민의 재산과 노동력을 중히 여겨 아
끼심을 찬미하였다.

〈해설〉

· 驪宮高(여궁고): 여궁(驪宮)은 장안 동쪽 교외에 있는 여산(驪山)에 있
었던 별궁. 지금도 온천이 나온다. 처음에는 온천궁(溫泉宮)이라고
하였는데, 천보(天寶) 6년(747)에 현종이 양귀비를 위해 사치스럽게
꾸며 화청궁(華淸宮)이라고 하였다. 천보 14년(755) 안록산의 난을 거
치면서, 특히 대력(大曆) 2년(767) 환관 어조은(魚朝恩)에 의해 대대적
으로 파괴되어 급속하게 영락했다. 이 시가 지어진 원화(元和) 4년
(809) 당시에는 상당히 황폐해 있었던 것으로 보인다. 백거이는 천자
께서 이 시를 통해 여궁에 한번 행차할 때 드는 백성들의 재산과 노
동력을 걱정하시어 여궁에 행차하지 않으심을 찬미하고 있다.

A: 高高驪山上有宮. 朱樓紫殿三四重.

B: 高高(かうかう)たる驪山(りざん)、上(うへ)に宮(きう)有(あ)
り。朱樓(しゅろう)紫殿(しでん)、三四重(さむしぢう)なり。

C: 높고 높은 여산(驪山) 위에 궁궐이 있네. 붉은 누각과 자색 전각이

삼중 사중이라네.

A: 遲遲兮春日, 玉甃暖兮溫泉溢.

B: 遲遲(ちち)たる春(はる)の日(ひ)には、玉(ぎょく)の甃(いしたたみ)暖(あたた)かにして、溫泉(をんせん)溢(み)てり。

C: 한가로운 봄날에는 옥벽돌 따사롭고 온천수로 가득하다네.

A: 嫋嫋兮秋風, 山蟬鳴兮宮樹紅.

B: 嫋嫋(でうでう)たる秋(あき)の風(かぜ)には、山(やま)の蟬(せみ)鳴(な)りて、宮樹(きうしゅ)紅(くれなゐ)なり。

C: 솔솔 부는 가을바람에 산매미 울고 궁궐의 나무는 붉구나.

A: 翠華不來歲月久, 牆有衣兮瓦有松.

B: 翠華(すいくゎ)來(きた)りたまはず[80]。歲月(さいぐゑつ)久(ひさ)し。牆(かき)に衣(こけ)有(あ)り、瓦(かはら)に松(まつ)有(あ)り。

C: 천자께서 납시지 않은 세월이 오래로다. 담장에는 이끼가 앉았고 지붕에는 풀만 자라네.

A: 吾君在位已五載, 何不一幸於其中.

B: 吾(わ)が君(きみ)位(くらゐ)に在(いま)すこと、已(すで)に五載(ごさい)なるに、何(なん)ぞ一(ひと)たびも其(そ)の中(うち)に幸(みゆき)したまはざる。

---

80 좌훈으로 「シテ」(きたりたまはずして)라고 적혀 있다.

C: 우리 임금께서 재위하신 지 이미 다섯 해나 되었거늘, 어찌 한 번도 여궁에 행차를 아니 하신단 말인가.

A: 西去都門幾多地. 吾君不遊深有意.

B: 西(にし)のかた都門(ともん)を去(さ)ること、幾多(いくばく)の地(ち)ぞ。吾(わ)が君(きみ)遊(あそ)びたまはざること、深(ふか)く意(い)有(あ)り。

C: 서쪽으로 도성 문에서 얼마 떨어지지 않은 곳이거늘, 우리 임금께서 노니지 않으시는 것에는 깊은 뜻이 있다네.

A: 一人出兮不容易. 六宮從兮百司備.

B: 一人(いちにん)出(い)でたまふこと、容易(たやす)からず。六宮(りくきう)從(したが)ひて百司(ひゃくし)備(そな)はる[81]。

C: 천자 한 분 납시는 것은 쉬운 일이 아니라네. 육궁(六宮)의 후궁들이 뒤를 쫓고 백사(百司)의 신하들이 수행한다네.

A: 八十一車千萬騎. 朝有宴飲暮有賜.

B: 八十一車(はちじふいちしゃ)千萬(せんまん)の騎(き)。朝(あした)には宴飲(ゑんいむ)有(あ)り、暮(ゆふべ)には賜(たまもの)有(あ)り。

C: 여든 하나의 수레와 천만 필의 기병. 아침에는 연회를 열고 해질녘에는 하사품을 내리시네.

---

81 좌훈으로 「レリ」(<u>そなは</u>れり)라고 적혀 있다.

A: 中人之產數百家, 未足充君一日費.

B: 中人(ちうじん)の産(さん)、數百家(すうひゃくか)も、未(いま)
だ君(きみ)の一日(いちじつ)の費(つひ)えに充(あ)つるに足(た)
らず。

C: 중인 집의 가산 수백 집을 합쳐도 천자의 하루 비용을 충당하기에
부족하네.

A: 吾君修己人不知. 不自逸兮不自嬉.

B: 吾(わ)が君(きみ)、己(おのれ)を修(をさ)めたまふこと、人(ひ
と)知(し)らず。自(みづか)ら逸(いっ)せず、自(みづか)ら嬉(き)
せず。

C: 우리 천자께서 스스로를 닦으심을 세인들은 알지 못하네. 스스로
방일치 않으시고 스스로 희희낙락치 않으시네.

A: 吾君愛人人不識. 不傷財兮不傷力.

B: 吾(わ)が君(きみ)、人(ひと)を愛(あい)したまふこと、人(ひと)
識(し)らず。財(ざい)を傷(やぶ)らず、力(ちから)を傷(やぶ)ら
ず。

C: 우리 천자께서 백성을 사랑하시는 것을 사람들은 알지 못하네. (백
성들의) 재산을 헛되지 않게 하시고 (백성들의) 노동력을 헛되지
않게 하시네.

A: 驪宮高兮. 高入雲. 君之來兮爲一身. 君之不來兮爲千萬人.

B: 驪宮(りきう)高(たか)し。高(たか)くして雲(くも)に入(い)る。

君(きみ)の來(きた)りたまふことは、一身(いっしん)の爲(ため)なり。君(きみ)の來(きた)らざることは、千萬人(せんまんにん)の爲(ため)なり。

C: 여궁은 높고 높아서 구름이 드네. 천자께서 납시는 것은 한 몸을 위한 것이고, 천자께서 납시지 않음은 천만 백성들을 위함이라네.

〈해설〉

· 紫殿(자전): 어전. 자(紫)는 자미궁(紫微宮)으로, 천자의 어전을 말한다.

· 遲遲(지지): 한가롭게 천천히 봄날이 저무는 모양.

· 玉甃(옥추): 바닥에 까는 아름다운 전돌.

· 嫋嫋(요뇨): 온화하고 가늘고 길게 가을바람이 부는 모습.

· 翠華(취화): 물총새 깃털[취우(翠羽)]로 장식한 천자의 깃발. 천자를 이름.

· 不來歲月久(불래세월구): 현종은 재위 중에는 매년 화청궁(華淸宮)에 행차했는데 안록산의 난 이후 숙종(肅宗) 건원(乾元) 원년(758)에 행차한 이래 이 시가 지어진 때까지 숙종·대종(代宗)·덕종(德宗)·순종(順宗)·헌종(憲宗)에 이르는 5대가 51년간 행차했다는 기록이 없다.

· 衣(의): 태의(苔衣). 이끼.

· 松(송): 와송(瓦松), 와화(瓦花). 이끼의 일종.

· 吾君在位已五載(오군재위이오재): 헌종 황제 이순(李純)은 선제 순종(順宗)의 장자였는데, 순종은 즉위 때부터 병상에 있었고 그 해(805) 8월 연호를 영정(永貞)으로 개원함과 동시에 퇴위하고 이순을 새 황제로 삼았다. 따라서 헌종의 치세는 원화 4년(809) 시점에서 재위 4년, 5년째가 된다.

· 其中(기중): 거기. 당대의 속어. 여궁을 가리킨다.

· 都門(도문): 장안의 성문.

· 六宮(육궁): 천자의 후궁(後宮)으로 지어진 여섯 개의 궁전. 여기에는 3부인, 9빈(嬪), 27세부(世婦), 81어처(御妻) 등의 여관(女官)이 있었다.

· 百司(백사): 백관(百官).

· 八十一車(팔십일거): 천자의 행차에 수행하는 81대의 수레.

· 中人(중인): 『한서(漢書)』 「문제기(文帝紀)」에 「백금은 중인 열 집의 재산이다(百金, 中人十家之産也)」라는 기록이 보인다.

22. 백련경(百錬鏡)

A: 百錬鏡 ○ 美皇王鑑也.

B: 百錬鏡(ひゃくれんきゃう)○ 皇王(くゎうわう)の鑑(かがみ)を
美(ほ)めたり。

C: 백련경(百錬鏡)○ 황제가 거울로 삼는 것을 찬미하였다.

〈해설〉

· 百錬鏡(백련경): 백 번을 단련하여 만든 거울. 양주(揚州)에서 만들어
서 헌상되었다. 수심경(水心鏡), 강심경(江心鏡)이라고도 한다.『태평광
기(太平廣記)』권231「이수태(李守泰)」에 인용된『이문록(異聞錄)』에는
「당나라 천보 3년(744) 5월 15일에 양주에서 수심경 하나를 진상하
였다. … 뒷면에 길이 3척 4촌 5부인 반룡이 있다. … 여휘 등이 마침
내 거울을 만드는 화로를 배 안으로 옮겨 두고 5월 5일 오시(午時)에
양자강에서 주조하였다(唐天寶三載五月十五日, 揚州進水心鏡一面…背有
盤龍長三尺四寸五分…呂暉等遂移鏡爐置船中, 以五月五日午時, 乃于揚子江鑄
之)」라고 되어 있다. 백거이는 이 시에서 태종의 말을 빌려 이 거울이
천자의 용모를 비추는 데에 쓰이는 것이 아니라 백성과 역사를 비추
어 보는 데 쓰여야 함을 천명하고 있다.

A: 百錬鏡, 鎔範非常規. 日辰處所靈且祇.

B: 百錬鏡(ひゃくれんきゃう)、鎔範(ようはむ)常(つね)の規(のり)
にあらず。日辰(じっしん)處所(しょしょ)、靈(れい)にして且

(か)つ祗(し)なり。

C: 백번이나 단련하고 단련해서 만든 거울은 거푸집의 모양이 예사롭지 않네. 해시계를 신령하고 영험한 곳에 놓아둔다네.

A: 江心波上舟中鑄. 五月五日日午時.

B: 江(かう)の心(そこ)、波(なみ)の上(うへ)、舟(ふね)の中(うち)にして鑄(い)る。五月(ごぐゎつ)五日(いつか)日午(にちご)[82]の時(とき)。

C: 양자강의 한가운데 물결 위에 띄운 배 안에서 주조하네. 오월 오일 정오가 그때라네.

A: 瓊粉金膏磨瑩已, 化爲一片秋潭水.

B: 瓊粉(けいふん)金膏(きむかう)磨瑩(まえい)し已(を)はって、化(くゎ)して一片(いっぺん)の秋潭(しうたむ)の水(みづ)と爲(な)る。

C: 옥가루와 금 기름으로 연마하고 나면 한 조각 가을 연못물처럼 된다네.

A: 鏡成將獻蓬萊宮. 揚州長吏手自封.

B: 鏡(かがみ)成(な)りて、將(まさ)に蓬萊宮(ほうらいきう)に獻(たてまつ)らんとす。揚州(やうしう)の長吏(ちゃうり)、手(て)づから自(みづか)ら封(ほう)ず。

C: 거울이 완성되어 봉래궁(蓬萊宮)에 계시는 천자께 바치고자, 양주

---

82 좌훈으로 「日ノ午ナル」(ひのごなる)라고 적혀 있다.

태수가 친히 봉인을 하였다네.

A: 人閒臣妾不合照. 背有九五飛天龍.

B: 人閒(じんかん)の臣妾(しんせふ)をば合(あ)はせ照(て)らさず。
背(うら)に九五(きうご)の飛天(ひてん)の龍(りう)有(あ)り。

C: 세간의 남녀들을 비추는 물건이 아니라네. 뒷면에는 천자를 상징
하는 하늘을 나는 용이 새겨져 있네.

A: 人人呼爲天子鏡. 我有一言聞太宗.

B: 人人(ひとびと)呼(よ)びて天子(てんし)の鏡(かがみ)と爲(す)。
我(われ)一言(いちげん)の、太宗(たいそう)に聞(き)ける有(あ)
り。

C: 사람들이 부르기를 천자의 거울이라 하네. 내가 태종 황제께 들은
이야기 하나가 있다네.

A: 太宗常以人爲鏡. 鑑古鑑今不鑑容.

B: 太宗(たいそう)は常(つね)に人(ひと)を以(もち)て鏡(かがみ)と
爲(す)。古(いにしへ)を鑑(かんが)み、今(いま)を鑑(かんが)み
て、容(かたち)を鑑(かんが)みず。

C: 태종 황제께서는 항상 사람을 거울로 삼으셨다네. 옛 일과 지금 일
을 거울에 비추어 보셨지, 생긴 모습을 거울에 비추지 않으셨다네.

A: 四海安危居掌內. 百王治亂懸心中.

B: 四海(しかい)の安危(あんくゐ)は掌(たなごころ)の內(うち)に居

(を)り。百王(ひゃくわう)の治亂(ちらん)は心(こころ)の中(うち)に懸(か)けたり。

C: 천하의 안위는 손바닥 안에 두시고, 역대 제왕들의 치세가 심중에 달려 있었네.

A: 乃知天子別有鏡 不是揚州百鍊銅

B: 乃(すなは)ち知(し)りぬ、天子(てんし)は別(べつ)に鏡(かがみ)を有(も)てりけりと[83]。是(これ)揚州(やうしう)百鍊(ひゃくれん)の銅(どう)にしもあらず。

C: 이내 알겠구나, 천자께서 특별한 거울을 지니고 계셨음을. 이것은 양주의 백련동으로 만든 거울이 아니라네.

〈해설〉

· 鎔範(용범): 거푸집.

· 日辰(일진): 해시계.

· 江心(강심): 양자강의 한가운데. 「心(そこ)」는 바닥이라는 뜻에 가깝지만 의미상 '가운데'라고 번역하였다.

· 日午(일오): 정오.

· 瓊粉(경분): 옥을 곱게 빻아 만든 가루. 거울을 연마할 때에 쓰인다.

· 金膏(금고): 금색 기름.

· 磨瑩(마영): 연마하다.

· 秋潭水(추담수): 명경(明鏡)을 가을 연못물에 비유한 것이다.

· 蓬萊宮(봉래궁): 대명궁(大明宮).

---

83 좌훈으로 「ルコトヲ」(<u>も</u>てることを)라고 적혀 있다.

· 九五飛天龍(구오): 『역경(易經)』의 건괘(乾卦)에 「구오(九五)는 비룡이 하늘에 있는 것이니, 대인을 보는 것이 이롭다(九五, 飛龍在天, 利見大人)」라고 되어 있는 것에서 유래한다. 구오지위(九五之位)는 제왕의 자리를 일컫는 말이다.
· 百王治亂(백왕치란): 역대 제왕들의 치세가 잘 다스려지고 못 다스려지고 하는 것.

23. 청석(靑石)

A: 靑石○激忠烈也.

B: 靑石(せいせき)○忠烈(ちうれつ)を激(はげ)ませり。

C: 청석(靑石)○ 충렬(忠烈)에 힘쓸 것을 격려하였다.

〈해설〉

· 靑石(청석): 장안(長安)의 남쪽에 있는 남전산(藍田山)에서 나는 푸른 돌. 백거이는 이 시에서 말 못하는 청석(靑石)을 대신하여 단수실(段秀實)과 안진경(顔眞卿)과 같은 충렬(忠烈)한 선비의 업적이 새겨지기를 원하고 있음을 서술하였다. 불충불렬(不忠不烈)한 신하들이 청석에 새겨진 단수실과 안진경의 업적을 보고 절개를 바로잡기를 바란 것이다.

A: 靑石出自藍田山. 兼車運載來長安.

B: 靑石(せいせき)、藍田山(らむでんざん)より出(い)でたり。兼車(けむしゃ)運載(うんさい)して長安(ちゃうあん)に來(きた)れり。

C: 청석(靑石)은 남전산(藍田山)에서 나는데, 여러 수레가 운반하여 장안으로 온다네.

A: 工人磨琢欲何用. 石不能言. 我代言.

B: 工人(こうじん)、磨(と)ぎ琢(みが)いて、何(なに)にか用(もち)

ゐんと欲(す)。石(いし)、言(い)ふこと能(あた)はず。我(われ)
代(か)はりて言(い)ふ。

C: 장인(匠人)이 갈고 쪼아 무엇에 쓰려고 하는 것인가? 돌은 말할 수
없으니 내가 대신 말하려네.

A: 不願作人家墓前神道碣. 墳土未乾名已滅.

B: 人家(じんか)の墓(はか)の前(まへ)の神道(しんだう)の碣(けつ)
と作(な)らんことを願(ねが)はず。墳土(ふんど)未(いま)だ乾
(かわ)かざるに、名(な)已(すで)に滅(めっ)す。

C: 일반 사대부 묘 앞의 신도비(神道碑)가 되기를 원치 않으니, 무덤의
흙이 아직 마르기 전에 이름이 사라져 버리기 때문이네.

A: 不願作官家道傍德政碑. 不鑴實錄鑴虛辭.

B: 官家(くゎんか)の道(みち)の傍(ほとり)の德政(とくせい)の碑
(ひ)と作(な)らんことを願(ねが)はず。實錄(じつろく)に鑴(ゑ)
らずして、虛辭(きょじ)のみに鑴(ゑ)る。

C: 관가의 길옆에 있는 덕정비(德政碑)가 되기를 원치 않으니, 실록에
새겨지지 않고 헛된 말만이 새겨지기 때문이네.

A: 願爲顏氏段氏碑, 雕鏤太尉與太師.

B: 願(ねが)はくは、顏氏(がんし)段氏(だんし)の碑(ひ)と爲(し)
て、太尉(たいゐ)と太師(たいし)とを雕鏤(てうろう)せんこと
を。

C: 바라는 것은, 안씨(顏氏)와 단씨(段氏)의 비석이 되어 태위(太尉)와 태

사(太師)라는 글자를 새기는 것이라네.

A: 刻此兩片堅貞質, 狀彼二人忠烈姿.

B: 此(こ)の兩片(りゃうへん)の堅貞(けんてい)の質(しつ)を刻(き
ざ)んで、彼(か)の二人(ににん)の忠烈(ちうれつ)の姿(すがた)
を狀(かたど)らん。

C: 이 두 사람의 굳고 곧은 바탕을 새겨서, 그 두 사람의 충렬한 모습을
본뜨고자 하네.

A: 義心若石屹⁸⁴不轉. 死節名流確不移.

B: 義心(ぎしむ)、石(いし)の若(ごと)くして、屹(きつ)として轉
(まろ)ばず。死節(しせつ)名流(めいりう)、確(かく)として移
(うつ)らず。

C: 의로운 마음은 돌과 같이 우뚝 솟아 움직이지 않고, 목숨을 바치는
절개와 드높은 이름은 확고하여 꿈쩍도 않네.

A: 如觀奮擊朱泚日, 似見叱呵希烈時.

B: 朱泚(しゅせい)を奮擊(ふんげき)せし日(ひ)を觀(み)るが如(ご
と)く、希烈(きれつ)を叱呵(しっか)せし時(とき)⁸⁵を見(み)る
に似(の)れり。

C: (단씨가) 주차(朱泚)를 공격했을 때를 보는 것과 같고, (안씨가) 희
열(希烈)을 꾸짖었을 때를 보는 것과 같네.

---

84 「屹」로 된 텍스트도 있다.
85 좌훈으로 「ヒ」(ひ)라고 적혀 있다.

A: 各於其上題名謚, 一置高山一沈水.

B: 各(おのおの)其(そ)の上(うへ)に於(お)いて、名謚(めいし)を題(だい)して、一(ひと)つをば高山(かうざん)に置(お)き、一(ひと)つをば水(みづ)に沈(しづ)めん。

C: 각각 그 위에 이름과 시호를 붙여, 하나는 높은 산에 놓고 하나는 물에 가라앉히고자 하네.

A: 陵谷雖遷碑獨存. 骨化爲塵名不死,

B: 陵谷(りょうこく)は遷(うつ)るといへども、碑(ひ)は獨(ひと)り存(そん)す。骨(ほね)は化(くゎ)して塵(ちり)と爲(な)れども、名(な)は死(き)えずして、

C: 지형은 변하더라도 비석은 홀로 존재하네. 뼈는 먼지가 되더라도 이름은 죽지 않고,

A: 長使不忠不烈臣, 觀碑改節慕爲人,

B: 長(なが)く不忠(ふちう)不烈(ふれつ)の臣(しん)をして、碑(ひ)を觀(み)て節(せつ)を改(あらた)めて、人(ひと)と爲(な)ることを慕(ねが)はしめ、

C: 오래도록 불충불렬(不忠不烈)한 신하로 하여금 비석을 보고 절개를 바로잡아 (그들의) 사람됨을 흠모하게 하여

A: 慕爲人勸事君.

B: 人(ひと)となることを慕(ねが)ひて、君(きみ)に事(つか)ふることを勸(すす)めん。

C: (그들의) 사람됨을 흠모하며 임금을 섬기기를 권면하고 싶네.

〈해설〉

· 藍田山(남전산): 장안(長安)의 남쪽에 있는 산. 품질이 좋은 옥의 생산 지로 유명하였다.

· 兼車(겸거): 여러 수레.

· 人家(인가): 관가(官家)와 대비되는 일반 사대부.

· 神道碣(신도갈): 신도(神道)는 묘도(墓道)[무덤으로 가는 큰 길]라고도 하며, 신도갈(神道碣)은 묘도에 세운 고인의 공덕을 기리는 비석이다.

· 德政碑(덕정비): 관리의 덕정을 기리는 비.

· 顏氏(안씨): 이희열(李希烈)의 모반을 꾸짖은 안진경(顏眞卿)을 말한 다. 안록산의 난에 즈음하여 홀로 의군(義軍)을 일으켜 공적을 쌓았 으며 난이 평정되자 노국공(魯國公)에 봉해졌다. 건중(建中) 2년(781) 태자태사(太子太師)가 되었다.

· 段氏(단씨): 단수실(段秀實). 건중(建中) 4년(783)에 주차(朱泚)가 모반 을 일으키고 장안에 웅거하여 단수실을 자기편으로 끌어들이려고 이야기하였는데, 주차가 제위(帝位)를 엿보는 야심을 드러냄에 따라 단수실은 주차의 곁에 있던 원휴(源休)의 홀(笏)을 빼앗아 주차를 공 격했다. 단수실은 이로 인해 살해당했으나 후에 충렬(忠烈)이라는 시 호를 받고 흥원(興元) 원년(785) 2월에 태위(太尉)에 추증(追贈)되었다.

· 雕鏤(조루): 문자를 새기다.

· 屹(흘): 높이 솟은 모양.

· 叱呵(질가): 엄하게 꾸짖다.

· 名諡(명시): 이름과 시호. 시호는 사람의 사후에 그의 덕을 기려 조정

으로부터 추증되는 이름이다.

· 陵谷雖遷(능곡수천): 언덕이 골이 되고 골이 언덕이 되듯이 지형이 변하는 것을 말한다.

· 改節(개절): 평소의 태도를 고치다.

24. 양주각(兩朱閣)

A: 兩朱閣○刺佛寺浸多也.

B: 兩朱閣(りゃうしゅかく)○佛寺(ぶつじ)の浸(やうや)く[86]多(おほ)きことを刺(そし)れり。

C: 양주각(兩朱閣)○ 절이 점점 많아지는 것을 비판하였다.

〈해설〉

· 兩朱閣(양주각): 두 동으로 되어 있는 붉은 색 누각. 덕종의 두 공주가 죽은 후, 평민들의 주거를 빼앗아 지은 공주들의 화려한 저택이 절이 되는 것을 비판한 시이다.

A: 兩朱閣, 南北相對起.

B: 兩朱閣(りゃうしゅかく)、南北(なむぼく)に相(あ)ひ對(むか)へて起(き)す。

C: 양주각(兩朱閣), 남북으로 서로 마주하여 서 있네.

A: 借問何人家. 貞元雙帝子.

B: 借問(と)ふ、何人(なにびと)の家(いへ)ぞ。貞元(ぢゃうぐゑん)の雙(ふた)りの帝(みかど)の子(こ)なり。

C: 묻기를, 누구의 집인가? 정원(貞元) 천자의 두 공주님의 집이라네.

---

86 좌훈으로 「ヤ丶」(やや)라고 적혀 있다.

A: 帝子吹簫雙得仙. 五雲飄颻飛上天.

B: 帝子(ていし)[87]簫(せう)を吹(ふ)きて、雙(なら)んで仙(せん)を
得(え)たり。五雲(ごうん)飄颻(へうえう)として飛(と)びて、天
(てん)に上(のぼ)る。

C: 두 공주님은 퉁소를 불며 나란히 신선이 되었네. 오색 구름 뭉게뭉
게 하늘로 날아올랐네.

A: 第宅亭臺不將去. 化爲佛寺在人閒.

B: 第宅(ていたく)亭臺(ていだい)、將(もち)て去(さ)らず。化
(くゎ)して佛寺(ぶつじ)として人閒(じんかん)に在(あ)り。

C: 저택(邸宅)과 정대(亭臺)는 가져가지 않았고, 절이 되어 인간 세상에
남았네.

A: 粧閣妓樓何寂靜. 柳似舞腰. 池似鏡.

B: 粧閣(さうかく)妓樓(ぎろう)、何(なん)ぞ寂靜(せきせい)なる。
柳(やなぎ)は、舞腰(ぶえう)に似(に)たり。池(いけ)は鏡(かが
み)に似(に)たり。

C: 장각(粧閣)과 기루(妓樓)는 어찌 이리 적막한가? 버드나무는 무희의
허리 같고, 연못은 거울과 같네.

A: 花落黃昏悄悄時, 不聞歌吹聞鍾磬.

B: 花(はな)落(お)ちて、黃昏(くゎうこん)の悄悄(せうせう)たる時
(とき)、歌吹(かすい)を聞(き)かず、鍾磬(しょうけい)のみを聞

87 좌훈으로 「帝[ノ]子[ミコ]」(<u>みかどのみこ</u>)라고 적혀 있다.

(き)く。

C: 꽃 지고 저녁노을 쓸쓸할 때 노래소리, 피리소리는 들리지 않고 종
소리만이 들리네.

A: 寺門敕榜金字書. 尼院佛庭寬有餘.

B: 寺門(じもん)敕(ちょく)して金字(きむじ)の書(しょ)を榜(ばう)
せり。尼院(にゐん)佛庭(ぶつてい)、寬(ひろ)うして餘(あま)り
有(あ)り。

C: 절문에는 칙령을 내려 금글자 현판이 달리고, 이원(尼院)과 절 마당
은 널찍하여 여유가 있네.

A: 靑苔明月多閑地. 比屋疲人無處居.

B: 靑苔(せいたい)明月(めいぐゑつ)、閑地(かんち)に多(おほ)し。
比屋(ひをく)の疲人(ひじん)、處居(しょきょ)無(な)し。

C: 푸른 이끼와 밝은 달은 한적한 땅에 많고, 다닥다닥 붙어 있는 집에
사는 지친 사람들은 거처가 없네.

A: 憶昔平陽宅初置, 呑併平人幾家地.

B: 憶昔(むかし)[88]平陽(へいやう)の宅(たく)の、初(はじ)めて置
(お)いしとき、平人(へいじん)幾(いくばく)の家(いへ)の地(ち)
をか呑(の)み併(あは)せたる。

C: 옛날 평양공주의 저택을 처음 지었을 때 평민들은 얼마나 많은 집
을 빼앗겼을까?

---

88 좌훈으로「ソノカミ」(そのかみ)라고 적혀 있다.

A: 仙去雙雙作梵宮. 漸恐人閒盡爲寺.

B: 仙(せん)去(さ)り、雙(なら)び雙(なら)んで、梵宮(ぼむきう)と
作(な)りぬ。漸(やうや)く[89]恐(おそ)る、人閒(じんかん)の盡
(ことごと)く[90]寺(てら)と爲(な)らんことを。

C: 신선이 떠나고[두 공주님이 죽고나서] 잇달아 절이 되었다네. 장
차 두려운 것은 인간 세상이 모두 절이 되어 버리는 것이라네.

〈해설〉

· 借問(차문): 물어 보다.

· 貞元(정원): 당나라 덕종(德宗) 이괄(李适) 치세의 연호. 785-804년.

· 雙帝子(쌍제자): 두 명의 공주. 제자는 황제의 자녀. 그 중에서도 딸
을 말한다.

· 吹簫(취소)·得仙(득선): 득선(得仙)이란 공주의 훙거(薨去)를 말한다.
취소(吹簫)는 소사(簫史)·농왕(弄王)의 고사에서 온 말이다. 진(秦)나라
목공 때 소사라는 자가 통소를 잘 불어서 공작과 백학이 뜰로 날아들
었다. 목공의 딸 농옥(弄玉)이 소사를 좋아하여 목공은 농옥을 소사
의 아내로 삼았다. 소사가 아내에게 통소를 가르친 지 수년만에 봉
황이 날아와 지붕에 머물렀다. 그래서 목공이 봉대(鳳臺)를 지었는데
소사와 농옥은 거기에서 머물며 내려오지 않다가 하루는 함께 봉황
을 따라 어디론가 날아갔다. 이와 같은 이야기가 『열선전(列仙傳)』에
보인다.

· 五雲(오운): 오색의 구름.

---

89 좌훈으로 「ヤヽ」(やや)라고 적혀 있다.
90 좌훈으로 「クニ」(ことごとくに)라고 적혀 있다.

- 飄飆(표요): 훨훨. 뭉게뭉게.

- 第宅(제택): 저택(邸宅).

- 粧閣(장각): 화장하는 방. 두 공주가 살던 곳.

- 妓樓(기루): 기녀용 숙소.

- 悄悄(초초): 쓸쓸한 모양.

- 歌吹(가취)·鍾磬(종경): 가취(歌吹)는 살아생전, 종경(鍾磬)은 사후 절이 되고 나서의 일을 말한다.

- 榜(방): 팻말을 세움.

- 尼院(이원): 여승들만 거처하면서 수도하는 절.

- 比屋(비옥): 많은 집들이 처마를 잇대고 나란히 서 있다.

- 平陽(평양): 평양공주. 한나라 무제의 누나. 이를 빌어서 두 공주를 가리킨 것이다.

- 平人(평인): 평민.

- 仙去(선거): 훙거(薨去). 훙거는 왕이나 왕족, 귀족 등의 죽음을 높여 이르는 말이다.

- 梵宮(범궁): 절.

25. 서량기(西涼伎)

A: 西涼伎○刺封疆之臣也

B: 西涼伎(せいりゃうき)○封疆(ほうきゃう)の臣(しん)を刺(そし)れり。

C: 서량기(西涼伎)○ 변방을 수비하는 신하를 비판하였다.

⟨해설⟩

· 西涼伎(서량기): 당시에 장안에서 유행하던 서량(西涼)에서 전래된 사자춤. 서량은 지금의 감숙성(甘蕭省) 양주(涼州). 기(伎)는 가면극, 음악과 곁들인 춤을 말한다. 늙은 병사의 말을 빌려 변방을 지키는 장군들이 본래의 직분을 망각한 채 서량에서 전래된 춤에 흥취한 모습을 비판한 시이다.

A: 西涼伎, 假面胡人假獅子.

B: 西涼伎(せいりゃうき)、面(おもて)を胡人(こじん)に假(か)りて、獅子(しし)を假(か)れり。

C: 서량기(西涼伎)는 오랑캐 탈을 쓰고 사자를 흉내내는 것이라네.

A: 刻木爲頭絲作尾. 金鍍眼睛銀帖齒.

B: 木(き)を刻(きざ)みて頭(かうべ)と爲(な)し、絲(いと)を尾(を)と作(な)せり。金(こがね)をもって眼睛(がんせい)に鍍(ちりば)め、銀(しろがね)をもって齒(は)を帖(たた)めり。

C: 나무를 깎아 머리를 만들고 실로 꼬리를 만들었네. 금으로 눈동자를 도금하고 은으로 이를 붙여 넣었다네.

A: 奮迅毛衣擺雙耳, 如從流沙來萬里.

B: 毛衣(まうい)を奮迅(ふんじん)して、雙(なら)べる耳(みみ)を擺(うちはら)ふ。流沙(りうさ)より萬里(ばんり)に來(きた)るが如(ごと)し。

C: 털옷을 세차게 털고 양쪽 귀를 흔드는데 (그 모습은) 유사(流沙)에서 만 리 길을 온 듯하네.

A: 紫髯深目兩胡兒, 鼓舞跳梁前致辭.

B: 紫(むらさき)の髯(ひげ)、深(ふか)き目(め)ある兩(ふた)りの胡兒(こじ)、鼓舞(こぶ)跳梁(てうりゃう)として、前(すす)んで辭(ことば)を致(いた)す。

C: 붉은 수염과 푹 파인 눈을 가진 두 명의 오랑캐가 북소리에 맞추어 춤을 추며 펄쩍 뛰어 앞에 나와 말씀을 아뢰네.

A: 應似涼州未陷日, 安西都護進來時.

B: 應(まさ)に涼州(りゃうしう)の、未(いま)だ陷(おちい)らざる日(ひ)に似(に)たるべし。安西(あんせい)の都護(とご)の進(すす)み來(きた)る時(とき)。

C: "마치 양주(涼州)가 아직 함락되지 않았던 날과 같습니다. 안서도호(安西都護) 나리가 (탈을) 헌상해 오셨을 때처럼 말입니다."

A: 須臾云得新消息. 安西路絕歸不得.

B: 須臾(しゆゆ)に⁹¹云(ここ)に⁹²新(あら)たなる消息(せうそく)⁹³を得(え)たり。安西(あんせい)の路(みち)絕(た)えて、歸(かへ)ること得(え)ず。

C: 잠시 후 새로운 소식을 들었다며 아뢰네. "안서도호부로 가는 길이 끊어져 돌아가지 못합니다."

A: 泣向獅子涕雙垂. 涼州陷沒知不知.

B: 泣(な)きて獅子(しし)に向(む)かひて、涕(なみだ)雙(なら)び垂(た)る。涼州(りゃうしう)の陷沒(かむぼつ)せること⁹⁴、知(し)るや知(し)らずや。

C: 사자를 바라보고 눈물을 흘리며 말하네. "양주의 함락을 아느냐 모르느냐?"

A: 獅子回頭向西望. 哀吼一聲觀者悲.

B: 獅子(しし)頭(かうべ)を回(めぐ)らして、西(にし)に向(む)かひて望(のぞ)む。哀(かな)しび吼(ほ)ゆること、一聲(ひとこゑ)、觀(み)る者(もの)悲(かな)しぶ。

C: 사자는 머리를 돌려 서쪽을 바라보며 슬프게 한 소리 울어대니 보는 이가 슬퍼하네.

---

91 좌훈으로 「シテ」(しゆゆにして)라고 적혀있다.
92 좌훈으로 「イハク」(いはく)라고 적혀있다.
93 좌훈으로 「アリサマ」(ありさま)라고 적혀있다.
94 좌훈으로 「コトヲ」(かんぼつせることを)라고 적혀있다.

A: 貞元邊將愛此曲. 醉坐笑看看不足.

B: 貞元(ぢゃうぐゑん)の邊將(へんしゃう)、此(こ)の曲(きょく)を愛(あい)して、醉(ゑ)ひ坐(ゐ)て笑(わら)ひ看(み)るに、看(み)れども足(た)らず。

C: 정원(貞元) 연간에 변방의 장수들이 이 곡을 좋아하여, 술에 취해 웃으면서 보고 또 봐도 부족하다 하였네.

A: 享賓犒士宴三軍. 獅子胡兒長在目.

B: 賓(ひん)を享(きゃう)し、士(し)を犒(ねぎら)へて、三軍(さむぐん)に宴(ゑん)す。獅子(しし)胡兒(こじ)、長(なが)く目(まのあたり)に在(あ)り。

C: 연회를 열어 병사를 위무하고 삼군에게 연회를 베풀었다네. 사자와 오랑캐가 오래도록 공연되었다네.

A: 有一征夫年七十. 見弄涼州低面泣.

B: 一(ひと)りの征夫(せいふ)、年(とし)七十(しちじふ)なる有(あ)り。涼州(りゃうしう)を弄(ろう)するを見(み)、面(おもて)を低(た)れて泣(な)く。

C: 일흔 살의 한 참전 병사가 양주 무곡을 보고 고개를 떨구고 흐느끼네.

A: 泣罷斂手白將軍. 主憂臣辱昔所聞.

B: 泣(な)くこと罷(や)んで、手(て)を斂(をさ)めて將軍(しゃうぐん)に白(まう)す。主(しゅ)憂(うれ)ふるときに臣(しん)辱(はづ

かし)めらるること、昔(むかし)も聞(き)く所(ところ)なり。

C: 눈물을 멈추고 두 손을 모아 공손하게 장군에게 아뢰네. "주군에게 근심이 있으면 신하들도 치욕을 당한 것이 된다는 말을 예전에도 들은 바 있습니다.

A: 自從天寶兵戈起, 犬戎日夜吞西鄙.

B: 天寶(てんぽう)に兵戈(へいくゎ)の起(お)こりしより、犬戎(けんじう)日(ひる)夜(よる)西鄙(せいひ)を呑(の)む。

C: 천보 연간에 안록산의 난이 일어난 이후로는, 토번이 밤낮으로 서쪽 변경을 집어삼켰습니다.

A: 涼州陷來四十年, 河隴侵將七千里.

B: 涼州(りゃうしう)陷(お)ちてより四十年(しじふねん)、河隴(かりょう)侵(をか)し將(もち)て七千里(しちせんり)。

C: 양주가 함락된 지 사십 년, 하서(河西)와 농우(隴右)는 칠천 리에 걸쳐 침략당하였습니다.

A: 平時安西萬里疆. 今日邊防在鳳翔.

B: 平時(へいじ)には安西(あんせい)萬里(ばんり)疆(きは)まれり。今日(けふ)の邊防(へんばう)は鳳翔(ほうしゃう)に在(あ)り。

C: 평화로웠을 때에는 안서도호부가 (장안에서) 만 리나 떨어진 변경이었는데, 오늘날의 변경 방어선은 (장안에서 멀지 않은) 봉상(鳳翔)에 있습니다.

a: 平時開遠門, 外立堠云, 去安西九千九百里.

b: 平時(へいじ)遠門(ゑんもん)を開(ひら)きて、外(そと)に堠(こう)を立(た)てて云(い)はく、安西(あんせい)を去(さ)ること九千(きうせん)九百里(きうひゃくり)。

c: 평화로웠을 때에 원문(遠門)을 열고 밖에 흙성을 세우고 말하기를, 안서도호부는 (여기서) 구천 구백 리 떨어져 있다고 하였다.

a: 以示戍人, 不爲萬里行. 其實就盈數也.

b: 以(もち)て戍人(しうじん)に示(しめ)して、萬里行(ばんりかう)を爲(せ)しめず。其(そ)の實(じつ)、就(すなは)ち數(かず)に盈(み)つ。

c: 이를 성을 지키는 사람에게 보여 (사람들을) 만 리 밖으로 나가지 못하게 하였는데, (만 리 밖으로 나가지 못한 사람은) 실로 많은 수에 이르렀다.

a: 今蕃漢使往來, 悉在隴州交易.

b: 今(いま)蕃漢(ばんかん)往來(わうらい)をして、悉(ことごと)く隴州(りょうしう)に在(あ)りて交易(かうえき)せしむ。

c: 오늘날에는 토번과 중화를 왕래하는 자로 하여금 모두 농주(隴州)에서 교역하게 한다.

A: 緣邊空屯十萬卒. 飽食溫衣閑過日.

B: 緣邊(えんぺん)には、空(むな)しく十萬(じふまん)の卒(そつ)を屯(とん)す。飽(あ)くまで食(くら)ひ、溫(あたた)かに衣(き)

て、閑(しづ)かに日(ひ)を過(す)ごす。

C: 변경에는 헛되이 십만의 병사를 주둔시켜 물릴 때까지 먹고 따뜻하게 입고 한가로운 나날을 보내고 있습니다.

A: 遺民腸斷在涼州. 將卒相看無意收.

B: 遺民(ゐみん)腸(はらわた)斷(た)ちて、涼州(りゃうしう)に在(あ)り。將卒(しゃうそつ)相(あ)ひ看(み)て、收(をさ)むること意(こころ)無(な)し。

C: (양주에) 남겨진 백성들은 애끓으며 살고 있는데, 장수와 병졸은 서로 마주볼 뿐 (빼앗긴 땅을) 되찾을 마음이 없습니다.

A: 天子每思常痛惜. 將軍欲說合慙羞.

B: 天子(てんし)每(つね)に思(おも)ひて、常(つね)に痛惜(つうせき)す。將軍(しゃうぐん)說(と)かんと欲(ほっ)して慙(は)ぢ羞(は)づべし。

C: 천자는 항상 이 생각으로 마음이 아프시니, 변방의 장군들은 (국경 방비에 대해) 말하려고 하면 부끄럽겠지요.

A: 奈何仍看西涼伎, 取笑資歡無所愧.

B: 奈何(いかん)ぞ仍(しき)りには西涼(せいりゃう)の伎(き)を看(み)、笑(わら)ひを取(と)り、歡(よろこ)びを資(と)りて、愧(は)づる所(ところ)無(な)き。

C: 어찌하여 주야장천 서량의 사자춤을 보고, 웃음과 즐거움으로 삼아 부끄러운 줄을 모르는 것일까요?

A: 縱無智力未能收, 忍取西涼弄爲戲.

B: 縱(たと)ひ智力(ちりょく)無(な)くして、未(いま)だ收(をさ)むること能(あた)はざれども、西涼(せいりゃう)を取(と)りて、弄(もてあそ)んで戲(たはぶ)れと爲(す)るに忍(しの)びんや。

C: 아무리 지혜와 능력이 없어 (빼앗긴 땅을) 찾아올 수 없기로서니 서량의 춤을 재미삼아 즐기는 것이 될 말입니까?"

〈해설〉

· 假獅子(가사자): 사자 가면.

· 奮迅(분신): 재빠르게 떨쳐 날다.

· 流沙(유사): 감숙성 돈황(敦煌) 서쪽 사막.

· 紫髥深目(자염심목): 붉은 수염에 움푹 패인 눈. 가면의 모양을 묘사한 것이다.

· 鼓舞(고무): 북소리에 따라 춤추다.

· 跳梁(도량): 뛰어 오르다.

· 安西都護(안서도호): 오늘날 신강(新疆) 위구르 자치구 고차(庫車)에 설치되었던 안서도호부(安西都護府)의 장관.

· 三軍(삼군): 전군(全軍).

· 在目(재목): 공연되는 연목에 올려 상연함.

· 斂手(염수): 두 손을 공손히 모으다. 윗사람에 대한 공손한 동작이다.

· 主憂臣辱(주우신욕): 주인에게 근심이 있으면 신하까지 치욕을 당한 기분이 되지 않으면 안 된다. 『사기(史記)』「월세가(越世家)」에 「주군에게 근심이 있으면 신하는 수고를 다하고 주군이 치욕을 당하면 신

하는 죽는다(主憂臣勞, 主辱臣死)」라는 어구가 보인다.

· 天寶兵戈(천보병과): 천보 14~15년(755~756)에 있었던 안록산의 난
  을 가리킨다.

· 犬戎(견융): 토번[티벳]을 가리킨다.

· 西鄙(서비): 서쪽 변방.

· 涼州陷來四十年(양주함래사십년): 양주는 대종(代宗) 광덕(廣德) 2년
  (764), 대력(大曆) 원년(766), 11년(776) 등 여러 차례에 걸쳐 토번[티
  벳]에 함락되었다. 〈신악부〉가 읊어진 원화 4년(809)은 광덕 2년으로
  부터 45년 후이다.

· 河隴(하롱): 감숙성 서쪽 일대를 부르는 말. 하서(河西)와 농우(隴右)
  일곽.

· 侵將(침장): 침략을 당하다. 「將」은 동사에 붙어서 동작상태의 지속
  을 나타내는 조자.

· 鳳翔(봉상): 섬서성 기산(岐山) 서쪽의 지명. 장안에서 약 150킬로미
  터 떨어져 있다.

26. 팔준도(八駿圖)

A: 八駿圖○戒奇物懲佚遊也.

B: 八駿圖(はちしゅんづ)○奇物(きぶつ)を戒(いまし)め、佚遊(いついう)を懲(こ)らす。

C: 팔준도(八駿圖)○ 기이한 물건을 경계하고 안일한 놀이를 꾸짖다.

〈해설〉

· 八駿圖(팔준도): 팔준(八駿)은 주나라 목왕(穆王)이 즐겨 탄 여덟 마리의 준마로, 팔준도는 이를 그린 그림을 말한다. 백거이는 이 시를 지어 천자가 정치를 소홀히 하며 진기한 물건을 탐하고 방탕하게 노는 것을 경계하였다.

A: 穆王八駿天馬駒, 後人愛之寫爲圖.

B: 穆王(ぼくわう)、八駿(はちしゅん)の天馬(てんば)の駒(こま)、後(のち)の人(ひと)之(これ)を愛(あい)して、寫(うつ)して圖(づ)と爲(な)す。

C: 목왕의 팔준마(八駿馬)는 천하의 명마로, 후인들이 좋아하여 그림으로 그렸네.

A: 背如龍兮頸如象. 骨竦筋高肌肉壯.

B: 背(せ)は龍(りう)の如(ごと)く、頸(くび)は象(ざう)の如(ごと)し。骨(ほね)竦(あ)がり、筋(すぢ)高(たか)うして、肌肉(きに

く)壯(さか)んなり。

C: 키는 용과 같고, 목은 코끼리와 같네. 뼈는 솟았고 힘줄은 크며 근육은 튼튼하네.

A: 日行萬里速如飛. 穆王獨乘何所之.

B: 日(ひ)に行(ゆ)くこと萬里(ばんり)、速(と)いこと飛(と)ぶが如(ごと)し。穆王(ぼくわう)獨(ひと)り乘(の)りて、何(いづ)れの所(ところ)にか之(ゆ)いし。

C: 하루에 만 리를 가고 빠르기가 나는 듯하네. 목왕께서는 혼자 타고 어디에 갔던 것일까?

A: 四荒八極蹋欲遍. 三十二蹄無歇時.

B: 四荒(しくわう)八極(はちきょく)、蹋(ふ)んで遍(あまね)からんとす。三十二(さむじふに)の蹄(ひづめ)、歇(やす)む時(とき)無(な)し。

C: 사방 팔방 온 천지를 두루 다 밟으려 하네. 서른 두 개 말발굽이 쉴 새가 전혀 없네.

A: 屬車軸折趁不及. 黃屋草生棄若遺.

B: 屬車(ぞくしゃ)の軸(よこがみ)、折(を)れて趁(もと)むれども及(およ)ばず。黃屋(くわうをく)草(くさ)生(お)ひて、棄(を)れたること遺(わす)るるが若(ごと)し。

C: 수행마차의 축은 부려져 따라갈 수도 없고, 천자의 수레는 버려져 잊혀진 채 잡풀만 무성하네.

A: 瑤池西赴王母宴. 七廟經年不親薦.

B: 瑤池(えうち)には西(にし)のかた、王母(わうぼ)を赴(おもむ)き
て宴(ゑん)す。七廟(しちべう)には年(とし)經(ふ)れども、親
(した)しく薦(すす)めず。

C: 서쪽 요지(瑤池) 서왕모(西王母)의 잔치에는 가면서도, 몇 년이 지나
도록 칠대 종묘 친제(親祭)를 안 올리네.

A: 璧臺南與盛姬遊. 明堂不復朝諸侯.

B: 璧臺(へきだい)には南(みなみ)のかた、盛姬(せいき)と遊(あそ)
ぶ。明堂(めいだう)には復(ま)た諸侯(しょこう)を朝(てう)せし
めず。

C: 중벽대(重璧臺)로 남하하여 성희(盛姬)와 노니면서, (정무를 보는)
명당(明堂)에서는 제후들과 조회를 하지 않네.

A: 白雲黃竹歌聲動. 一人荒樂萬人愁.

B: 白雲(はくうん)黃竹(くゎうちく)、歌(うた)の聲(こゑ)動(うご)
く。一人(いちにん)荒樂(くゎうらく)して、萬人(ばんにん)愁
(うれ)ふ。

C: 백운가(白雲歌), 황죽가(黃竹歌) 노랫소리 울리네. 한 사람의 향락에
만인이 근심하네.

A: 周從后稷至文武, 積德累功世勤苦.

B: 周(しう)、后稷(こうしょく)より文武(ぶんぶ)に至(いた)るま
で、德(とく)を積(つ)み、功(こう)を累(かさ)ねて、世(よよ)勤

苦(きんく)す。

C: 주 왕조는 시조 후직(后稷)으로부터 문왕·무왕에 이르기까지 덕을 쌓고 공을 쌓아 대대로 힘썼네.

A: 豈知纔及四代孫, 心輕王業如灰土.

B: 豈(あ)に知(し)りけんや、纔(わづ)かに四代(しだい)の孫(まご)に及(およ)びて、心(こころ)に王業(わうげふ)を輕(かろ)んずること、灰土(くゎいと)の如(ごと)くせんことを。

C: 어찌 알았겠는가, 겨우 4대손에 이르러 마음으로 왕업을 가벼이 여기기를 잿더미와 같이 할 것을.

A: 由來尤物不在大. 能蕩君心則爲害.

B: 由來(もとより)尤(けやけ)き物(もの)、大(だい)に在(あ)らず。能(よ)く君(きみ)の心(こころ)を蕩(とら)かして、則(すなは)ち害(がい)を爲(な)す。

C: 본래부터 기물(奇物)이란 크기에 관계없이 임금의 넋을 빼앗으면 곧 해가 되네.

A: 文帝却之不肯乘, 千里馬去漢道興.

B: 文帝(ぶんてい)、之(これ)を却(しりぞ)け、肯(あ)へて乘(の)らざりしかば、千里(せんり)の馬(うま)去(さ)りて、漢(かん)の道(みち)興(おこ)れり。

C: (한나라) 문제는 이것을 물리쳐 전혀 타지 않았네. 천리마가 떠나가자 한나라는 흥했다네.

A: 穆王得之不爲戒, 八駿駒來周室壞.

B: 穆王(ぼくわう)之(これ)を得(え)て、戒(いまし)めと爲(せ)ざり
しかば、八駿(はちしゅん)の駒(こま)來(きた)りて、周室(しう
しつ)壞(やぶ)れり。

C: 목왕은 이것을 얻어서 경계로 삼지 아니하니, 팔준마가 오고 나서
주나라 왕실은 쇠퇴했다네.

A: 至今此物世稱珍. 不知, 房星之精下爲怪,

B: 今(いま)に至(いた)りて、此(こ)の物(もの)世(よよ)珍(ちん)と
稱(しょう)す。知(し)らずや、房星(ばうせい)の精(せい)の[95]下
(くだ)りて、怪(くゎい)を爲(な)さんことを。

C: 지금에 이르러 이 물건이 세상의 진귀한 물건으로 칭해지네. 모르
는가, 방성(房星)의 정령이 내려와서 해괴한 일을 벌인 것을.

A: 八駿圖, 君莫愛.

B: 八駿(はちしゅん)の圖(づ)、君(きみ)愛(あい)すること莫(な)か
れ。

C: 팔준도, 그대는 좋아하지 말지어다.

〈해설〉

· 天馬(천마): 천마는 한나라 무제(武帝)가 대완국(大宛國), 즉 지금의 러
시아 펠가아나에서 수입한 명마를 말한다.

· 屬車(속차): 수행하는 수레.

---

95 좌훈으로「タマシヒノ」(たましひの)라고 적혀 있다.

- 趁不及(진불급): 따라붙을 수 없음.
- 黃屋(황옥): 천자의 수레. 포장의 안쪽 면에 황색의 얇은 명주를 친다.
- 瑤池(요지): 연못의 이름. 선녀 서왕모(西王母)의 거처인 곤륜산(崑崙山)에 있다고 한다.
- 七廟(칠묘): 천자의 조상 7대의 종묘.
- 親薦(친천): 천자가 몸소 제물을 헌상함. 친제(親祭)를 말한다.
- 璧臺(벽대): 주나라 목왕이 지은 호화로운 궁전으로 중벽대(重璧臺)라고도 한다.
- 盛姬(성희): 성백(盛伯)의 딸.
- 明堂(명당): 고대 제왕이 제사나 정무를 행하던 장소.
- 白雲(백운): 백운가(白雲歌). 주나라 목왕를 요지(瑤池)의 연회에 초청한 서왕모(西王母)가 부른 노래이다.
- 黃竹(황죽): 황죽가(黃竹歌). 주나라 목왕이 대한풍설(大寒風雪)에 추워하는 사람을 불쌍히 여겨 노래한 것이라고 전해진다.
- 荒樂(황락): 탐닉하여 즐김.
- 后稷(후직): 주 왕조의 시조.
- 文武(문무): 주 왕조의 창업 영웅인 문왕과 무왕.
- 四代孫(사대손): 주나라 목왕을 가리킨다.
- 尤物(우물): 보통 『좌전(左傳)』 「소공(昭公)」 38년 조에 등장하는 미인 하희(夏姬)를 지칭하지만, 여기서는 진기한 물건을 가리키기 위해 쓰였다.
- 蕩(탕): 녹이다. 황홀하게 하다. 도취하게 한다. 넋을 빼앗다.
- 文帝(문제): 한나라 문제. 문제가 한나라를 다스릴 때 천 리를 달리는 명마를 헌상하는 자가 있었으나 「짐이 천리마를 탄들, 홀로 먼저 어

디에 가리오(朕, 乘千里馬, 獨先何之)」라는 조서를 내리고 이를 돌려주

었다는 이야기가 『한서(漢書)』 「가연지전(賈捐之傳)」에 보인다.

· 漢道(한도): 한나라의 정도(政道).

· 房星(방성): 전갈자리. 거마(車馬)를 관장한다.

27. 간저송(澗底松)

A: 澗底松○念寒儁也.

B: 澗底松(かんていしょう)○寒儁(かんしゅん)を念(おも)ふ。

C: 간저송(澗底松)○ 어려운 처지에 있는 인재를 생각한다.

〈해설〉

· 澗底松(간저송): 골짜기 밑에서 자란 소나무. 세 글자는 진(晉)나라 좌사(左思)의 「영사시(詠思詩)」의 머릿구 「울울간저송(鬱鬱澗底松)」에서 취한 것이다. 주제도 두 시가 같다. 골짜기 아래와 같이 힘든 환경에서 자란 소나무가 쓸모 있는 재목이 되듯이, 비록 어려운 처지에 있더라도 뛰어난 인재일 수 있으니 그러한 인재를 정당하게 평가해야 함을 읊은 시이다.

· 寒儁(한준): 빈천한 처지에 있으나 뛰어난 인재.

A: 有松百尺大十圍. 生在澗底. 寒且卑.

B: 松(まつ)有(あ)り、百尺(ひゃくせき)大(ふと)さ十圍(じふゐ)。生(お)ひて澗(たに)の底(そこ)に在(あ)り。寒(さむ)くして且(か)つ卑(みじか)し。

C: 소나무가 있어 높이는 백 척이고 크기는 열 아름. 차고 낮은 골짜기 아래서 자라고 있네.

A: 澗深山險人路絕, 老死不逢工度之.

B: 澗(たに)深(ふか)く、山(やま)險(けは)しうして、人(ひと)の路(あと)絕(た)え、老(お)い死(か)るるまで、工(たくみ)の之(これ)を度(はか)るに逢(あ)はず。

C: 골짜기는 깊고 산은 험하여 사람의 자취가 끊어졌고, 나서 시들기까지 목공의 감정도 받지 못했네.

A: 天子明堂欠梁木. 此求彼有兩不知.

B: 天子(てんし)の明堂(めいだう)、梁木(りゃうぼく)を欠(か)けたり。此(ここ)に求(もと)め、彼(かしこ)に有(あ)りて、兩(ふた)つながら知(し)らず。

C: 천자 궁궐의 대들보감이 없었네. 여기서 구하는데 저기에 있어서 서로 알지 못하네.

A: 誰諭蒼蒼造物意. 但與之材不與地.

B: 誰(たれ)か蒼蒼(さうさう)たる造物(ざうぶつ)の意(こころ)を諭(さと)らん。但(た)だ之(これ)が材(ざい)のみを與(あた)へて、地(ち)を與(あた)へず。

C: 누가 푸른 하늘 조물주 뜻을 알리오. 단지 이것의 재목 가치를 주었을 뿐 쓰일 자리를 주지 않았네.

A: 金張世祿原憲貧. 牛衣寒賤貂蟬貴.

B: 金張(きむちゃう)は世(よよ)祿(ろく)せられ、原憲(ぐゑんけん)は貧(まづ)し。牛衣(ぎうい)は寒賤(かんせん)にして、貂蟬(てうせん)は貴(たふと)し。

C: 김일제와 장탕은 대대로 녹을 받았고, 원헌은 가난했네. 덕석은 비천하나 관 장식은 귀하네.

A: 貂蟬與牛衣, 高下雖有殊, 高者未必賢, 下者未必愚.

B: 貂蟬(てうせん)、牛衣(ぎうい)と高下(かうか)殊(こと)なること有(あ)りといへども、高(たか)き者(もの)未(いま)だ必(かなら)ずしも賢(けん)ならず、下(みじか)き者(もの)未(いま)だ必(かなら)ずしも愚(ぐ)ならず。

C: 관 장식은 덕석과 높고 낮음의 차이가 있다고는 하지만, 높은 것이 반드시 현명한 것은 아니며 낮은 것이 반드시 어리석은 것은 아니네.

A: 君不見, 沈沈海底生珊瑚, 歷歷天上種白楡.

B: 君(きみ)見(み)ずや、沈沈(ちむちむ)たる海底(かいてい)に、珊瑚(さんご)生(お)ひたり、歷歷(れきれき)たる天上(てんじゃう)に、白楡(はくゆ)を種(う)ゑたるを。

C: 그대는 보지 못했는가, 깊고 어두운 바다 속에 산호가 나고 높고 환한 하늘 위에 백유가 심어져 있는 것을.

〈해설〉

· 百尺(백척): 약 31미터.

· 工度之(공탁지): 목공이 나무의 감정을 하는 것을 말한다.

· 梁木(양목): 대들보에 쓰이는 재목.

· 此求彼有(차구피유): 차(此)는 천자, 피(彼)는 간저송(澗底松). 천자가

대들보에 쓸 좋은 재료를 찾고 있을 때, 골짜기 밑에 그것에 안성맞춤인 소나무가 자라고 있었다는 뜻이다.

· 蒼蒼造物(창창조물): 만물을 만든 하늘, 조물주를 말함. 창창(蒼蒼)은 하늘색.

· 材(재): 재목으로써의 값어치.

· 地(지): 지위.

· 金張世祿(김장세록): 김(金)은 한나라의 김일제(金日磾), 장(張)은 장탕(張湯). 두 사람 모두 자손 대대로 고관이 되었다.

· 原憲貧(원헌빈)·牛衣寒(우의한): 황헌현(黃憲賢)·우의한(牛醫寒)의 잘못이라고 보기도 한다. 황헌은 후한(後漢) 사람으로 집이 대대로 빈천하였고 아버지가 우의(牛醫)[소의 병을 치료하는 수의사]여서 경멸을 당했다는 이야기가 『후한서(後漢書)』 권53에 전한다.

· 牛衣(우의): 소에게 입히는 허술한 옷. 덕석.

· 貂蟬(초선): 시중(侍中), 상시(常侍) 등 천자의 시종이 쓰는 관에 붙여진 담비 꼬리와 매미 날개 모양의 장식.

· 沈沈(침침): 깊은 모양.

· 珊瑚(산호): 해저에 산호충에 의해 형성된 나무 모양의 보석 이름.

· 歷歷天上種白楡(역력천상종백유): 역력(歷歷)은 하나하나 분명한 모양. 백유(白楡)는 흰 느릅나무. 『악부시집(樂府詩集)』 권37 「농서행(隴西行)」에서 밤하늘의 별을 읊었는데, 「하늘 위에는 무엇이 있는가? 환하게 백유가 심어져 있네(天上何所有, 歷歷種白楡)」라고 하였다.

28. 모란방(牡丹芳)

A: 牡丹芳○美天子憂農也.

B: 牡丹芳(ぼたんはう)○天子(てんし)の農(のう)を憂(うれ)ふることを美(ほ)めたり。

C: 모란방(牡丹芳)○ 천자께서 농사를 염려하시는 것을 찬미하였다.

〈해설〉

· 牡丹芳(모란방): 모란은 늦봄에서 초여름에 피는 꽃. 당시 모란꽃 감상이 성행하던 것을 노래하면서, 소박한 농업의 장래를 근심하는 헌종 황제를 찬미한 시. 당시에 모란꽃을 감상하는 것이 과도하게 유행하던 것을 풍자하였다.

A: 牡丹芳, 牡丹芳. 黃金蘂綻紅玉房.

B: 牡丹芳(ぼたんはう)、牡丹芳(ぼたんはう)。黃金(わうごむ)の蘂(しべ)綻(ほころ)びて、紅玉(こうぎょく)の房(ふさ)あり。

C: 모란방(牡丹芳), 모란방. 황금 같은 꽃술이 터지고 홍옥 같은 꽃송이가 있네.

A: 千片赤英霞爛爛. 百枝絳[96]點燈煌煌.

B: 千片(せんぺん)の赤英(せきえい)、霞(かすみ)爛爛(らんらん)たり。百枝(ひゃくし)の絳點(かうてむ)、燈(ともしび)煌煌(くゎ

---

96 원문의 자체「絳」은「縫」의 이체자이다. 그러나 의미상「絳」을 잘못 쓴 것으로 보인다. B 이하에서는 이에 따랐다.

うくゎう)たり。

C: 천 조각의 붉은 꽃잎은 아지랑이처럼 빛나고, 백 갈래의 붉은 빛깔
은 등불처럼 빛나네.

A: 照地初開錦繡段. 當風不結蘭麝囊.

B: 地(ち)を照(て)らして初(はじ)めて錦繡(きむしう)の段(はし)を
開(ひら)けり。風(かぜ)に當(あ)たりて、蘭麝(らんじゃ)の囊
(ふくろ)を結(むす)ばず。

C: 땅을 비추니 비로소 수놓은 비단을 펼친 듯하고, 바람이 닿으니 향
기로운 난사(蘭麝) 주머니를 묶지 않은 듯하네.

A: 仙人琪樹白無色. 王母桃花小不香.

B: 仙人(せんにん)琪樹(きじゅ)は白(しろ)くして[97]色(いろ)無(な)
し。王母(わうぼ)が桃花(たうくゎ)は、小(せう)なれども香(か
ほ)らず。

C: (이에 비한다면) 신선의 옥 나무는 희고 빛깔이 없으며, 서왕모(西
王母)의 복사꽃은 작고 향기가 없다고 할 것이라네.

A: 曉露輕盈汎紫艶. 朝陽照耀生紅光.

B: 曉(あかつき)の露(つゆ)、輕(かろ)く盈(み)ちて紫艶(しゑむ)を
汎(う)かべ、朝(あした)の陽(ひ)、照耀(せうえう)して紅光(こ
うくゎう)を生(しゃう)ず。

C: 새벽이슬은 가볍게 차올라 보랏빛 광택이 감돌고, 아침 햇살은 빛

---

97 좌훈으로 「スサマシフメ」(すさまじうして)라고 적혀 있다.

나서 붉은 광채를 이루네.

A: 紅紫二色閒深淺. 向背萬態隨低昂.

B: 紅紫(こうし)の二(ふた)つの色(いろ)、深淺(しむせん)を閒(まじ)へたり。向背(かうはい)萬(よろづ)の態(わざ)、低昂(ていかう)に隨(したが)ふ。

C: 붉은 빛과 보랏빛 두 빛깔은 깊고 얕게 어우러졌다. 방향 따라 높고 낮음에 따라 여러 가지 자태.

A: 映葉多情隱羞面. 臥叢無力含醉粧.

B: 映(えい)せる葉(は)情(なさ)け多(おほ)くして、羞(は)ぢたる面(おも)を隱(かく)せり。臥叢(ぐゎそう)力(ちから)無(な)くして、醉(くだ)ける粧(よそほ)ひを含(ふく)めり。

C: 비춰지는 잎사귀는 다정하여 부끄러운 얼굴을 감추었고, 꽃무더기는 힘없이 늘어진 꾸밈새를 머금었네.

A: 低嬌笑容疑掩口. 凝思怨人如斷腸.

B: 嬌(こび)を低(た)れたる笑容(せうよう)は、口(くち)を掩(おほ)へるかと疑(うたが)ふ。思(おも)ひを凝(ぎょう)せる怨(うら)みある人(ひと)は、腸(はらわた)を斷(た)つが如(ごと)し。

C: 교태를 부리며 웃는 모습은 입을 가린 듯하고, 생각에 사무친 원한 맺힌 사람이 애끓는 (마음으로 연인을 원망하는) 듯하네.

A: 穠姿貴彩信奇絕. 雜卉亂花無比方.

B: 穠姿(ぢょうし)貴彩(くゐさい)、信(まこと)に奇絶(きぜつ)なり。雜卉(ざっくゐ)亂花(らんくゎ)、比(くら)ぶる方(かた)無(な)し。

C: 아리따운 자태와 귀한 광채는 참으로 기이하고 절묘하여, 갖은 꽃들이 비할 바가 아니라네.

A: 石竹金錢何細碎, 芙蓉芍藥苦尋常.

B: 石竹(せきちく)金錢(きむせん)、何(なん)ぞ細碎(くだくだ)しき[98]。芙蓉(ふよう)芍藥(しゃくやく)、苦(はなは)だ尋常(とことは)なり。

C: 석죽화(石竹花)와 금전화(金錢花)는 얼마나 초라한가. 부용과 작약은 너무나 평범하다네.

A: 遂使王公與卿士, 遊花冠蓋日相望.

B: 遂(つひ)に王公(わうこう)と卿士(けいし)とをして、花(はな)に遊(あそ)ぶ冠蓋(くゎんがい)、日(ひ)に相(あ)ひ望(のぞ)ましむ。

C: 마침내 왕공(王公)과 경사(卿士)들로 하여금 관모 쓰고 수레 타고 날마다 꽃구경하게 만든다네.

A: 庫車軟轝貴公主, 香衫細馬豪家郎.

B: 庫車(ひしゃ)軟轝(なんよ)の貴公主(くゐこうしゅ)、香衫(かうさむ)細馬(さいば)豪家(がうか)の郎(らう)。

---

98 좌훈으로 「ナル」(さいさいなる)라고 적혀 있다.

C: 낮고 푹신한 수레에 타신 공주님, 향기로운 옷을 입고 작은 말을 타신 부잣집 도련님.

A: 衛公宅靜閉東院. 西明寺深開北廊.

B: 衛公宅(ゑいこうたく)靜(しづ)かにして東院(とうゐん)を閉(と)ぢたり。西明寺(さいみゃうじ)⁹⁹深(ふか)くして北廊(ほくらう)を開(ひら)けり。

C: 위국공(衛國公) 댁은 (꽃구경으로 집이 비어) 고요하며 사랑채는 문이 닫혀 있고, 서명사(西明寺)는 깊숙한데 북쪽 회랑은 열려 있네.

A: 戲蝶雙舞看人久. 殘鶯一聲春日長.

B: 戲(たはぶ)るる蝶(てふ)、雙(ふた)つ舞(ま)ひて、看(み)る人(ひと)久(ひさ)し。殘(のこ)んの鶯(うぐひす)一聲(いっせい)して、春(はる)の日(ひ)長(なが)し。

C: 두 마리 나비는 노니며 춤추고 사람들은 오래도록 바라본다네. 남겨진 꾀꼬리는 지저귀고 봄날은 길기만 하네.

A: 共愁日照芳難駐. 仍張帷幕垂陰涼.

B: 共(とも)に愁(うれ)ふらくは、日(ひ)の照(て)らして芳(かうば)しきことの駐(とど)め難(がた)きことを。仍(な)ほ帷幕(ゐばく)を張(は)りて、陰涼(いむりゃう)を垂(た)る。

C: 모두 근심하기를 햇살이 내리쬐어 이 향기로운 것을 붙들어 두기 어려울까 하여 장막을 쳐서 서늘한 그늘을 드리웠다네.

---

99 「西」에「セイ」라고 가점되어 있으나 이것은 한음(漢音)이다. 불교 관련 단어는 오음(吳音)으로 읽는 것이 일반적이므로 여기서도 오음으로 읽었다.

A: 花開花落二十日, 一城之人皆若狂.

B: 花(はな)開(ひら)き、花(はな)落(お)つること二十日(にじふにち)、一城(いちじゃう)の人(ひと)、皆(みな)狂(たふ)れたるが若(ごと)し。

C: 꽃이 피고 꽃이 지는 스무날 동안 성 안 사람들은 모두 미치광이들 같네.

A: 三代以還文勝質. 人心重華不重實.

B: 三代(さむだい)より以還(このかた)、文(ぶん)質(しつ)に勝(か)てり。人(ひと)の心(こころ)、華(くゎ)を重(おも)んじて、實(じつ)を重(おも)んぜず。

C: 하·은·주 삼대 이래로 화려함이 질박함을 압도하여, 사람들의 마음은 (외면의) 화려함을 중히 여기고 (내면의) 본질은 중히 여기지 않는다네.

A: 重華直至牡丹芳, 其來有漸非今日.

B: 華(くゎ)を重(おも)んずることは、直(ただ)ちに牡丹芳(ぼたんはう)に至(いた)れり、其(そ)の來(きた)ること漸(ぜむ)有(あ)り、今日(こむにち)のみにあらず。

C: 화려한 것을 중히 여기는 마음이 곧 모란의 향기로움에 이르렀는데, 그것은 점차 그러해 온 것이지 오늘날만의 일이 아니라네.

A: 元和天子憂農桑. 恤下動天天降祥.

B: 元和(ぐゑんわ)の天子(てんし)、農桑(のうさう)を憂(うれ)ひた

まふ。下(しも)を恤(めぐ)み天(てん)を動(うご)かせば、天(てん)祥(しゃう)を降(くだ)す。

C: 원화(元和) 연간의 헌종 황제께서는 농업을 근심하시었네. 백성들을 긍휼히 여기시어 하늘을 움직이시니 이에 하늘이 상서로운 징조를 내리셨네.

A: 去歳嘉禾生九穗, 田中寂寞無人至.

B: 去(いん)じ歳(とし)嘉禾(かくゎ)、九穗(きうすい)を生(な)せれども、田中(でんちう)寂寞(せきばく)として人(ひと)の至(いた)れる無(な)し。

C: 지난해에 좋은 벼가 아홉 이삭을 내는 상서로운 징조가 나타났지만, 밭은 적막하고 사람들의 발길은 없었다네.

A: 今年瑞麥分兩岐. 君心獨喜無人知.

B: 今年(ことし)の瑞麥(ずいばく)、兩岐(りゃうき)を分(わか)てり。君(きみ)の心(こころ)のみ獨(ひと)り喜(よろこ)んで、人(ひと)の知(し)れる無(な)し。

C: 올해는 상서로운 보리 이삭이 둘로 갈라지니, 임금의 성심만이 홀로 즐겁고 사람들은 알지 못하네.

A: 無人知可歎息. 我願暫求造化力, 滅却牡丹妖艷色,

B: 人(ひと)の知(し)れる無(な)ければ、歎息(たんそく)すべし。我(われ)願(ねが)はくは、暫(あからさま)に造化力(ざうくゎりょく)を求(もと)めて、牡丹(ぼたん)妖艷(えうゑむ)の色(いろ)を

滅(おと)し却(しりぞ)け、

C: 아는 사람이 없으니 탄식할 만하네. 나는 바라건대 잠시 조물주의 힘을 빌려 모란의 요염한 빛깔을 바래게 하여,

A: 少廻卿士愛花心, 同似吾君憂稼穡.

B: 少(すこ)し卿士(けいし)の花(はな)を愛(あい)する心(こころ)を廻(めぐ)らして、同(おな)じく吾(わ)が君(きみ)、稼穡(かしょく)を憂(うれ)へたまふことを似(に)せしめん。

C: 조금이나마 경사들이 꽃을 사랑하는 마음을 돌려서, 우리 임금께서 농업을 걱정하시는 것을 본받게 할 수 있었으면 좋겠네.

〈해설〉

· 蘂(예): 꽃의 꽃술.

· 赤英(적영): 붉은 꽃잎.

· 霞爛爛(하란란): 「하(霞)」는 저녁노을. 「난란(爛爛)」은 밝게 빛나는 모양.

· 絳點(항점): 붉은 꽃의 빛깔.

· 煌煌(황황): 밝게 빛나는 모양.

· 蘭麝囊(난사낭): 향내가 나는 주머니.

· 琪樹(기수): 옥으로 된 나무.

· 王母(왕모): 서왕모(西王母). 천년에 한번 열매를 맺는 반도(蟠桃)가 있다고 전해진다.

· 輕盈(경영): 윤이 나는 모양.

· 隨低昂(수저앙): 어느 것은 낮게, 어느 것은 높게.

- 低嬌(저교): 아리따운 얼굴을 드리움.

- 穠姿(농자): 빛깔이 아주 짙고 아름다운 모습.

- 石竹(석죽)· 金錢(금전): 각각 풀과 꽃의 이름이다.

- 細碎(세쇄): 자그맣고 보잘것없어서 분쇄함.

- 遊花(유화): 꽃을 구경하며 노님.

- 冠蓋相望(관개상망): 귀인의 관과 수레의 포장이 서로 이어지는 모습.

- 庳車(비차): 낮은 수레.

- 貴公主(귀공주): 존귀한 황녀, 즉 천자의 딸을 가리킨다.

- 香衫(향삼): 향내를 쏘인 옷.

- 細馬(세마): 몸집이 작은 말.

- 豪家郞(호가랑): 부잣집 도령.

- 衞公(위공): 태종 황제의 신하이자 개국공신인 위국공(衛國公) 이정 (李靖).

- 東院(동원): 손님을 맞이하는 사랑채.

- 西明寺(서명사): 장안에서 모란꽃으로 유명하던 사찰.

- 三代(삼대): 하(夏)· 은(殷)· 주(周)를 가리킨다.

- 嘉禾生九穗(가화생구수): 좋은 벼가 한 줄기에서 아홉 이삭을 냄. 상 서로운 징조의 하나이다.

- 瑞麥分兩岐(서맥분량기): 보리의 줄기가 두 갈래로 나뉜다는 상서 로운 징조.

- 稼穡(가색): 농업.

29. 홍선담(紅線毯)

A: 紅線毯○憂蠶桑之費也.

B: 紅線毯(こうせんたむ)○蠶桑(さむさう)の費(つひ)えを憂(うれ)ふ。

C: 홍선담(紅線毯)○ 누에와 뽕나무의 낭비를 근심하였다.

〈해설〉

· 紅線毯(홍선담): 붉은 비단실로 짠 호화로운 깔개. 백거이는 이 시를 통해 사람들이 추위를 피하기 위한 옷을 만드는 데 쓰여야 할 귀중한 비단실이 호화스러운 깔개로 쓰임으로써 낭비되는 것을 경계하였다.

A: 紅線毯[吐敢切], 擇繭繰絲淸水煮. 揀絲練線紅藍染.

B: 紅線毯(こうせんたむ)、繭(まゆ)を擇(えら)び絲(いと)を繰(く)りて、淸水(せいすい)に煮(に)る。絲(いと)を揀(えら)び、線(いとすぢ)を練(ね)りて、紅藍(こうらむ)に染(そ)む。

C: 홍선담(紅線毯), 누에고치를 고르고 실을 뽑아내 맑은 물에 삶네. 실을 고르고 줄을 누여 붉은 꽃으로 물들이네.

A: 染爲紅線紅於藍. 織作披香殿上毯.

B: 染(そ)むこと紅線(こうせん)として、藍(あゐ)よりも紅(くれなゐ)なり。織(お)りて披香殿(ひかうでん)の上(うへ)の毯(かも)

と作(な)す。

C: 물들인 붉은 실은 붉은 꽃보다도 붉다네. 이를 짜서 피향전(披香殿) 위의 깔개로 쓴다네.

A: 披香殿廣十丈[100]餘. 紅線織成可殿鋪.

B: 披香殿(ひかうでん)の廣(ひろ)さ、十丈餘(じふぢゃうよ)。紅線(こうせん)織(お)り成(な)して、殿(でん)に鋪(し)きつべし。

C: 피향전의 넓이는 10장(丈) 남짓, 붉은 줄을 짜내어 피향전 위에 모두 펴놓을 수 있네.

A: 綵絲茸茸香拂拂. 線軟花虛不勝物.

B: 綵絲(さいし)茸茸(じょうじょう)として、香(かを)り拂拂(ふつふつ)たり。線(いとすぢ)軟(やは)らかに、花(はな)虛(うつ)けて物(もの)に勝(た)へず。

C: 비단실 나풀나풀 향이 물씬 나며, 자수(刺繡)는 부드럽고 꽃 모양은 은은하니 물건을 놓기에 적합하지 않네.

A: 美人蹋上歌舞來. 羅襪繡鞋隨步沒.

B: 美人(びじん)蹋(ふ)み上(のぼ)りて、歌(うた)ひ舞(ま)ひて來(きた)る。羅(うすもの)の襪(したんづ)[101]、繡(ぬひもの)の鞋(くつ)、步(あゆ)みに隨(したが)ひて沒(い)る。

C: (궁중의) 미인이 밟고 올라서 노래하고 춤추러 온다네. 얇은 버선,

---

100 「文」으로 잘못 판각하였다.
101 「したんづ」는 「したぐつ」의 이형태로 볼 수 있다. 그밖에 「したうづ」와 같은 이형태도 존재한다.

수놓은 신발이 걸음에 따라 파묻히네.

A: 太原毾㲪毛縷硬. 蜀都褥薄錦花冷.

B: 太原(たいぐゑん)の毾(かも)は澁(しは)くして[102]、㲪(にこげ)
の[103]縷(いとすぢ)は硬(あら)し。蜀都(しょくと)の褥(しとね)
は薄(うす)くして、錦(にしき)の花(はな)は冷(ひ)ややかな
り[104]。

C: 태원(太原)의 깔개는 수수하고 털실 가닥은 거치네. 촉도(蜀都)의 요
는 얇고, 비단 꽃은 차갑다네.

A: 不如此毾溫且柔. 年年十月來宣州.

B: 此(こ)の毾(かも)の溫(あたた)かにして、且(か)つ柔(やは)らか
なるに如(し)かず。年年(ねんねん)十月(じふぐゎつ)に宣州(せ
んしう)より來(きた)る。

C: (이들은 모두) 이 피향전 깔개의 따뜻하고 부드러운 것에는 미치지
못하네. (피향전 깔개는) 해마다 10월이면 선주(宣州)로부터 오네.

A: 宣城太守加樣織. 自謂爲臣能竭力.

B: 宣城(せんじゃう)の太守(たいしゅ)、樣(ため)しを加(くは)へて
織(お)らしめたり。自(みづか)ら謂(い)はく、臣(しん)として能
(よ)く力(ちから)を竭(つ)くせりと。

---

102 「しはし」는 '나무 따위가 휘어서 꺾기 어렵다, 질겨서 끊기 어렵다, 딱딱하다, 끈
질기다, 고집스럽다' 등의 의미로 일본 각지에서 쓰이는 단어이다.
103 좌훈으로 「グ」(こと)라고 적혀 있으나 어떤 독법을 상정한 가점인지 알기 어렵다.
104 좌훈으로 「マシ」(すさまし)라고 적혀 있다.

C: 선주성(宣州城)의 태수는 무늬를 넣어 짜게 한다네. 스스로 말하기를, 신하로서 있는 힘을 다했다 하네.

A: 百夫同擔進宮中. 線厚絲多卷不得.

B: 百夫(ひゃくふ)同(おな)じく擔(にな)うて、宮中(きうちう)に進(たてまつ)る。線(いとすぢ)厚(あつ)く、絲(いと)多(ふと)くして卷(ま)くこと得(え)ず。

C: 장정 100명이 함께 메고 가서 궁중에 진상하네. 줄은 두텁고 실은 굵어 말기도 어렵다네.

A: 宣城太守知不知. 一丈毯千兩絲.

B: 宣城(せんじゃう)の太守(たいしゅ)、知(し)るや知(し)らずや。一丈(いちぢゃう)の毯(かも)は千兩(せんりゃう)の絲(いと)なり。

C: 선주성의 태수는 아는가 모르는가? 한 장(丈)의 깔개에는 천 냥(兩)의 실이 필요함을.

A: 地不知寒人要暖. 少奪人衣作地衣.

B: 地(ち)は寒(さむ)きことを知(し)らず、人(ひと)は暖(あたた)かなることを要(えう)す。人(ひと)の衣(ころも)を奪(うば)ひて地(ち)の衣(ころも)とすること少(すく)なし[105]。

C: 땅은 추운 것을 모르지만 사람은 따뜻한 곳을 필요로 한다네. 사람의 옷을 빼앗아 땅의 옷으로 삼는 일은 그만두게.

---

105 좌훈으로 「ナカレ」(なかれ)라고 적혀 있다.

a: 貞元中宣州進. 開樣加絲毯.[106]

b: 貞元中(ていぐゑんちう)に、宣州(せんしう)より進(たてまつ)る。樣(ため)しを開(ひら)きて、絲毯(したむ)を加(くは)ふ。

c: 정원(貞元) 연간에 선주(宣州)로부터 진상하였다. 전례(典例)를 선보여 실로 된 깔깨를 (진상품에) 더했다.

〈해설〉

· 紅藍(홍람): 붉은 꽃. 붉은 색의 염료로 썼다.

· 披香殿(피향전): 한나라 수도였던 장안에 있던 궁전의 이름. 당나라 수도 장안의 궁전을 말한다.

· 綵絲(채사): 색실. 비단실.

· 茸茸(용용): 털이 나풀나풀거리는 모양.

· 拂拂(불불): 향이 피어나는 모양.

· 花虛(화허): 꽃무늬가 있는 듯 없는 듯이 보임.

· 不勝物(불승물): 물건을 지탱하지 못함. 사뿐하고 부드러운 모양을 말한다.

· 羅襪(나말): 얇은 명주로 된 버선.

· 繡鞋(수혜): 수를 놓은 신발.

· 太原(태원): 산서성(山西省) 태원부(太原府).

· 澁(삽): 뻣뻣하여 매끄럽지 않음.

· 毳縷(취루): 가느다란 실낱.

---

106 〈신석〉의 원문은「貞元中, 宣州進開樣加練毯也」와 같다. 어순지시부호만 가점되어 있는데 그에 따라 한문훈독문을 작성하면「貞元中(ていぐゑんちう)、宣州(せんしう)、樣(ため)しを開(ひら)き、練(れん)を加(くは)へし毯(たむ)を進(すす)むるなり」와 같다.

· 蜀都(촉도): 사천성(四川省) 성도성부(省都成府).

· 褥(욕): 모욕담(毛褥毯). 욕(褥)은 깔개.

· 宣州(선주): 안휘성(安徽省) 선성현(宣城縣).

· 太守(태수): 지방 장관.

· 宣城太守(선성태수)…進宮中(진궁중): 홍선담(紅線毯)이 선주(宣州) 안휘성(安徽省)의 특산물로서 진공(進貢)된 일이 『당서(唐書)』지리지에 보이며, 또 『원화군현도지(元和郡縣圖志)』선주조(宣州條)에도 「정원(貞元) 연간 이후 항상 진상하는 공물 이외에 따로 오색의 비단 깔개와 비단 등의 진귀한 물품을 진상하였다(貞元以後, 常貢外, 別進五色線毯及綾綺等珍物)」라고 되어 있다.

· 加樣職(가양직): 최신 무늬로 짜다.

· 千兩(천량): 천 냥(兩)의 무게. 냥(兩)은 중량의 단위.

· 地衣(지의): 땅이 입는 옷이라고 빈정거린 표현.

30. 두릉수(杜陵叟)

A: 杜陵叟○傷農夫之困也.

B: 杜陵叟(とりょうそう)○農夫(のうふ)の困(くる)しみを傷(いた)めり。

C: 두릉수(杜陵叟)○ 농부의 곤궁함을 가슴아파하였다.

〈해설〉

· 杜陵叟(두릉수): 두릉에 사는 노인의 생활상을 읊어서 혹독한 세금에 고통받는 농부의 곤궁함을 걱정한 시이다. 두릉은 장안 동남쪽 교외에 있다.

A: 杜陵叟, 杜陵居, 歲種薄田一頃餘.

B: 杜陵(とりょう)の叟(そう)、杜陵(とりょう)に居(を)り、歲(とし)ごとに薄田(はくでん)一頃餘(いっけいよ)を種(う)う。

C: 두릉(杜陵)의 늙은이, 두릉에 살며 해마다 좁은 밭 1경 남짓을 경작하네.

A: 三月無雨旱風起. 麥苗不秀多黃死.

B: 三月(さむぐゎつ)に雨(あめ)ふること無(な)うして、旱風(かんぷう)起(お)こる。麥苗(ばくべう)秀(ひい)でずして、多(おほ)く黃(きば)み死(か)れぬ。

C: 3월에 비오는 일이 없어 건조한 바람이 이네. 보리싹은 피지 못하

고 대부분 시들어 죽었네.

A: 九月降霜秋早寒. 禾穗未熟皆靑乾.

B: 九月(くぐゎつ)霜(しも)を降(ふ)らして、秋(あき)早(はや)く寒(さむ)し. 禾穗(くゎすい)未(いま)だ熟(みの)らずして、皆(みな)靑(あを)ながら乾(か)れぬ.

C: 9월에 서리가 내려 가을이 빨리 추워졌네. 벼이삭은 아직 여물지 않았고 모두 푸른 채 말라 버렸네.

A: 長吏明知不申破. 急斂暴徵求考課.

B: 長吏(ちゃうり)明(あき)らかに知(し)れども、破(そこ)ねたりと申(まう)さず. 急(すみ)やかに斂(をさ)め、暴(には)かに徵(はた)って、考課(かうくゎ)を求(もと)む.

C: 관아의 아전은 이런 사정을 잘 알고 있었지만 못 쓰게 되었다고 아뢰지 않네. 재빨리 거두어들이고 갑작스럽게 징수하여 공적을 올리려 하네.

A: 典桑賣地納官租. 明年衣食將何如.

B: 桑(くは)を典(おきの)り、地(ち)を賣(う)りて、官租(くゎんそ)を納(い)るは、明年(みゃうねん)の衣食(いしょく)、將(まさ)に何如(いかん)せんとかする.

C: 뽕나무를 저당 잡히고 땅을 팔아 세금을 낸다면, 내년 살림살이는 장차 어찌해야 한다는 말인가?

A: 剝我身上帛，奪我口中粟．

B: 我(わ)が身(み)の上(うへ)の帛(きぬ)を剝(は)ぎ、我(わ)が口中(くちう)の粟(しょく)を奪(うば)ふ。

C: 내 몸의 옷을 벗기고 내 입속의 곡물을 빼앗네.

A: 虐人害物卽豺狼．何必鉤爪鋸牙，食人肉．

B: 人(ひと)を虐(しへた)げ[107]、物(もの)を害(がい)するは、即(すなは)ち豺狼(さいらう)なり。何(なん)ぞ必(かなら)ずしも鉤(ま)がれる爪(つめ)、鋸(のこぎり)の牙(きば)ありて、人(ひと)の肉(ししむら)を食(は)むのみならん。

C: 사람을 학대하고 사물을 해하는 것이 승냥이와 다름없네. 어찌 반드시 갈고리 같은 발톱, 톱 같은 이빨이 있어야만 사람의 살덩이를 먹는 것이겠는가.

A: 不知何人奏皇帝．帝心惻隱知人[108]弊．

B: 知(し)らず、何人(なにびと)か皇帝(くゎうてい)に奏(つ)げん。帝(みかど)の心(こころ)、惻隱(そくいん)して人(ひと)の弊(つひ)えを知(し)りたまふ。

C: 모르네, 어느 누가 황제께 아뢰었는지. 황제의 마음, 측은히 여겨 백성의 피폐함을 아셨네.

A: 白麻紙上書德音．京畿盡放今年稅．

B: 白麻(はくま)の紙(かみ)の上(うへ)に德音(とくおむ)を書(しる)

---

107 좌훈으로「ソコナヒ」(そこなひ)라고 적혀 있다.
108「八」이라고 되어 있으나「人」의 잘못이 분명하다.

す。京畿(けいき)、盡(ことごと)くに今年(こむねん)の税(おほちから)を放(ゆる)す。

C: 흰 마지(麻紙) 위에 덕음(德音)을 쓰시네. (이로써) 경기(京畿) 지방은 모두 올해의 조세를 면했네.

A: 昨日里胥方到門. 手持敕牒牓鄕村.

B: 昨日(さくじつ)里(さと)の胥(をさ)、方(まさ)に門(もん)に到(いた)る。手(て)に敕牒(ちょくてふ)を持(も)ちて、鄕村(きゃうそん)に牓(ばう)す。

C: 전날 마을의 아전이 문 앞에 당도했네. 손에 칙서를 들고 향촌에 방을 붙였네.

A: 十家租稅八九畢. 虛受吾君蠲免恩.

B: 十家(じっか)の租稅(そぜい)、八九(はちきう)は畢(を)へたり。虛(むな)しく吾(わ)が君(きみ)の蠲免(くゑんめん)の恩(おん)を受(う)く。

C: 10가구 중 8, 9가구는 이미 조세를 냈으니, 우리 황제께 받은 면세의 은덕 허망하네.

〈해설〉

· 薄田(박전): 토질이 좋지 않고 메마른 논밭.

· 一頃(일경): 100묘(畝) 정도의 면적.

· 三月無雨句(삼월무우구): 헌종(憲宗) 원화(元和) 4년(809) 봄 강회(江淮)에서 섬서(陝西)에 이르는 일대가 큰 가뭄으로 고통을 겪었다. 권1 「하우(賀雨)」라는 시에 「원화 3년 겨울, 겨울에서 봄이 저물도록 비

가 오지 않아서 가물고 더웠네(元和三年冬, 自冬及春暮, 不雨旱爞爞)」라고
한 것에서도 알 수 있다. 한림학사였던 백거이는 심각한 가뭄을 이
유로 그 해에 면직조치를 상소하였다.

- 麥苗不秀(맥묘불수): 보리가 싹인 채로 이삭이 여물지 않음.『논어
  (論語)』자한(子罕)편에「선생님께서 말씀하시기를, 싹은 났으나 꽃
  을 피우지 못하는 것이 있다(子曰, 苗而不秀者有矣)」라는 문장이 있다.
- 黃死(황사): 누렇게 되어 시들다.
- 靑乾(청건): 푸른 채 말라비틀어지다.
- 長吏(장리): 지방의 상급 관리.
- 申破(신파): 백성들의 삶의 실상을 상위 관청에 아룀.
- 急斂暴徵(급렴포징): 독촉하여 강제로 세금을 징수하다.
- 考課(고과): 관리의 근무성적.
- 典桑(전상): 농민에게 소중한 뽕나무를 저당 잡힘.
- 官租(관조): 국세.
- 鉤爪鋸牙(구조거아): 갈고리 같은 손톱, 톱 같은 이빨을 가진 맹수.
- 不知何人奏皇帝(부지하인주황제): 본문에는 누가 황제께 아뢰었
  는지 모르겠다고 되어 있으나, 실제로는 한림학사 이강(李絳)과 백거
  이가 연명으로 헌종 황제에게 상소하였다.
- 白麻紙(백마지): 당나라 때 천자의 조서를 적던 백색의 마지. 주로 은
  사·승상의 임면 등의 국내 사안의 조서에 사용했다.
- 德音(덕음): 천자의 은혜로운 말씀. 여기서는 면세를 말한다.
- 京畿(경기): 수도와 그 부근.
- 里胥(이서): 마을의 아전.
- 敕牒(칙첩): 길이 1척인 칙어(敕語)를 쓴 나무 팻말.
- 蠲免(견면): 조세를 면제함.

31. 요릉(繚綾)

A: 繚綾○念女工之勞也.

B: 繚綾(れうりょう)○女工(ぢょこう)の勞(らう)を念(おも)
ふ[109]。

C: 요릉(繚綾)○ 여공의 노고를 생각한다.

〈해설〉

· 繚綾(요릉): 아름답고 정교한 비단을 보면서 그것을 짠 여공들의 고
생스러움을 생각하며 지은 시. 요릉은 고급 비단을 말하는데 당나라
시절에는 월(越) 지방[지금의 절강(浙江)]이 명산지로 유명했다.

A: 繚[連條切]綾, 繚綾, 何所似. 不似羅綃與紈綺.

B: 繚綾(れうりょう)、繚綾(れうりょう)、何(なん)の似(に)たる所
(ところ)ぞ。羅綃(らせう)と紈綺(くゎんき)とに似(に)ず。

C: 요릉(繚綾), 요릉, 무엇과 비슷한가? 나초와도 환기와도 닮지 않았네.

A: 應似天台山上明月前, 四十五尺瀑布泉.

B: 應(まさ)に天台山上(てんだいさんじゃう)明月(めいぐゑつ)の
前(まへ)の、四十五尺(しじふごせき)瀑布(ばくふ)の泉(いづみ)
に似(に)たるべし。

C: 바로 천태산 명월 앞 사십오척 폭포수와 닮았네.

---

109 좌훈으로 「ヘリ」(おもヘり)라고 적혀 있다.

A: 中有文章又奇絶. 地鋪白煙花簇雪.

B: 中(なか)に文章(ぶんしゃう)の、又(ま)た奇絶(きぜつ)なる有(あ)り。地(ち)白煙(はくゑん)を鋪(し)き、花(はな)雪(ゆき)を簇(あつ)む。

C: 그 비단 위 무늬 또한 기이하고 절묘하네. 땅에 흰 안개가 깔려 있고 꽃이 눈송이를 모은 듯하네.

A: 織者何人衣者誰. 越溪寒女漢宮姬.

B: 織(お)る者(もの)は何人(なにびと)ぞ、衣(き)る者(もの)は誰(たれ)ぞ。越溪(ゑつけい)の寒女(かんぢょ)、漢宮(かんきう)の姬(ひめ)。

C: 짜는 이는 누구이며, 입는 이는 누구인가? (짜는 이는) 월(越) 지방 계곡 가에 사는 가난한 여인이고, (입는 이는) 장안의 궁궐에 사는 여인이라네.

A: 去年中使宣口敕. 天上取樣人間織.

B: 去(いん)じ年(とし)中使(ちうし)、口敕(こうちょく)を宣(せん)す。天上(てんじゃう)より樣(ため)しを取(と)りて、人間(じんかん)に織(お)らしむ。

C: 지난해 환관이 구두 칙령을 전하였다네. 궁중에서 받아온 본 대로 백성들에서 짜게 했네.

A: 織爲雲外秋鴈行. 染作江南春水色.

B: 織(お)りては雲外(うんぐゎい)の秋(あき)の雁(かり)の行(つら)

を爲(な)し、染(そ)めては江南(かうなむ)の春(はる)の水(みづ)の色(いろ)を作(な)す。

C: 구름 밖 가을 기러기 무리를 무늬로 짜 넣고, 강남 봄날의 물빛으로 물들였네.

A: 廣裁衫袖長製裙. 金斗熨波刀剪紋.

B: 廣(ひろ)きは衫袖(さむしう)を裁(た)ち、長(なが)きは裙(もすそ)を製(せい)す。金(きむ)の斗(と)波(しは)を熨(の)して、刀(たう)紋(ぶん)を剪(き)る。

C: 옷소매는 넓게 재단하고 치마 길이는 길게 하였네. 금빛 인두로 주름을 펴고 가위로 모양을 냈네.

A: 異彩奇文相隱映. 轉側看花花不定.

B: 異(こと)なる彩(いろ)奇(あや)しき文(あや)、相(あ)ひ隱映(いんえい)せり。轉(めぐ)らし側(そば)めて花(はな)を看(み)るに、花(はな)定(さだ)まらず。

C: 이채로운 빛깔과 기이한 무늬가 서로 어우러져 있네. 몸을 기울여 꽃무늬를 바라보니 한 가지가 아니라네.

A: 昭陽舞人恩正深. 春衣一對直千金.

B: 昭陽(せうやう)の舞人(ぶじん)、恩(おん)正(まさ)に深(ふか)し。春(はる)の衣(ころも)一對(ひとかさね)、直(あたひ)千金(せんきむ)。

C: 소양전 춤추는 궁녀들은 임금의 은총이 그야말로 깊어서 봄옷 한

벌 값이 천금이라네.

A: 汗沾粉汚不再着. 曳土蹋泥無惜心.

B: 汗(あせ)に沾(うるほ)ひ、粉(ふん)に汚(けが)れて、再(ふたた)びとも着(き)ず。土(つち)を曳(ひ)き、泥(ひぢ)を蹋(ふ)みて、惜(あたら)しむ心(こころ)無(な)し。

C: 땀에 젖고 분에 더러워지면 다시는 입지 않고, 땅에 끌리고 진흙을 밟아도 아까워하는 마음이 없다네.

A: 繚綾織成費功績. 莫比尋常繒與帛.

B: 繚綾(れうりょう)織(お)り成(な)して功績(こうせき)を費(つひ)やす。比(くら)ぶること莫(な)し、尋常(よのつね)の繒(かとり)と帛(はく)と。

C: 요릉 비단을 짜는 데는 품이 많이 들어서, 보통 비단과는 비할 바가 아니라네.

A: 絲細繰多女手疼. 扎扎千聲不盈尺.

B: 絲(いと)細(ほそ)く、繰(ひねりめ)多(しげ)くして、女(をんな)の手(て)疼(ひら)らく。扎扎(さつさつ)たり、千聲(せんせい)、尺(せき)にだも盈(み)たず。

C: 실은 가늘고 잣기를 자주하여 여공의 손이 얼얼하네. 베틀 치는 소리가 천 번 울려도 1척도 되지 않는다네.

A: 昭陽殿裏歌舞人, 若見織時應也惜.

B: 昭陽殿(せうやうでん)の裏(うら)、歌舞(かぶ)の人(ひと)、若(も)し織(お)る時(とき)を見(み)ば、惜(を)しむべし。

C: 소양전 뒤꼍에서 노래하고 춤추는 사람들이 만일 비단 짜는 것을 본다면 응당 아까워 할 것이라네.

〈해설〉

· 羅綃紈綺(나초환기): 모두 고급 비단의 이름. 나(羅)는 얇은 비단. 환(紈)은 쳐서 부드럽게 만든 비단. 초(綃)와 기(綺)는 색실로 모양을 넣어 짠 비단.

· 天台山(천태산): 절강성(浙江省)에 있는 산 이름. 석량(石梁) 폭포가 유명하다.

· 瀑布泉(폭포천): 폭포. 폭포를 하얀 비단에 비유하는 일은 당나라 서응(徐凝)의 시 「노산폭포(廬山瀑布)」에서도 볼 수 있다.

· 文章(문장): 무늬.

· 越溪(월계): 월(越) 지방, 즉 지금의 절강성의 계곡.

· 漢宮(한궁): 장안의 궁궐. 당나라를 한나라에 견주어 말하는 것은 당시의 관습이다.

· 中使(중사): 궁궐에서 사자로 온 환관.

· 天上(천상): 궁중을 비유한 말.

· 衫袖(삼수): 웃옷의 소매.

· 熨波(위파): 주름을 펴다.

· 隱映(은영): 보였다 안 보였다 함.

· 轉側(전측): 몸을 비틀어 기울이다.

· 昭陽(소양): 한나라 성제(成帝)의 황후가 살았던 전각의 이름. 여기서

는 대궐 안 깊숙한 곳에 있는 방이라는 의미이다.

· 功績(공적): 일에 드는 품.

· 繒(증)·帛(백): 비단의 한 종류.

· 繰(조): 실을 자음.

· 扎扎(찰찰): 베를 짜는 소리. 「札札」이라고도 쓴다.

32. 매탄옹(賣炭翁)

A: 賣炭翁○苦官市也.

B: 賣炭翁(ばいたんおう)○官市(くゎんし)を苦(くる)しめり。

C: 매탄옹(賣炭翁)○ 관시(官市)(의 폐해)를 고통스러워하였다.

〈해설〉

· 賣炭翁(매탄옹): 숯을 파는 노인. 백거이는 이 시에서 환관에게 숯을
  싼 값에 조달하여 가난에 허덕일 수밖에 없는 장안(長安)의 노인을
  묘사함으로써 관시(官市)의 폐해를 비판하였다.

· 官市(관시): 당나라 덕종 시절에 환관들이 시중에서 헐값에 물품을
  들여와 궁 안에서 장사를 하였던 것을 가리킨다. 당시 시중의 백성
  들에게 미친 폐해에 대한 기록이 『당서(唐書)』에 보인다.

A: 賣炭翁伐薪, 燒炭南山中.

B: 賣炭(ばいたん)の翁(おきな)薪(たきぎ)を伐(き)りて、炭(すみ)
  を南山(なむざん)の中(うち)に燒(や)く。

C: 숯 파는 노인은 땔나무를 베어서 남산(南山)에서 숯을 굽는다네.

A: 滿面塵灰煙火色. 兩鬢蒼蒼十指黑.

B: 面(おもて)に滿(み)てる塵灰(ちんくゎい)、煙火(ゑんくゎ)の色
  (いろ)あり。兩(ふた)つの鬢(びん)蒼蒼(さうさう)として、十
  (とを)の指(ゆび)黑(くろ)し。

C: 얼굴에 한가득 묻은 재와 먼지는 잿빛이고, 양쪽 귀밑머리는 성성하고 열 손가락은 검다네.

A: 賣炭得錢何所營. 身上衣裳口中食.

B: 炭(すみ)を賣(う)りて錢(ぜに)を得(う)る、何(なん)の營(いとな)む所(ところ)ぞ。身(み)の上(うへ)の衣裳(いしゃう)、口(くち)の中(なか)の食(しょく)なり。

C: 숯을 팔아 돈을 벌면 무엇에 쓰는가. 몸에 걸칠 옷과 입에 넣을 음식이네.

A: 可憐身上衣正單. 心憂炭賤願天寒.

B: 憐(あは)れむべし、身(み)の上(うへ)の衣(ころも)の正(まさ)に單(ひとへ)なることを。心(こころ)に炭(すみ)の賤(やす)きを憂(うれ)へて、天(てん)の寒(さむ)からんことを願(ねが)ふ。

C: 불쌍하구나. 몸에 걸친 옷은 홑겹이라네. 마음으로는 숯 값 떨어질까 근심하여 날 춥기를 바란다네.

A: 夜來城外一尺雪. 曉駕炭車輾氷轍.

B: 夜來(よごろ)城外(じゃうぐゎい)、一尺(いっせき)の雪(ゆき)ふれり。曉(あかつき)炭車(たんしゃ)を駕(か)けて、氷(こほり)を輾(きし)る轍(あと)あり。

C: 한밤중에 성 밖에는 눈이 한 자나 내렸고, 새벽에 숯 실은 수레를 몰아 얼음 위를 지나간 흔적만 남았구나.

A: 牛困人餒, 日已高. 市南門外, 泥中歇.

B: 牛(うし)困(くる)しみ、人(ひと)餒(つか)れて、日(ひ)已(すで)に高(た)けぬ。市(いち)の南(みなみ)の門外(もんぐゎい)、泥(ひぢ)の中(なか)に歇(やす)む。

C: 소는 곤하고 사람은 지쳐 중천에 해가 뜨니, 장안의 남문 밖 진흙탕 속에서 숨을 돌린다네.

A: 翩翩兩騎來是誰. 黃衣使者白衫兒.

B: 翩翩(へんぺん)たる兩騎(りゃうき)、來(きた)れるは是(これ)誰(たれ)ぞ。黃衣(くゎうい)の使者(ししゃ)、白衫(はくさむ)の兒(じ)。

C: 깃발을 훨훨 날리며 말에 탄 두 사람이 나타나니 이들은 누구인가? 노란 옷의 환관과 흰 작업복의 젊은이로다.

A: 手把文書口稱敕. 廻車叱牛率向北.

B: 手(て)に文書(ぶんしょ)を把(と)りて、口(くち)に敕(ちょく)と稱(しょう)す。車(くるま)を廻(めぐ)らして牛(うし)を叱(いさ)うて、率(か)りて北(きた)に向(む)かふ。

C: 손에 문서 들고 입으로 칙명이라 칭하고는, 수레를 돌려 소를 꾸짖어 몰아 (황궁이 있는) 북녘으로 향하게 한다네.

A: 一車炭重千餘斤. 官使驅將惜不得.

B: 一車(いっしゃ)の炭(すみ)の重(おも)さ、千餘斤(せんよきん)。官使(くゎんし)驅(か)り將(ひき)ゐて、惜(を)しむとも得(え)

ず。

C: 수레 한 대에 실린 숯의 무게가 천근 남짓인데, 궁에서 나온 관리가 몰고 가니 아까워할 수도 없다네.

A: 半疋紅綃一丈綾, 繫向牛頭充炭直.

B: 半疋(はんぴき)の紅綃(こうせう)、一丈(いちぢゃう)の綾(あや)、繫(か)けて牛頭(ぎうとう)に向(お)いて、炭(すみ)の直(あたひ)に充(あ)つ。

C: 반 필 붉은 비단과 한 길 능라비단을 소머리에 걸쳐 두고서 숯 값을 치렀네.

〈해설〉

· 南山(남산): 장안 남쪽에 있는 산. 종남산(終南山).

· 蒼蒼(창창): 머리카락이 하얗게 샌 모양.

· 市南門(시남문): 장안의 남쪽에는 안화문(安化門), 명덕문(明德門), 계하문(啓夏門)이라는 세 개의 문이 있었다. 그 가운데 하나일 것이다.

· 翩翩(편편): 가볍게 펄럭이는 하는 모양. 말이 달려오는 것을 형용한 것이다.

· 黃衣使者(황의사자): 노란 옷을 입은 궁중의 환관.

· 白衫兒(백삼아): 작업을 실행하는 흰 상의를 입은 젊은이.

· 向北(향북): 장안의 북쪽에 위치하는 황성(皇城)으로 향하였음을 말한다.

· 惜不得(석부득): 아까워해 보아도 어쩔 수 없음.

· 繫向牛頭(계향우두): 소의 머리에 잡아매다.

33. 모별자(母別子)

A: 母別子○刺新聞舊也.

B: 母別子(ぼべつし)○新(あたら)しきが舊(ふる)きを間(へだ)つる
ことを刺(そし)れり。

C: 모별자(母別子)○ 새것이 옛것을 쫓아내는 것을 비판하였다.

〈해설〉

· 母別子(모별자): 표기(驃騎) 대장군이 미인을 새로이 부인으로 맞이
하여 이전 부인이 쫓겨나간 것을 빗대어, 새로운 자가 예부터 있던
자를 쫓아내는 것을 비난한 시이다.

A: 母別子, 子別母. 白日無光哭聲苦.

B: 母(はは)は子(こ)を別(わか)れ、子(こ)は母(はは)を別(わか)
る。白日(はくじつ)光(ひかり)無(な)くして、哭(な)く聲(こゑ)
苦(ねんご)ろなり[110]。

C: 어미는 자식과 이별하고 자식은 어미와 헤어지네. 태양도 빛을 잃
고 우는 소리 간곡하네.

A: 關西驃騎大將軍, 去年破虜新策勳.

B: 關西(くゎんせい)の驃騎(へうき)大將軍(たいしゃうぐん)、去
(いん)じ年(とし)虜(りょ)を破(やぶ)りて、新(あら)たに勳(く

---

110 좌훈으로 「カナシ」(かなし)라고 적혀 있다.

ん)を策(しる)す。

C: 관서(關西)의 표기(驃騎) 대장군, 지난해 오랑캐를 무찌르고 훈공(勳功)을 새로 세웠다네.

A: 敕賜金錢二百萬. 洛陽迎得如花人.

B: 敕(ちょく)して金錢(きむせん)二百萬(にひゃくまん)を賜(たま)へり。洛陽(らくやう)、花(はな)の如(ごと)くなる[111]人(ひと)を迎(むか)へ得(え)たり。

C: 칙령으로 200만이나 되는 돈을 하사받았다네. (그 돈으로) 낙양(洛陽)에서 꽃 같은 여인을 맞이하였네.

A: 新人迎來舊人棄. 掌上蓮花眼中刺.

B: 新(あたら)しき人(ひと)迎(むか)へられ來(きた)りて、舊(ふる)き人(ひと)棄(す)てられぬ。掌(たなごころ)の上(うへ)の蓮花(れんぐゑ)は、眼中(がんちう)の刺(むばら)なり。

C: 새 여인을 맞이하여, 옛 여인은 버려졌네. (왕년의) 손바닥 위의 연꽃이 (지금은) 눈엣가시라네.[112]

A: 迎新棄舊未足悲. 悲在君家留兩兒.

B: 新(あたら)しきを迎(むか)へ、舊(ふる)きを棄(す)つること、未(いま)だ悲(かな)しむに足(た)らず。悲(かな)しむこと、君(きみ)が家(いへ)に在(あ)りて、兩兒(りゃうじ)を留(とど)めたる

---

111 좌훈으로「キ」(ごとき)라고 적혀 있다. 즉「花のごとき人」와 같이 읽게 된다.
112 「蓮花」에 가점된 조사「ハ」가 없다면 앞의 구와 대구를 이루어서 '새 부인은 연꽃이요, 옛 부인은 눈엣가시라네'와 같이 번역할 수 있다.

こと。[113]

C: 새 여인을 맞이하고 옛 여인을 버리는 것은 아직 슬프기에 부족하네. 슬픈 것은 지아비의 집에 두 아이를 놓고 온 일이라네.

A: 一始扶行一始坐. 坐啼行哭牽人衣.

B: 一(ひと)りは始(はじ)めて扶(たす)けられ行(あり)きて、一(ひと)りは始(はじ)めて坐(ゐ)る。坐(ゐ)て啼(な)き、行(あり)き哭(な)きて、人(ひと)の衣(ころも)を牽(ひ)く。

C: 하나는 겨우 도움을 받아 걷고 다른 하나는 겨우 앉는다네. 앉아서 울고 걸으며 울어 옷자락에 매달리네.

A: 以汝夫婦新嬿婉, 使我母子生別離.

B: 汝(なんぢ)が夫婦(ふうふ)の新(あら)たに嬿婉(えんゑん)たるを[114]以(もち)て、我(わ)が母子(ぼし)をして生(い)きながら別離(べつり)せしむ。

C: 그대 부부가 새로이 사랑함으로 인해서, 우리 모자로 하여금 생이별을 하게 만들었네.

A: 不如林中鳥與鵲. 母不失鶵雄伴雌.

B: 林(はやし)の中(なか)の鳥(からす)と鵲(かささぎ)とに如(し)かず。母(はは)は雛(ひな)を失(うしな)はず、雄(を)は雌(め)を伴(ともな)

---

113 「悲(かな)しむこと、君(きみ)が家(いへ)に兩兒(りゃうじ)を留(とど)めたるに在(あ)り。」와 같이 훈독하는 것이 의미상 보다 적절하다.
114 좌훈으로 「ムツニンナヲ」라고 적혀 있다. 「ムツマシサヲ」(むつまじさを)라고 적어야 할 것을 잘못 적은 것으로 보인다.

(ともな)へるに。

C: 숲속의 까마귀와 까치에도 미치지 못하네. (까마귀와 까치조차도) 어미는 새끼를 잃지 않고, 수컷은 암컷과 함께하건만.

A: 應似園中桃李樹, 花落隨風子在枝.

B: 園中(ゑんちう)の桃李(たうり)の樹(き)の、花(はな)は落(お)ちて風(かぜ)に隨(したが)ひ、子(み)は枝(えだ)に在(あ)るに似(に)たる[115]べし。

C: 정원의 복숭아나무와 오얏나무의 꽃은 떨어져 바람에 나부끼지만, 그 열매는 나뭇가지에 달려 있는 것과 같네.

A: 新人新人聽我語. 洛陽無限紅樓女.

B: 新(あら)たなる人(ひと)、新(あら)たなる人(ひと)、我(わ)が語(こと)を聽(き)け。洛陽(らくやう)無限(そこばく)の紅樓(こうろう)の女(むすめ)あり。

C: 새 여인이여, 새 여인이여, 내 말을 들어 보시오. 낙양에는 무수한 홍루(紅樓)의 여인이 있다오.

A: 但願將軍重立功. 更有新人勝於汝.

B: 但(た)だ願(ねが)はくは、將軍(しゃうぐん)重(かさ)ねて功(こう)を立(た)てんことを。更(さら)に新(あら)たなる人(ひと)の、汝(なんぢ)に勝(まさ)れるも有(あ)らんことを。

---

115 「似」에 기입된 「タル」 아래에 수직선이 보이는데 의미를 알 수 없다. 바로 아래 글자인 「園」에 음독부를 기입한 것일 가능성도 있다.

C: 단지 바라는 것은, 장군이 새로이 공을 세워서, 다시 그대보다 나은
    새 여인이 오는 것이라네.

〈해설〉
· 新(신): 신인(新人). 새로 맞이한 아내. 옛시에「비록 새 사람이 좋다 하
  나, 옛 사람처럼 곱지는 않다(雖言新人好, 未若故人姝)」라고 한 말에 의
  거한 것이다.
· 舊(구): 구인(舊人). 원래 부인.
· 關西(관서): 함곡관(函谷關) 서쪽의 땅.
· 驃騎大將軍(표기대장군): 군공(軍功)이 있는 자에게 행상(行賞)의 의
  미로 주어지는 최고의 호칭.
· 策勳(책훈): 군공(軍功)을 써 두는 죽찰(竹札)을 책(策)이라고 한다. 당
  나라 시대부터는 종이가 사용되었다.
· 敕賜(칙사): 천자로부터 하사를 받다.
· 掌上蓮花(장상연화): 손바닥 위의 연꽃처럼 예뻐하다.
· 眼中刺(안중자): 눈에 박힌 가시처럼 귀찮은 존재로 여기다.
· 扶行(부행): 남이 거들어주어 걷다.
· 牽人衣(견인의): 모친의 옷을 잡아당기다.『고악부(古樂府)』의「동문
  행(東門行)」에「딸아이가 옷을 잡고 울부짖는다(兒女牽衣啼)」라고 하
  였다.
· 嬿婉(연완): 남녀가 의좋게 지내는 모양.『시경(詩經)』「패풍(邶風)」「신
  대(新臺)」에「고운 님을 구하다(燕婉之求)」라고 하였다.
· 生別離(생별리): 생이별.『초사(楚辭)』의「구가(九歌)」에「슬픔은 생
  이별보다 슬프지 않다(悲莫悲兮生離別)」라고 하였다.

· 子(자): 과실. 열매.

· 紅樓(홍루): 지체 높은 여인이 사는 누각. 여기서는 기루(妓樓), 유곽
  (遊郭)을 가리킨다.

34. 음산도(陰山道)

A: 陰山道○疾貪虜也.

B: 陰山道(いむざんだう)○貪虜(たむりょ)を疾(にく)む。

C: 음산도(陰山道)○ 탐욕스러운 오랑캐를 미워한 것이다.

〈해설〉

・陰山道(음산도): 당나라의 비단과 위구르의 말을 교역함에 있어서 위구르인들의 탐욕스러움을 미워하여 지은 시. 음산(陰山)은 지금의 내몽골 자치구 남쪽 500리에 걸쳐 뻗은 산맥의 이름. 예로부터 좋은 말의 산지였다.

A: 陰山道, 陰山道, 紇邏敦肥水泉好.

B: 陰山(いむざん)の道(みち)、陰山(いむざん)の道(みち)、紇邏敦(こつらとん)[116]、肥(ひ)にして水泉(すいせん)好(よ)し。

C: 음산의 길, 음산의 길, 흘라돈(紇邏敦)[푸른 초원]은 기름지고 샘물도 좋네.

A: 每至戎人送馬時, 道傍千里無纖草.

B: 戎人(えびす)の馬(うま)を送(おく)る時(とき)に至(いた)る每(ごと)に、道(みち)の傍(かたは)ら千里(せんり)に纖(ほそ)き草(くさ)無(な)し。

---

116 원문에는 「敦」과 「肥」 사이에 음합부가 기입되어 있으나 잘못 기입된 것이다.

C: 오랑캐가 말을 보내는 시기가 될 때면 천 리에 걸친 길가에는 작은 풀 하나 남지 않는다네.

A: 草盡泉枯馬病羸. 飛龍但印骨與皮.

B: 草(くさ)盡(つ)きて泉(いづみ)枯(か)れて、馬(うま)病(なづ)み羸(つか)れぬ。飛龍(ひりょう)は但(た)だ骨(ほね)と皮(かは)とに印(かなやき)せり。

C: 풀은 다 죽고 샘은 마르고 말은 병들어 지쳤네. (궁중의 명마임을 나타내는) 비룡 낙인은 그저 (앙상한) 뼈와 가죽에 찍혀 있다네.

A: 五十疋縑易一疋. 縑去馬來無了日.

B: 五十疋(ごじっぴき)の縑(かとり)に一疋(いっぴき)を易(か)ふ。縑(かとり)去(さ)り、馬(うま)來(きた)りて、了(を)はる日(ひ)無(な)し。

C: 비단 오십 필로 말 한 필을 바꾸니, 비단이 사라지고 말이 오는 일이 그치는 날이 없다네.

A: 養無所用去非宜. 每歲死傷十六七.

B: 養(か)うて用(もち)ゐる所(ところ)無(な)く、去(さ)ること宜(よ)ろしきにあらず。歲(とし)每(ごと)に死傷(ししゃう)すること、十(じふ)が六七(ろくしち)。

C: (그 말은) 길러도 쓸 데가 없고 돌려보내기엔 마땅치가 않네. 해마다 죽거나 다치는 것이 열 중 예닐곱이라네.

A: 繰絲不足女工苦. 疎織短截充疋數.

B: 繰絲(けむし)足(た)らずして、女工(ぢょこう)苦(くる)し。疎(あら)く織(お)り、短(みじ)かく截(き)って、疋(ひき)[117]の數(かず)に充(あ)つ。

C: 비단실은 부족하고 여공은 고달프다네. 거칠게 짜고 짧게 끊어서 필수를 충당하네.

A: 藕絲蛛網二尺餘. 廻鶻訴稱無用處.

B: 藕(はちす)の絲(いと)、蛛(くも)の網(あみ)二尺餘(にせきよ)。廻鶻(くゎいこつ)訴(うった)へて用(もち)ゐる處(ところ)無(な)しと稱(しょう)す。

C: 연실과 거미줄로 짠 듯 성긴 두 자 남짓 비단.(이를 두고) 위구르인들은 쓸모가 없다며 아우성치네.

A: 咸安公主號可敦. 遠爲可汗頻奏論.

B: 咸安(かむあん)の公主(こうしゅ)、可敦(かとん)と號(がう)す。遠(とほ)く可汗(かかん)の爲(ため)に頻(しき)りに奏論(そうろん)す。

C: (덕종 황제의 딸) 함안공주가 위구르의 왕비가 되었네. 먼 곳에서 위구르 왕을 위해 빈번히 주청하였다네.

A: 元和二年下新敕. 內出金帛酬馬直.

B: 元和(ぐゑんわ)二年(にねん)に新(あら)たなる敕(ちょく)を下(く

---

117 「疋」의 한음(漢音)은 「ヒツ」이지만 관용적으로 「ヒキ」라고 읽는다.

だ)して、內(うち)より金帛(きむぱく)を出(い)だして、馬(う
ま)の直(あたひ)に酬(むく)ふ[118]。

C: 원화 2년(802)에 새 조칙을 내려 어고(御庫)에서 금과 비단을 꺼내어
말 값을 치렀다네.

A: 仍詔江淮馬價縑, 從此不令疎短織.

B: 仍(しき)りに江淮(かうわい)に詔(みことのり)すらく、馬(うま)
の價(あたひ)の縑(かとり)、此(これ)より疎(あら)く短(みじ)か
く織(お)らしめず。

C: 빈번히 장강(長江)과 회하(淮河) 사이 지역에 조칙을 내려서 말 값으
로 쓰는 비단은 앞으로 거칠고 짧게 짜지 않도록 하였네.

A: 合羅將軍呼萬歲. 捧授金銀與縑綵.

B: 羅(ら)を合(こぞ)りて將軍(しゃうぐん)[119]萬歲(ばんざい)を呼
(さけ)ぶ。金銀(きむぎん)と縑綵(けむさい)とを捧(ささ)げ授
(も)たり。

C: 비단을 모아 오랑캐 장군들은 만세를 부르고 금은과 비단을 하사
받았다네.

A: 誰知黠虜啓貪心. 明年馬多來一倍.

B: 誰(たれ)か知(し)らん、黠虜(かつりょ)の貪心(たむしむ)を啓
(ひら)くことを。明年(みゃうねん)に馬(うま)多(おほ)くして來

---

118 좌훈으로 「ツクノフ」(つぐのふ)라고 적혀 있다.
119 「合羅將軍」이라는 고유명사로 파악하는 것이 타당할 것이다. 그러나 여기서는
   훈점에 따랐다.

(きた)ること一倍(いちばい)。

C: 누가 알았으랴, 교활한 오랑캐의 탐욕스러운 마음을 자극할 것을.
이듬해에는 두 배로 많은 말을 보냈다네.

A: 縑漸好馬漸多. 陰山虜奈爾何.

B: 縑(かとり)漸(やうや)く好(よ)く、馬(うま)漸(やうや)く多(お
ほ)し。陰山(いむざん)の虜(りょ)、爾(なんぢ)を奈何(いかん)
がせん。

C: 비단은 점점 좋아지고 말은 점점 많아졌다네. 음산 기슭의 오랑캐
들아, 너희를 어찌하랴.

〈해설〉

· 紇邏敦(흘라돈): 돌궐말로 푸른 초원.

· 戎人(융인): 오랑캐. 여기서는 위구르인을 말한다.

· 病羸(병리): 지쳐 여위다.

· 飛龍(비룡): 당나라 궁중 마구간에 소속된 명마.

· 去非宜(거비의): 되돌려 보내기에도 형편이 좋지 못하다.

· 藕絲蛛網(우사주망): 우사(藕絲)는 연뿌리를 자르면 생기는 실과 같
은 물질. 주망(蛛網)은 거미 그물. 성기고 조악한 천을 비유한 것이다.

· 回鶻(회골): 위구르인.

· 咸安公主(함안공주): 덕종의 여덟째딸인 연국양목공주(燕國襄穆公
主). 위구르의 무의성공가한(武義成功可汗)에게 시집을 가서 원화3년
(803)에 위구르에서 죽었다. 백씨문집 권40에는 「제함안공주문(祭咸
安公主文)」이 실려 있다.

· 可敦(가돈): 왕비를 나타내는 오랑캐 말.

· 可汗(가한): 왕을 나타내는 오랑캐 말.

· 江淮(강회): 장강(長江) 하류와 회하(淮河)로 둘러싸인 지역.

· 合羅將軍(합라장군): 합궐장군(合闕將軍)의 잘못.『구당서(舊唐書)』 「회흘전(迴紇傳)」,『신당서(新唐書)』「회골전(回鶻傳)」에 위구르의 사신으로 종종 등장한다.

· 縑彩(겸채): 비단과 실뜨기에 쓰는 실.

· 黠虜(힐로): 교활한 오랑캐.

· 明年馬多來一倍(명년마다래일배): 백씨문집 권40「여회흘가한서(與回紇可汗書)」에는 위구르가 헌상한 6,500필의 말이 장부상에 약 3배인 20,000필로 되어 있는 것에 대한 언급이 있다.

35. 시세장(時世粧)

A: 時世粧○儆戒[120]也.

B: 時世粧(しせいしゃう)○戒(じう)を儆(いまし)めたり。

C: 시세장(時世粧)○ 서쪽 오랑캐를 경계한 것이다.

〈해설〉

· 時世粧(시세장): 백거이는 당시 유행하던 서융(西戎)[티벳]의 야한
  화장법에 밀려 중화(中華) 본래의 화장이 사라져 가는 것을 비판하였
  는데, 이는 궁극적으로 중국이 오랑캐의 풍습에 물들어 장차 오랑캐
  가 될 것을 경계하고자 한 것이다.

A: 時世粧, 時世粧, 出自城中傳四方.

B: 時世粧(いまやうすがた)、時世粧(いまやうすがた)、城中(じゃ
  うちう)より出(い)でて四方(しはう)に傳(つた)はる。

C: 요즘 유행하는 화장법, 요즘 유행하는 화장법, 성 안[장안(長安)]에
  서 퍼져나가 사방으로 전해진다네.

A: 時世流行無遠近. 顋[思哉切]不施朱面無粉.

B: 時世(しせい)流行(りうかう)して、遠近(ゑんきん)無(な)し。顋
  (つら)に朱(べに)を施(ほどこ)さず、面(おもて)には粉(ふん)も
  無(な)し。

C: 먼 곳 가까운 곳 할 것 없이 유행하는데, 뺨에 연지를 찍지 않고 얼굴에 분도 바르지 않는다네.

A: 烏膏注唇唇似泥. 雙眉盡作八字低.

B: 烏(くろ)き膏(あぶら)唇(くちびる)に注(つ)けて、唇(くちびる)泥(ひぢ)に似(に)たり。雙(なら)べる眉(まゆ)盡(ことごと)く八字(はちじ)の低(た)れたるを作(な)す。

C: 검은 기름을 입술에 바르니 입술이 진흙과 같고, 나란한 눈썹은 모두 팔자로 처지게 하였다네.

A: 妍蚩黑白失本態. 粧成盡似含悲啼.

B: 妍蚩(げんし)黑白(こくはく)本態(ほんたい)を失(うしな)へり。粧(すがた)成(な)りて盡(ことごと)く悲啼(ひてい)を含(ふく)めるに似(に)たり。

C: 아름다운 것도 추한 것도, 검은 것도 흰 것도 본래의 모습을 잃었다네. 치장을 마치면 모두 다 슬퍼하며 우는 형상과 닮았네.

A: 圓鬟無鬢堆髻樣. 斜紅不暈[音運]赭面狀.

B: 圓(ゑん)なる鬟(くゎん)[121]、鬢(びん)無(な)く、堆髻(たいけい)の樣(やう)なり。斜紅(しゃこう)暈(にほ)はずして[122]、赭面(しゃめん)の狀(じゃう)あり。

C: 둥그렇게 땋은 머리는 귀밑머리 없고 몽치 같은 오랑캐 상투 모양

---

121 「ヒン」(びん)이 가점되어 있는데 이것은 다음다음 글자인 「鬢」에 가점될 것이 잘못 가점된 것이다.
122 좌훈으로 「ヒカリアラ」(ひかりあら)라고 적혀 있다.

을 하였네. 비스듬히 바른 연지는 광채가 없이 오랑캐처럼 붉은 얼굴을 하였다네.

A: 昔聞披髮伊川中. 辛有見之知有戎.

B: 昔(むかし)髮(かみ)を伊川(いせん)の中(うち)に披(き)ると聞(き)けり。辛有(しんいう)之(これ)を見(み)て、戎(じう)有(あ)るといふことを知(し)りぬ。

C: 옛날에 이천(伊川)에서 머리카락을 잘라 풀어헤쳤다고 하는데, 신유(辛有)가 이것을 보고서 (이쪽 지역도 머지 않아) 서쪽 오랑캐가 될 것을 알았다네.

A: 元和粧梳君記取. 髻堆面赭非華風.

B: 元和(ぐゑんわ)の粧梳(しゃうそ)、君(きみ)記(しる)し取(と)れ。髻堆(けいたい)面赭(めんしゃ)華風(くゎふう)にあらず。

C: 원화(元和) 연간에 유행하는 행색을 그대는 똑똑히 보아두라. 몽치 같은 상투에 벌겋게 칠한 얼굴은 중화의 기풍이 아니라네.

〈해설〉

· 赭面(자면): 물감 따위로 얼굴을 붉게 칠함.『구당서(舊唐書)』에 서융(西戎)[티벳]의 풍속으로 소개되어 있다.

· 圓鬟(원환): 둥그렇게 땋은 머리.

· 堆髻(퇴계): 작은 나무망치 모양으로 틀어 올린 상투로서 서융의 머리 모양.

· 斜紅(사홍): 턱에서부터 볼에 걸쳐 비스듬히 바른 볼연지.

· 披髮伊川中(피발이천중):『춘추좌씨전(春秋左氏傳)』「희공(僖公)」22
년 조에 보이는「처음 평왕이 동천하였을 때 신유가 이천에서 머리
를 풀어헤치고 들에서 제사를 지내는 것을 보고서 '백년도 안 되어
서 오랑캐가 되겠구나'라고 하였는데, (실제로) 그 예가 무너졌다(初
平王之東遷也, 辛有適伊川見被髮而祭於野者曰, 不及百年此其戎乎, 其禮先亡
矣)」라는 고사와 관련 있는 표현이다.
· 粧梳(장소): 얼굴 화장과 머리치장.

36. 이부인(李夫人)

A: 李夫人○鑑嬖惑也.

B: 李夫人(りふじん)○嬖惑(へいわく)を鑑(かんが)めり。

C: 이부인(李夫人)○ 경국지색의 폐단을 거울삼았다.

〈해설〉

· 李夫人(이부인): 한나라 무제(武帝)가 총애했던 부인. 그 오빠인 이연년(李延年)은 황제의 앞에서 춤을 추면서 부른 노래로 자신의 동생의 미모를 자랑하였는데, 그것이 인연이 되어 무제의 누이 평양공주(平壤公主)의 주선으로 불려가 황제의 총애를 받게 되었다. 『한서(漢書)』「외척전(外戚傳)」에 보인다. 이 시는 이부인에 빗대어, 황제가 여색에 빠지는 것을 경계한 시이다.

A: 漢武帝初喪李夫人.

B: 漢(かん)の武帝(ぶてい)、初(はじ)めて李夫人(りふじん)を喪(うしな)へり。

C: 한나라 무제가 결국 이부인을 잃었네.

A: 夫人病時不肯別. 死後留得生前恩.

B: 夫人(ふじん)、病(やまひ)せし時(とき)、別(わか)れを肯(がへ)んぜず。死(し)して後(のち)に生前(せいぜん)の恩(おん)を留(とど)め得(え)たり。

C: 부인이 몸져 누웠을 때 떠나려하지 않았고, 죽은 후에도 생전의 은 총을 계속 내렸네.

A: 君恩不盡念未已. 甘泉殿裏令寫眞.

B: 君(きみ)の恩(おん)盡(つ)きざれば、念(おも)ひ未(いま)だ已 (や)まず。甘泉殿(かむせんでん)の裏(うら)、眞(かたち)を[123] 寫(うつ)さしむ。

C: 황제의 은총이 끊이지 않으니, (부인) 생각을 그치지 않네. 감천전 (甘泉殿) 안에 초상화를 그리게 하였네.

A: 丹靑寫出竟何益. 不言不笑愁殺人.

B: 丹靑(たんせい)寫(うつ)し出(い)だしたれども[124]、竟(つひ)に 何(なん)の益(えき)ぞ[125]。言(い)はず笑(わら)はざるは、人(ひ と)を愁殺(しうさつ)す。

C: 단청으로 그려낸들 결국 무슨 소용이 있으리오. 말도 않고 웃지도 않는 것은 사람을 더욱 시름에 잠기게 하네.

A: 又令方士合靈藥. 玉釜煎鍊金爐焚.

B: 又(ま)た方士(はうし)をして靈藥(れいやく)を合(あ)はせしめ、 玉釜(ぎょくふ)煎鍊(せんれん)し、金爐(きむろ)に焚(た)く。

C: 또 방사(方士)로 하여금 영약(靈藥)을 만들게 하여 옥솥에 달이고 금

---

123 좌훈으로「음독부ヲ(しんを)라고 적혀 있다.
124 훈점은「シク(약간의 간격 있음)トモ」로 보이지만「シタレトモ」를 기입하고자 한 것으로 보인다
125 좌훈으로「カアル」(えきかある)라고 적혀 있다.

화로에 불피우네.

A: 九華帳深夜悄悄. 反魂香降夫人魂.

B: 九華帳(きうくゎちゃう)深(ふか)くして、夜(よ)悄悄(せうせう)
たり。反魂香(はんごんかう)は夫人(ふじん)の魂(たましひ)を
降(お)ろす。

C: 구화장(九華帳)은 그윽하고 밤은 고요하네. 반혼향(反魂香)은 부인
의 혼을 불러오네.

A: 夫人之魂在何許. 香煙引到焚香處.

B: 夫人(ふじん)の魂(たましひ)、何(いづ)れの許(ところ)にか在
(あ)る。香(かう)の煙(けむり)に引(ひ)かれて、香(かう)を焚
(た)く處(ところ)に到(いた)る。

C: 부인의 혼은 어디에 있는가. 향 연기에 이끌려 향을 피운 곳에 다다
르네.

A: 旣來何苦不須臾. 縹緲悠揚還滅去.

B: 旣(すで)に來(きた)れること、何(なん)ぞ苦(はなは)だ須臾
(しゅゆ)だもあらず。縹緲(へうべう)して悠揚(いうやう)して,
還(かへ)りて滅(き)え去(さ)んぬ。

C: 와서는 아주 잠깐도 머무르지 않네. 아스라이 떠다니다 사라져 버
리네.

A: 去何速兮來何遲. 是耶非耶兩不知.

B: 去(さ)ること何(なん)ぞ速(すみ)やかなる、來(きた)ること何(なん)ぞ遅(おそ)き。是(それ)か非(あら)ぬか、兩(ふた)つながら知(し)らず。

C: 떠나는 것은 어찌 이리 빠르고 오는 것은 어찌 이리 느리단 말인가. 그것[이부인]인지 아닌지도 모르겠네.

A: 翠蛾髣髴平生貌, 不似昭陽寢疾時.

B: 翠蛾(すいが)は平生(へいぜい)の貌(かたち)に髣髴(はうふつ)たれど、昭陽(せうやう)に疾(やまひ)に寝(ふ)せりし時(とき)にだも似(に)ず。

C: 아름다운 모습은 살아 있을 때의 모습 그대로이지만, 소양전(昭陽殿)에서 병들어 누워 있을 때와는 다르네.

A: 魂之不來君心苦, 魂之來兮君亦悲.

B: 魂(たましひ)の來(きた)らざるときは、君(きみ)の心(こころ)苦(くる)しむ。魂(たましひ)の來(きた)るときに、君(きみ)亦(また)悲(かな)しむ。

C: 혼이 오지 않을 때는 황제의 마음이 괴롭다네. 혼이 올 때도 황제(의 마음)이 또 슬프다네.

A: 背燈隔帳不得語, 安用暫來還見爲.

B: 燈(ともしび)を背(そむ)け、帳(とばり)を隔(へだ)てて、語(ものい)ひすること得(え)ず。安(いづ)くんぞ暫(しばら)く來(きた)りて還(かへ)りて見(み)ることを用(もち)ゐて爲(せ)ん。

C: 등불을 등지고, 휘장을 사이에 두고도 말이 없네. 잠깐 왔다 가는 것을 보는 것으로 것만으로 어찌할 도리가 없네.

A: 傷心不獨漢武帝. 自古及今皆若斯.

B: 心(こころ)を傷(いた)ましむること、獨(ひと)り漢(かん)の武帝(ぶてい)のみにあらず。古(いにしへ)より今(いま)に及(およ)びて、皆(みな)斯(か)くの若(ごと)し。

C: 마음을 아프게 하는 것은, 단지 한나라 무제만이 아니라네. 예부터 지금에 이르기까지 모두 이와 같았네.

A: 君不見穆王三日哭. 重壁臺前傷盛姬.

B: 君(きみ)見(み)ずや、穆王(ぼくわう)の三日(さむじつ)の哭(こく)せるを。重壁臺(ちょうへきだい)の前(まへ)、盛姬(せいき)を傷(いた)めり。

C: 그대는 보지 못했는가, (주나라) 목왕(穆王)이 삼일 동안 울었던 것을. 중벽대(重壁臺) 앞에서 성희(盛姬)의 죽음을 슬퍼하였네.

A: 又不見太陵一掬淚. 馬嵬坡下念楊妃.

B: 又(ま)た見(み)ずや、太陵(たいりょう)一掬(いっきく)の淚(なみだ)。馬嵬坡(ばぐゎいは)の下(もと)に、楊妃(やうひ)を念(おも)へり。

C: 또 보지 못했는가, (당나라) 현종(玄宗)의 한줌 눈물을. 마외파(馬嵬坡) 아래에서 양귀비를 생각하였네.

A: 縱令妍姿艷質化爲土, 此恨長在無銷期.

B: 縱令(たと)ひ妍姿(げんし)艷質(ゑむしつ)は、化(くゎ)して土
(つち)と爲(な)るとも、此(こ)の恨(うら)みは長(なが)く在(あ)
りて、銷(き)ゆる期(とき)無(な)けん。

C: 가령 아름다움은 변하여 흙이 된다고 하더라도, 그 한은 오래도록
남아 사라질 줄 모르네.

A: 生亦惑, 死亦惑, 尤物惑人忘不得.

B: 生(い)きても亦(ま)た惑(まど)ふ。死(し)んでも亦(ま)た惑(ま
ど)ふ。尤(けやけ)き物(もの)は人(ひと)を惑(まど)はしめて、
忘(わす)るること得(え)ざらしむ。

C: 살아 있어도 미혹되게 하고 죽어서도 미혹되게 하네. 빼어난 것은
사람을 미혹되게 하여 잊지도 못하게 만드네.

A: 人非木石皆有情, 不如不遇傾城色.

B: 人(ひと)木石(ぼくせき)にあらず、皆(みな)情(なさ)け有(あ)
り。如(し)かず、傾城(けいじゃう)の色(いろ)に遇(あ)はざらん
には。

C: 사람은 목석이 아니라 모두 감정이 있다네. 차라리 경국지색과 만
나지 않는 편이 낫다네.

〈해설〉

· 嬖惑(폐혹): 경국지색의 폐단.

· 漢武帝(한무제): 전한(前漢) 제5대 황제. 본명은 유철(劉徹).

· 夫人病時不肯別(부인병시불긍별): 이부인은 무제의 총애를 받아 황자 하나를 낳자 건강이 좋지 않아 병상에 누었다. 임종의 병상을 문병한 무제가 이불에 얼굴을 묻는 부인에게 잠깐이라도 좋으니 얼굴을 보이라고 하자 화장도 하지 않은 얼굴로 뵙는 것은 실례라고 하며 보이려 하지 않았다. 무제가 더욱 졸라대자 벽을 향한 채 그 후로는 소리를 죽이고 울 뿐이었다. 이 구는 이부인이 무제의 요구에 응해 얼굴을 보이고 이 세상의 이별을 인정하려 하지 않았음을 말한 것이다.

· 甘泉殿(감천전): 섬서성(陝西省) 순화현(淳化縣)의 서북, 감천산(甘泉山)에 있던 궁전. 진(秦)나라 때 지어져 한나라 무제가 증축하였다.

· 寫眞(사진): 초상화를 그리다.

· 丹靑(단청): 빨강, 파랑의 그림물감.

· 愁殺(수살): 살(殺)은 의미를 강하게 하기 위한 조자(助字).

· 方士(방사): 선술(仙術)의 수험자(修驗者). 『한서(漢書)』에 따르면, 제인(齊人) 중에 소옹(少翁)이란 자가 사자(死者)의 혼백을 부를 수 있다고 하여 무제에게 불려가 이부인의 혼을 불렀다 한다.

· 九華帳(구화장): 여러 가지 꽃무늬가 있는 호화스런 장막.

· 悄悄(초초): 죽은 듯이 고요해지는 모양.

· 反魂香(반혼향): 사자(死者)의 영혼을 불러 돌아오게 하기 위해 피우는 향.

· 不須臾(불수유): 잠시도 머물지 않음.

· 縹緲(표묘): 끝없이 아득하게 넓어서 있는지 없는지 알 수 없고 어렴풋 함.

· 悠揚(유양): 둥실둥실 떠다니는 모양.

· 去何速兮來何遲(거하속혜내하지)·是耶非耶兩不知(시야비야량
부지): 이부인의 혼을 바라보았을 대의 무제의 노래에「그대인가, 아
닌가? 서서 그대를 바라보고 있는데, 그대는 어찌 그리 한가로이 느
릿느릿 오는가(是耶非耶, 立而望之, 偏何姍姍, 其來遲也)」라고 했다. 혜(兮)
는 뜻 없이 리듬을 정돈하는 조자(助字)이며, 시(是)는 진실, 비(非)는
가짜라는 뜻이다.

· 翠蛾(취아): 미인의 아름다운 눈썹.

· 髣髴(방불): 꼭 닮음.

· 昭陽(소양): 한나라 성제(成帝)의 황후가 살았던 방 이름. 여기서는 대
궐 안 깊숙한 곳에 있는 방이라는 의미이다.

· 背燈隔帳(배등격장): 등불을 자기 등뒤에 두고 장막 너머로.『한서(漢
書)』에는「등불을 켜고 장막을 펼치다(張燈燭, 設帷帳)」라고 되어 있다.

· 穆王三日哭(목왕삼일곡)·重璧臺前傷盛姬(중벽대전상성희): 목왕
은 주나라 5대왕. 총애하는 성희(盛姬)를 위해서 지은 중벽대(重璧臺)
에서 성희가 죽자, 그 죽음을 추모하기 위하여 성대하게 장을 지냈다.

· 太陵(태릉): 현종(玄宗)의 능. 여기서는 현종을 가리킨다. 능은 섬서
성(陝西省) 포성현(蒲城縣) 금율산(金栗山)에 있다.

· 馬嵬坡(마외파): 장안 서쪽 약 50킬로에 있는 지명. 안록산의 난으로
촉(蜀)으로 멀리 달아나던 현종이 병사들의 강박에 의해 양귀비를
교살한 곳이다.

· 姸姿(연자): 아름다운 모습.

· 此恨長在無銷期(차한장재무소기): 양귀비와의 사랑에 대한 한은
사라져 없어질 때가 없다. 그 뜻은「장한가(長恨歌)」의「이 한(恨)은
면면히 이어져 다할 일이 없네(此恨綿綿無盡期)」와 같다.

· 尤物(우물): 특출한 미인. 이 말은 『좌전(左傳)』「소공(昭公)」 28년 조에 보인다.
· 人非木石(인비목석): 5세기말의 포조(鮑照)의 시 「행로난(行路難)」에 「마음이 목석이 아닌데 어찌 감음이 없으랴(心非木石豈無感)」라고 하였다.
· 傾城(경성): 뛰어난 미인.

37. 능원첩(陵園妾)

A: 陵園妾○憐幽閉也.

B: 陵園妾(りょうゑんせふ)○幽閉(いうへい)を憐(かな)しめり。

C: 능원첩(陵園妾)○ 유폐된 이를 불쌍히 여기는 것이다.

〈해설〉

· 陵園妾(능원첩): 천자의 능묘를 지키며 하루하루를 살아가는 궁녀를 가여워하는 내용의 시. 이른바 능침제도로 인해 진시황 이후 죽은 황제의 능묘에서 궁녀들로 하여금 생전과 다름없이 수발을 들게 했다고 한다.

A: 陵園妾, 顏色如花命如葉. 命如葉薄將奈何.

B: 陵園(りょうゑん)の妾(せふ)、顏色(がんしょく)花(はな)の如(ごと)く、命(いのち)葉(は)の如(ごと)し。命(いのち)葉(は)の薄(うす)きが如(ごと)くして、將(まさ)に奈何(いかん)せんとす。

C: 능원 사는 궁녀는 안색이 꽃과 같으나 운명은 잎새와 같네. 운명이 잎새처럼 가녀리니 장차 어찌할꼬.

A: 一奉寢宮年月多. 年月多時光換. 春愁秋思知何限.

B: 一(ひと)たび寢宮(しむきう)に奉(つか)うて、年月(ねんぐゑつ)多(おほ)し。年月(ねんぐゑつ)多(おほ)ければ、時光(じくゎう)

換(か)はる。春(はる)の愁(うれ)へ、秋(あき)の思(おも)ひ、何(なん)の限(かぎ)りをか知(し)らん。

C: 한 번 침궁에서 시중든 후 오랜 세월이 흘렀네. 오랜 세월 흘러가니 계절도 바뀌고 봄의 수심과 가을의 상념은 끝을 알 수 없네.

A: 靑絲髪落叢鬢疎. 紅玉膚銷繋裙縵[莫晏切].

B: 靑絲(せいし)の髪(かみ)落(お)ちて、鬢(びん)を叢(あつ)めて疎(おろそ)かなり。紅玉(こうぎょく)の膚(はだ)は銷(き)えて、裙(もすそ)を繋(ゆ)ふこと縵(ゆる)し。

C: 청사 같던 (검은) 머리는 빠지고 살쩍을 모아도 듬성듬성하네. 홍옥 같던 살결은 사라지고 치마는 헐렁해졌네.

A: 憶昔宮中被妬猜, 因讒得罪配陵來.

B: 憶(おも)ふ昔(むかし)宮中(きうちう)にして、妬(ねた)み猜(そ)ねまれて、讒(ざむ)に因(よ)りて罪(つみ)を得(え)て、陵(りょう)に配(はい)せられて來(きた)れり。

C: 돌이켜 생각해 보니, 그 옛날 궁중에서 시기를 당하여 참언으로 죄를 얻어 능원에 유배되어 왔다네.

A: 老母啼呼趁[丑忍切]車別, 中宮監送鎖門廻.

B: 老母(らうぼ)啼(な)き呼(よ)びて、車(くるま)を趁(とど)めて別(わか)る。中官(ちうくゎん)に監送(かむそう)して、門(もん)を鎖(さ)して廻(かへ)る。

C: 노모는 울며불며 수레를 붙잡고 이별했네. 환관은 호송한 후 문을

잠그고 돌아갔네.

A: 山宮一閉無開日. 此身未死不令出.

B: 山宮(さんきう)に一(ひと)たび閉(と)ぢられて、開(あ)くる日(ひ)無(な)し。此(こ)の身(み)、未(いま)だ死(し)せざれば、出(い)ださしめず。

C: 산속 궁전에 한번 갇힌 후 열린 날이 없으니, 이 몸 죽기 전에는 나가게 해주지 않을 테지.

A: 松門到曉月徘徊. 柏城盡日風蕭瑟.

B: 松門(しょうもん)、曉(あかつき)に到(いた)るまで、月(つき)に[126]徘徊(はいくゎい)す。柏城(はくじゃう)に盡日(ひねもす)に風(かぜ)蕭瑟(せうしつ)たり。

C: 소나무 심은 능원 문에는 새벽까지 달이 서성이네. 측백나무 우거진 능원 담에는 하루 종일 바람이 쓸쓸하네.

A: 松門柏城幽閉深. 聞蟬聽燕感光陰.

B: 松門(しょうもん)柏城(はくじゃう)、幽閉(いうへい)せること深(ふか)し。蟬(せみ)を聞(き)き、燕(つばめ)を聽(き)きて、光陰(くゎういむ)を感(かむ)ず。

C: 소나무와 측백나무 우거진 능원의 문과 담에 깊숙이 유폐되어, 매미와 제비 소리 들으며 세월을 느끼네.

---

126 가나점 「二」를 주(朱)로 지웠다.

A: 眼看菊蘂重陽淚. 手把梨花寒食心.

B: 眼(まなこ)菊蘂(きくずい)を看(み)れば、重陽(ちょうやう)の淚(なみだ)あり。手(て)に梨花(りくゎ)を把(と)れば、寒食(かんしょく)の心(こころ)あり。

C: 눈에는 국화꽃을 바라보며 중양절의 눈물이 고이고, 손에는 배꽃을 들어 한식절의 회포가 있네.

A: 把花掩淚無人見. 綠蕪墻遶靑苔院.

B: 花(はな)を把(と)りて、淚(なみだ)を掩(おほ)ひて、人(ひと)の見(み)る無(な)し。綠蕪(りょくぶ)の牆(かき)は、靑苔(せいたい)の院(ゑん)を遶(めぐ)れり。

C: 꽃을 들어 눈물을 감추어도 보아 줄 사람이 없다네. 푸른 잡초가 무성한 담장은 퍼런 이끼로 덮인 능원을 두르고 있을 뿐이라네.

A: 四季徒支粧粉錢. 三朝不識君王面.

B: 四季(しき)には徒(いたづ)らに粧粉(さうふん)の錢(せん)を支(つか)ふ。三朝(さむてう)までに君王(くんわう)の面(おもて)を識(し)らず。

C: 사계절마다 의미 없이 화장 값은 받는데, 삼대 동안 임금의 얼굴을 모르는구나.

A: 遙想六宮奉至尊. 宣徽雪夜浴堂春.

B: 遙(はる)かに六宮(りくきう)の、至尊(しそん)に奉(ほう)ぜることを想(おも)ふ。宣徽(せんくゎ)の雪(ゆき)の夜(よる)、浴堂

(よくだう)の春(はる)。

C: 저 멀리 육궁에서 천자를 모시고 있을 이들을 생각하네. 선휘전의
눈 내리는 밤이며 욕당전의 봄이며 (하염없이 천자를 기다리고만
있을 것이라네).

A: 雨露之恩不及者, 猶聞不啻三千人.

B: 雨露(うろ)の恩(おん)及(およ)ばざる者(もの)は、猶(な)ほ啻(た)
だに三千人(さむぜんにん)のみにあらざることを聞(き)く。

C: 천자의 은총이 미치지 않는 이가 다만 삼천 명만이 아니라고 들었
다네.

A: 我爾君恩何厚薄. 願令輪轉直陵園, 三歲一來均苦樂.

B: 我(われ)と爾(なんぢ)と君(きみ)の恩(おん)、何(なん)ぞ厚薄(こ
うはく)なる。願(ねが)はくは輪轉(りんてん)して陵園(りょう
ゑん)に直(ちょく)せしめて[127]、三歲(さむさい)に一(ひと)たび
來(きた)りて、苦樂(くらく)を均(ひと)しうせん。

C: 나와 그대들[육궁의 삼천 궁녀들]이 천자에게 받는 은총은 어찌
이리도 차이가 나는가. 원컨대 번갈아 능원을 지키도록 하여 삼년
에 한 번 와서 고락을 공평하게 하소서.

⟨해설⟩
· 寢宮(침궁): 죽은 천자의 혼백이 거처하는 궁전. 능묘 옆에 생전의 침
(寢)[개인 생활 공간]을 본떠서 지었다.

---

127 「令」 좌측에 「テ」가 가점되어 있으나 불필요한 점이다.

· 知何限(지하한): 대체 끝이 언제인가, 끝을 알 수 없다는 뜻.

· 靑絲髮(청사발)·紅玉膚(홍옥부): 윤기 있는 검은 머리와 홍옥처럼 아름다운 살결.

· 繫裙(계군): 허리에 걸치는 치마.

· 中官(중관): 천자 측근의 환관.

· 松門(송문)·柏城(백성): 천자의 능묘를 가리키는 말. 소나무와 측백 나무는 능묘에 심는 상록수.

· 蕭瑟(소슬): 바람이 쓸쓸하게 부는 모양.

· 重陽(중양): 중양절. 음력 9월 9일. 국화주를 마시며 장수를 기원하는 풍습이 있다.

· 寒食(한식): 동지로부터 105일째 날. 이 날은 취사에 불을 쓰지 않는 풍습이 있다. 이 무렵에 하얀 배꽃이 핀다.

· 綠蕪(녹무): 초록색 잡초.

· 靑苔院(청태원): 파란 이끼가 낀 안마당.

· 三朝(삼조): 천자 3대 동안.

· 六宮(육궁): 황후와 궁녀들이 사는 여섯 궁전. 이 시에서는 후궁에 사는 여성들을 널리 가리키고 있다.

· 宣徽(선휘)·浴堂(욕당): 선휘전과 욕당전. 장안성 북동쪽 대명궁(大明宮) 안에 있는 궁전들의 이름. 모두 천자의 침전인 자침전(紫宸殿) 동쪽에 위치한다.

· 雨露之恩(우로지은): 천자의 은택.

· 三千人(삼천인): 많은 수의 후궁들을 나타내는 말.「장한가(長恨歌)」에서도 같은 의미로 쓰인다.

· 三歲(삼세): 3년. 통상적으로 관직의 임기는 3년이었다.

38. 염상부(鹽商婦)

A: 鹽商婦○惡幸人也.

B: 鹽商婦(ゑむしゃうふ)○幸人(かうじん)を惡(にく)めり。

C: 염상부(鹽商婦)○ 요행을 누리는 이를 미워하였다.

〈해설〉

· 鹽商婦(염상부): 소금장수의 아내. 나라에 납입해야 할 소금을 빼돌
려 자신의 이익으로 취하는 소금장수의 부인을 예로 들어, 스스로
일하지 않고 요행을 얻어 그것을 누리는 이를 비판한 시이다.

A: 鹽商婦, 多金帛. 不事田農與蠶績.

B: 鹽商(ゑむしゃう)の婦(ふ)、金帛(きむぱく)多(おほ)し。田農
(でんのう)と蠶績(さむせき)とを事(こと)とせず。

C: 소금장수의 아내는 돈과 비단이 많아서 농사도, 누에를 쳐서 베를
짜는 일도 업으로 삼지 않는다네.

A: 南北東西不失家. 風水爲鄉船作宅.

B: 南北(なむぼく)東西(とうざい)家(いへ)を失(うしな)はず。風水
(ふうすい)を鄉(きゃう)と爲(な)し、船(ふね)を宅(たく)と作
(な)す。

C: 동서남북 어디를 가나 집이 있네. 바람과 물이 있는 곳을 고향으로
여기고, 배를 제 집으로 삼네.

A: 本是揚州小家女. 嫁得西江大商客.

B: 本(もと)是(これ)揚州(やうしう)小家(せうか)の女(むすめ)な
り。西江(せいかう)大商(だいしゃう)の客(かく)に嫁(とつ)ぎ得
(え)たり。

C: 본래는 양주(揚州)의 미천한 집 딸인데, 서강(西江)의 큰 장사치에게
시집을 왔다네.

A: 綠鬟富去金釵多. 皓腕肥來銀釧窄.

B: 綠(みどり)の鬟(かつら)富(と)み去(もてい)って、金(かね)の釵
(かんざし)多(おほ)し。皓(しろ)き腕(たぶさ)肥(こ)え來(きた)
りて、銀(しろがね)の釧(たまき)窄(すぼ)し。

C: 윤기 흐르는 얹은머리에는 금비녀를 잔뜩 꽂았고, 뽀얀 팔뚝은 통
통하여 은팔찌가 꼭 낀다네.

A: 前呼蒼頭後叱婢. 問爾因何得如此.

B: 前(まへ)には蒼頭(さうとう)を呼(よ)ばひ、後(うし)ろには婢
(ひ)を叱(いさ)む。問(と)ふ、爾(なんぢ)何(なに)に因(よ)り
て、此(か)くの如(ごと)きことを得(う)。

C: 앞으로는 종복들을 불러대고, 뒤로는 계집종들을 다그친다네. 묻
건대, 그대는 무엇으로 말미암아 이와 같이 될 수 있었는가?

A: 壻作鹽商十五年. 不屬州縣屬天子.

B: 壻(をうと)鹽商(ゑむしゃう)と作(な)りて十五年(じふごねん)。
州縣(しうけん)に屬(つ)かず、天子(てんし)に屬(ぞく)せり。

C: 남편은 소금장수가 된 지 열다섯째 해인데, 지방관에게 속하지 않고 천자께 직속되어 있다네.

A: 每年鹽利入官時, 少入官家多入私.

B: 年(とし)每(ごと)に鹽利(ゑむり)の官(くゎん)に入(い)るる時(とき)、少(すこ)しきは官家(くゎんか)に入(い)れ、多(おほ)きは私(わたくし)に入(い)る。

C: 해마다 소금 팔아 얻은 이문을 조정에 납입할 때, 관에는 적게 넣고 제 주머니에는 많이 넣었네.

A: 官家利薄私家厚. 鹽鐵尙書遠不知.

B: 官(おほやけ)の家(いへ)は利(り)薄(うす)くして、私(わたくし)の家(いへ)は厚(あつ)し。鹽鐵尙書(ゑむてつしゃうしょ)も遠(とほ)ければ知(し)らず。

C: 조정의 세수는 적고 제 주머니는 두툼한데 염철상서(鹽鐵尙書)는 멀리 있어 알지도 못한다네.

A: 何況江頭魚米賤. 紅鱠黃橙香稻飯.

B: 何(いか)に況(いは)んや、江頭(かうとう)に魚米(ぎょべい)賤(やす)し。紅鱠(こうくゎい)黃橙(くゎうたう)香稻(かうたう)の飯(いひ)あり。

C: 하물며 강가에 사는지라 생선값과 쌀값도 싸니, 붉은 살 생선과 노랗고 향기 좋은 쌀로 지은 밥을 먹는다네.

A: 飽食濃粧倚柂樓. 兩朶紅顋花欲綻.

B: 飽(あ)きて食(く)らひ、濃(こま)やかに粧(よそほ)ひて柂樓(だ
ろう)に倚(よ)れり。兩朶(りゃうだ)の紅(べに)の顋(あぎと)、
花(はな)綻(ほころ)びんと欲(ほっ)す。

C: 배가 부르도록 먹고 짙은 화장을 하고서 배 위의 누각에 기대어 있
네. 불그스름한 두 볼에는 꽃잎이 터지려는 듯하네.

A: 鹽商婦, 有幸嫁鹽商. 終朝美飯食, 終歲好衣裳.

B: 鹽商(ゐむしゃう)の婦(ふ)、幸(かう)有(あ)りて鹽商(ゐむしゃ
う)に嫁(とつ)ぐ。終朝(ひめむす)に美(よ)き飯食(いむしょ
く)、歲(とし)を終(を)ふるまで好(よ)き衣裳(いしゃう)あり。

C: 소금장수의 아내는 운 좋게 소금장수에게 시집을 와서 날마다 맛
좋은 음식을 먹고 일년 내내 좋은 옷을 걸친다네.

A: 好衣美食來何處. 亦須慙愧桑弘羊.

B: 好衣(かうい)美食(びしょく)何(いづ)れの處(ところ)にか來(き
た)る。亦(ま)た須(すべか)らく桑弘羊(さうこうやう)を慙(は)
ぢ愧(は)づべし。

C: 좋은 옷과 맛좋은 음식은 어디서 왔단 말인가? 상홍양(桑弘羊)에게
부끄러워해야 할 것이네.

A: 桑弘羊死已久. 不獨漢時今亦有.

B: 桑弘羊(さうこうやう)死(し)して已(すで)に久(ひさ)し。獨(ひと)り
漢(かん)の時(とき)のみにあらず、今(いま)も亦(ま)た有(あ)り。

C: 상홍양이 죽은 지가 이미 오래되었다지만, 한나라 때뿐만 아니라
　　지금도 (그와 같은 사람이) 있다네.

〈해설〉

· 蠶績(잠적): 누에를 치고 베를 짬.
· 揚州(양주): 지금의 강소성(江蘇省) 양주시(揚州市). 당나라 시대에 염
　　철전운사(鹽鐵轉運使)가 설치되어 천하제일의 상업도시로서 이름을
　　떨쳤다.
· 小家(소가): 미천한 집안. 가난한 집안.
· 西江(서강): 장강(長江)의 중하류 지역을 가리킨다.
· 綠鬟(녹환): 윤기 흐르는 검은 머리. 아름다운 여성을 가리킨다.
· 銀釧(은천): 은팔찌.
· 蒼頭(창두): 사내 종. 종복, 하인.
· 鹽鐵尙書(염철상서): 조정에서 소금과 철의 전매를 관장하는 장관.
· 紅鱠(홍회): 살이 붉은 생선.
· 黃橙(황등): 귤껍질의 빛깔과 같은 조금 불긋한 노란색.
· 香稻(향도): 향기가 날 정도로 질이 좋은 쌀.
· 柁樓(타루): 배 위에 세운 누각.
· 兩朶紅顋(양타홍시): 양쪽으로 늘어진 붉은 뺨.
· 桑弘羊(상홍양): 전한(前漢)의 정치가 및 재정가. 한나라 무제(武帝)의
　　재위 기간 중에 잇따른 군사행동으로 인한 재정위기를 타개하기 위
　　해 소금과 철, 술에 대한 전매제를 실시하여 큰 효과를 거두었다. 한
　　편 그의 정책에 대한 백성들의 불만이 높아져 격렬한 논쟁을 벌였는
　　데 그 내용이 『염철론(鹽鐵論)』으로 전한다.

39. 행위량(杏爲梁)

A: 杏爲梁○刺居處奢也.

B: 杏爲梁(かうゐりゃう)○居處(きょしょ)の奢(おご)れることを
刺(そし)れり。

C: 행위량(杏爲梁) ○ 거처의 사치스러움을 비난하였다.

〈해설〉

· 杏爲梁(행위량): 살구나무로 대들보를 삼아 지은 건물. 계수나무와
함께 살구나무로 지은 건축은 사치스러운 것으로 여겨졌다. 이 시는
조정의 신하들이 호화로운 거처에 사는 것을 비난한 것이다.

A: 杏爲梁, 桂爲柱. 何人堂室. 李開府.

B: 杏(かう)を梁(うつばり)と爲(し)、桂(けい)を柱(はしら)と爲
(す)。何人(なにびと)の堂室(だうしつ)ぞ。李開府(りかいふ)な
り。

C: 살구나무를 대들보로 삼고, 계수나무를 기둥으로 삼네. 누구의 집
인가? 이개부(李開府)의 집이라네.

A: 碧砌紅軒色未乾, 去年身沒今移主.

B: 碧砌(へきせい)紅軒(こうけん)、色(いろ)未(いま)だ乾(かは)か
ざるに、去(いん)じ年(とし)身(み)沒(ぼっ)して、今(いま)主
(しゅ)を移(うつ)せり。

C: 푸른빛 돌층계와 붉은 난간은 색칠이 아직 마르지 않았는데, 지난
해 그는 죽고 지금은 주인이 바뀌었네.

A: 高其墻大其門. 誰家宅第. 盧將軍.

B: 其(そ)の牆(かき)を高(たか)くして、其(そ)の門(かど)を大(お
ほ)きにせり。誰(た)が家(いへ)の宅第(たくてい)ぞ。盧將軍(ろ
しゃうぐん)なり。

C: 담장은 높게 하고, 문은 크게 꾸몄네. 누구의 저택인가? 노장군(盧
將軍)의 집이라네.

A: 素泥朱板光未滅. 今歲官收別賜人.

B: 素泥(そでい)朱板(しゅばん)、光(ひかり)未(いま)だ滅(き)えざ
るに、今歲(ことし)官(おほやけ)收(をさ)めて、別(べつ)に人
(ひと)に賜(たま)ふ。

C: 흰 벽과 붉게 칠한 판자는 빛깔이 아직 스러지지 않았는데, 지금은
관(官)이 몰수하여 다른 사람에게 주었다네.

A: 開府之堂將軍宅, 造未成時頭已白.

B: 開府(かいふ)の堂(だう)、將軍(しゃうぐん)の宅(たく)[128]、造
(つく)り未(いま)だ成(な)らざる時(とき)に、頭(かうべ)已(す
で)に白(しら)けたり。

C: 이개부의 집과 노장군의 저택은 지어지기도 전에, 그들의 머리는
이미 하얗게 세었네.

---

128 좌훈으로 「イエ」(いへ)라고 적혀 있다.

A: 逆旅重居逆旅中. 心是主人身是客.

B: 逆旅(げきりょ)にして重(かさ)ねて逆旅(げきりょ)の中(うち)に
居(を)れり。心(こころ)は是(これ)主人(あるじ)、身(み)は是(こ
れ)客(たびびと)なり。

C: (천지라는) 객사에 머물면서 다시 또 (집이라는) 객사를 지어 머무
네. 마음은 주인이지만 몸은 나그네라네.

A: 更有愚夫念身後. 心雖甚長計非久.

B: 更(さら)に愚夫(ぐふ)の身後(しんこう)を念(おも)ふ有(あ)り。
心(こころ)甚(はなは)だ長(ちゃう)ずといへども、計(はか)るこ
と久(ひさ)しきにあらず。

C: 더욱이 이 어리석은 사내들은 죽은 후를 걱정하네. 심히 멀리를 내
다보지만 계획한 대로 오래 살지는 못할 것이네.

A: 窮奢極麗越規模. 付子傳孫令保守.

B: 奢(おご)りを窮(きは)め、麗(うるは)しきを極(きは)めて、規模
(きぼ)に越(こ)えたり。子(こ)に付(さづ)け、孫(まご)に傳(つ
た)へて、保(たも)ち守(まも)らしめり[129]。

C: 사치와 호화로움이 극에 달하여 분수를 넘었다네. 자식에게 넘기
고 손자에게 전하여 대대손손 물려주고자 하네.

A: 莫教門外過客聞. 撫掌廻頭笑殺君.

---

[129] 「令」에 「メリ」(しめり)라고 가점되어 있어 그것에 따랐다. 그러나 하2단활용을
하는 사역 조동사 「しむ」는 완료 조동사 가운데 「り」가 아닌 「たり」를 취하여
「しめたり」의 형태를 취하는 것이 일반적이다.

B: 門外(もんぐゎい)の過客(くゎかく)をして聞(き)かしむること
莫(な)かれ。掌(たなごころ)を撫(ぶ)し、頭(かうべ)を廻(めぐ)
らして、君(きみ)を笑殺(せうさつ)せしめん。

C: 문밖의 과객에게 물을 것도 없네. 손바닥을 치고 고개를 저으며 그
대를 비웃을 것이네.

A: 君不見, 馬家宅尙¹³⁰猶存, 宅門題作奉誠園.

B: 君(きみ)見(み)ずや、馬家(ばか)の宅(いへ)、尙(こひねが)はく
は¹³¹猶(な)ほ存(そん)せるに、宅門(たくもん)¹³²を題(だい)し
て、奉誠園(ほうせいゑん)と作(つく)るを。

C: 그대는 보지 못했는가, 마가(馬家)의 저택이 아직도 남아 있는데 대
문에 봉성원(奉誠園)이라고 써붙인 것을.

A: 君不見, 魏家宅屬他人, 詔贖賜還五代孫.

B: 君(きみ)見(み)ずや、魏家(ぐゐか)の宅(いへ)、他人(たにん)に
屬(ぞく)せるに、詔(せう)して贖(あが)うて、五代(ごだい)の孫
(そん)に賜(たま)ひ還(かへ)せるを。

C: 그대는 보지 못했는가, 위가(魏家)의 저택이 다른 사람에게 넘어간
것을, 칙명으로 거둬들여 오대손에게 돌려주었던 것을.

a: 元和四年詔特以官錢, 贖魏徵勝業坊中舊宅, 以還其孫, 用獎忠儉.

---

130 「尙」 위치가 「子」로 되어 있는 텍스트도 있다. 이 경우 '마가의 저택에 그 자식이
아직 살아 있는데'의 의미가 된다.

131 「尙」에 「コ クハ」라고 가점되어 있어서 「尙(こひね)がはくは」(원컨대)라고 훈
독하였으나 의미상 적절치 않으므로 「尙」 본래의 의미대로 번역하였다.

132 좌훈으로 「ノ」(いへのかど)라고 적혀 있다.

b: 元和(ぐゑんわ)四年(しねん)、詔(せう)して特(とく)に官錢(くゎんせん)を以(もち)て、魏徵(ぐゐちょう)の勝業坊中(しょうげふばうちう)の舊宅(きうたく)を贖(あが)うて、以(もち)て其(そ)の孫(そん)に還(かへ)して、用(もち)て忠儉(ちうけむ)を獎(しゃう)せり。

c: 원화(元和) 4년에 조칙을 특별히 내려, 관전(官錢)으로써 위징(魏徵)의 승업방(勝業坊) 중 구택을 거둬들여서 그 자손에게 돌려줌으로써 충성과 검소를 장려하였다.

A: 儉存奢失今在目. 安用高牆圍大屋.

B: 儉(けむ)なるは存(そん)し、奢(おご)れるは失(しっ)すること、今(いま)目(まのあたり)に在(あ)り。安(いづ)くんぞ高牆(かうしゃう)の、大屋(たいをく)を圍(めぐ)れるを用(もち)ゐん。

C: 검소한 것은 남게 되고 사치스러운 것은 잃는 일이 지금 눈앞에 있네. 높은 담장으로 큰 집을 두른들 무슨 소용인가?

〈해설〉

·居處奢(거처사): 주거의 호화로움. 안사(安史)의 난 이후, 기강이 해이해져 조신(朝臣), 번장(蕃將)들이 앞다투어 호사로운 저택을 짓기 위해서 큰돈을 낭비하였다. 백거이가 그것을 주제로 노래한 시로 백씨문집 제2권 「진중음(秦中吟)」의 「상택(傷宅)」 한 편이 있다.

·桂(계): 계수나무. 목재로 유명하다.

·李開府(이개부): 누구를 가리키는지는 미상이다. 이임보(李林甫)라는 설도 있고 윤주(潤州)의 진해군절도사(鎭海軍節度使)이었던 이기

(李錡)라는 설도 있다.

· 碧砌(벽체): 푸른빛으로 칠한 돌층계.

· 紅軒(홍헌): 붉게 칠한 난간.

· 盧將軍(노장군): 노종사(盧從史)를 말한다. 종사는 일찍이 절도사(節
度使)인 이장영(李長榮)에게 등용되어 장군이 되었고, 덕종(德宗) 때에
소의절도사(昭義節度使)가 되었다. 원화(元和) 5년(810) 환주사마(驩州
司馬)로 좌천되어, 그 저택이 관(官)에 몰수되었다.

· 素泥(소니): 흰 벽.

· 朱板(주판): 붉게 칠한 판자.

· 逆旅重居逆旅中(역려중거역려중): 역려(逆旅)는 객사. 역려라는 말
은 『장자(莊子)』, 『좌전(左傳)』에 보이지만, 이 시에서 직접 의거한 것
은 이백(李白)의 「춘야연도리원서(春夜宴桃李園序)」로서, 「무릇 하늘
과 땅은 만물의 객사이며 광음은 백대의 과객이다(夫天地者, 萬物之逆
旅, 光陰者, 百代之過客)」라고 했다. 하늘과 땅이라는 객사 가운데에 있
으면서 집이라는 객사를 지었으니 객사 속의 객사를 지은 것과 같다
는 것이다.

· 心是主人身是客(심시주인신시객): 마음으로는 저택의 주인이지만
몸은 하룻밤 묵는 나그네에 불과하다는 뜻이다.

· 身後(신후): 사후(死後).

· 心長(심장): 먼 장래까지 생각하고 계획하다.

· 撫掌(무장): 손바닥을 침.

· 笑殺(소살): 배꼽이 빠지게 웃다. 포복절도하다. 살(殺)은 의미를 강
하게 하기 위한 조자(助字)이다.

· 馬家宅(마가택)과 奉誠園(봉성원): 당나라 마수(馬燧)가 큰 돈을 들

여서 지은 저택. 마수가 죽은 후, 아들인 창(暢)이 물려받았으나 덕종
정원(貞元) 말년에 신지염(申志廉)의 권유로 천자에게 헌상했는데 조
정은 이를 폐하고 봉성원(奉誠園)이라고 하였다. 이 일은 이조(李肇)의
『당국사보(唐國史補)』, 『당서(唐書)』 「마수전(馬燧傳)」 등에 보인다.

· 魏家宅屬他人(위가택속타인): 위가(魏家)란 당의 개국공신 위징(魏
徵)의 저택을 말하는데 영흥방(永興坊)에 있었다. 오래 남의 손에 넘
어가 있던 것을 헌종(憲宗) 원화 4년(809)에 관비(官費)로 되사들인 후
5대손인 위조(魏稠)에게 반환되었다. 이를 권유한 것은 백거이로, 일
의 경과는 백씨문집 제41권 「논위징구택장(論魏徵舊宅狀)」에 상세하다.

· 賜還(사환): 되돌려 하사하다.

40. 정저인은병(井底引銀瓶)

A: 井底引銀瓶○止淫奔也.

B: 井底引銀瓶(せいていいんぎんぺい)○淫奔(いむぽん)を止(や)
めたり。

C: 정저인은병(井底引銀瓶)○ 음란하고 분방함을 그치게 하려는 것이다.

〈해설〉

· 井底引銀瓶(정저인은병): 정식으로 혼인 절차를 밟지 않은 음란한
자유결혼을 그치게 하려는 시이다. 은병(銀瓶)은 은으로 된 두레박.
우물과 두레박은 남녀 사이의 관계를 비유한 것이다.

· 淫奔(음분): 정식 예에 따르지 않고 남녀가 함께 사는 것. 『시경(詩經)』
「대차(大車)」 서(序)에 「예의가 침체하여 남녀가 음분하였다(禮儀陵
遲, 男女淫奔)」라고 했다.

A: 井底引銀瓶. 銀瓶欲上絲繩絕.

B: 井(ゐ)の底(そこ)に銀瓶(ぎんぺい)を引(ひ)く。銀(ぎん)の瓶(つ
るべ)は上(のぼ)らんとして、絲(いと)の繩(なは)絕(た)えぬ。

C: 우물 바닥에서 은두레박을 당기네. 은 두레박이 올라오려는 찰나
에 줄이 끊어졌네.

A: 石上磨玉簪, 玉簪欲成中央折.

B: 石(いし)の上(うへ)に玉(ぎょく)の簪(かむざし)を磨(みが)き、

玉(ぎょく)の簪(かむざし)は成(な)らんとして、中央(なかば)より折(を)れぬ。

C: 돌 위에 옥을 갈아 옥비녀가 되려는 찰나에 가운데가 부러졌네.

A: 瓶沈簪折知. 奈何. 似妾今朝與君別.

B: 瓶(つるべ)沈(しづ)み、簪(かむざし)折(を)れて知(し)りぬ。奈何(いか)がせん。妾(せふ)が今朝(けさ)君(きみ)と別(わか)るるに似(に)たり。

C: 두레박은 가라앉고 비녀는 꺾여서 알았네. 어찌하리오. 오늘 아침 저와 당신의 이별과 비슷하구려.

A: 憶昔在家爲女時, 人言擧動有殊姿.

B: 憶昔(むかし)家(いへ)に在(あ)りて、女(むすめ)たりし時(とき)、人(ひと)の言(い)っしく、擧動(きょどう)殊(こと)なる姿(すがた)有(あ)り。

C: 옛날 부모님 집에 있었던 처녀시절, 사람들이 말하기를, 행동거지에 특별함이 있다고 했네.

A: 嬋娟兩鬢秋蟬翼. 宛轉雙蛾遠山色.

B: 嬋娟(せんけん)たる兩鬢(りゃうびん)は、秋(あき)の蟬(せみ)の翼(はね)。宛轉(ゑんてん)たる雙蛾(さうが)は、遠(とほ)き山(やま)の色(いろど)り。

C: 아름다운 양쪽 귀밑머리는 가을 매미의 날개 같고, 길게 굽은 양쪽 눈썹은 먼 산빛이라.

A: 笑隨戲伴後園中. 此時與君未相識.

B: 笑(ゑ)んで戲(たはぶ)れの伴(とも)に隨(したが)ふ、後園(こうゑん)の中(なか)。此(こ)の時(とき)君(きみ)と未(いま)だ相(あ)ひ識(し)らず。

C: 웃으며 소꿉친구를 따라 놀던 후원. 이 때 당신과는 아직 몰랐네.

A: 妾弄靑梅憑短牆, 君騎白馬傍垂楊.

B: 妾(せふ)は靑梅(せいばい)を弄(もてあそ)んで、短(みじか)き牆(かき)に憑(よりかか)り、君(きみ)は白(しろ)き馬(うま)に騎(の)りて、垂(た)れたる楊(やなぎ)に傍(そ)へり。

C: 나는 푸른 매화 만지작거리며 얕은 담장에 기대었고, 당신은 흰 말을 타고 늘어뜨린 수양버들 곁에 섰네.

A: 牆頭馬上遙相顧. 一見知君卽斷腸.

B: 牆(かき)の頭(ほとり)馬(うま)の上(うへ)、遙(はる)かに相(あ)ひ顧(かへり)みる。一(ひと)たび見(み)て知(し)りぬ、君(きみ)が卽(すなは)ち腸(はらわた)を斷(た)つらんことを。

C: 담장과 말 위, 멀리 서로를 바라보네. 단번에 알았네, 당신이 (사랑에 빠져) 애가 타리라는 것을.

A: 知君斷腸共君語. 君指南山松柏樹.

B: 君(きみ)が腸(はらわた)を斷(た)つことを知(し)り、君(きみ)と共(とも)に語(かた)る。君(きみ)南山(なむざん)の松柏(しょうはく)の樹(き)を指(さ)す。

C: 당신이 애가 타는 것을 알고 당신과 함께 이야기를 나누네. 당신은 남산의 송백나무를 가리켰네.

A: 感君松柏化爲心. 闇合雙鬟逐君去.

B: 君(きみ)が松柏(しょうはく)の化(くゎ)して、心(なかごと)なるに感(かむ)じぬ。闇(ひそ)かに雙鬟(さうくゎん)を合(あ)ひて、君(きみ)を逐(お)ひて去(さ)る。

C: 당신의 마음이 송백과 같음에 감격하여, 몰래 부부의 연을 맺고 당신을 따라 떠났네.

A: 到君家舍五六年, 君家大人頻有言,

B: 君(きみ)が家舍(かしゃ)に到(いた)りて五六年(ごろくねん)、君(きみ)が家(いへ)の大人(たいじん)、頻(しき)りに言(い)へること有(あ)らく、

C: 당신 집에 와서 5, 6년, 당신 집의 어른들이 자주 말씀하시기를,

A: 聘則爲妻奔是妾. 不堪主祀奉蘋蘩.

B: 聘(へい)せられたるは[133]則(すなは)ち妻(さい)と爲(す)。奔(はし)るは是(これ)妾(せふ)なり。祀(まつりごと)を主(つかさど)りて蘋蘩(ひんぱん)を奉(ほう)ずるに堪(た)えず。

C: 빙례로 온 사람은 부인이지만 절차 없이 들어 온 사람은 첩이니, 제사를 주관하여 음식을 바치는 일은 맡길 수가 없다고 하네.

---

133 좌훈으로「ムカヘヨハレタルハ」(むかへよばれたるは)라고 적혀 있다.

A: 終知君家不可住. 其奈出門無去處.

B: 終(つひ)に知(し)りぬ、君(きみ)が家(いへ)に住(す)むべからざるといふことを。門(もん)を出(い)でて去(さ)る處(ところ)無(な)きに其奈(いかん)。

C: 끝내 알았네, 당신 집에서 살 수가 없다는 것을. 문을 나서도 갈 곳이 없으니 어찌한단 말인가.

A: 豈無父母在高堂. 亦有親情滿故鄉.

B: 豈(あ)に父母(ふぼ)の高堂(かうたう)に在(あ)る無(な)けんや。亦(ま)た親情(しんじゃう)の故鄉(こきゃう)に滿(み)つる有(あ)り。

C: 어찌 부모님이 옛날 집에 계시지 않겠는가? 또 가까운 친척도 고향에 많이 있네.

A: 潛來更不通消息. 今日悲羞歸不得.

B: 潛(ひそ)かに來(きた)りしかば、更(さら)に消息(せうそく)をだも通(かよ)はさず。今日(けふ)悲(かな)しみ羞(は)ぢて、歸(かへ)ること得(え)ず。

C: 몰래 왔으므로 더욱이 소식마저 끊겼고 이제 와서 슬프고 부끄러워 돌아갈 수가 없네.

A: 爲君一日恩, 悮妾百年身.

B: 君(きみ)が一日(いちにち)の恩(おん)の爲(ため)に、妾(せふ)が百年(ひゃくねん)の身(み)を悮(あやま)つ。

C: 당신과의 하룻밤 사랑으로 나는 평생 몸을 망쳤네.

A: 寄言癡小人家女. 愼勿將身輕許人.

B: 言(こと)を、癡(おろ)かに小(をさな)き人(ひと)の家(いへ)の女
(むすめ)に寄(よ)す。愼(つつし)んで、身(み)を將(もち)て、輕
(たやす)く人(ひと)に許(ゆる)すこと勿(な)かれ。

C: 어리석은 어린 처녀에게 충고하니, 삼가 몸가짐을 가볍게 하여 남
에게 몸을 허락하지 말지어다.

〈해설〉

· 銀瓶欲上絲繩絶(은병욕상사승절): 연애 관계가 끊어짐을 비유함.

· 玉簪(옥잠): 옥비녀.

· 今朝(금조): 금일.

· 爲女時(위여시): 숫처녀였던 때.

· 殊姿(수자): 뛰어나게 아름다운 얼굴 모양과 몸매.

· 嬋娟(선연): 아름다운 모양.

· 秋蟬翼(추선익): 가을 매미 날개처럼 투명하게 아름다움.

· 宛轉(완전): 깔끔하게 선회하는 모양.

· 雙蛾(쌍아): 누에나방을 닮은 좌우 한 쌍의 아름다운 눈썹. 가늘고 길
게 굽이진 누에 나방의 촉각처럼 아름다운 눈썹.

· 戲伴(희반): 놀이친구.

· 弄靑梅(농청매) 2구: 이백(李白)의 「장간행(長干行)」에 의거한 구이
다. 「머리카락 앞이마에 드리울 즈음, 꽃 꺽으며 문 앞에서 놀고는 하
였네. 그대는 죽마를 타고 와서는 침상 에워 청매실로 장난을 쳤다

네(妾髮初覆額, 折花門前劇, 郎騎竹馬來, 遶牀弄靑梅)」라고 했다. 방(傍)은 곁으로 다가오는 것이다.

· 斷腸(단장): 연심에 애끓는 생각을 함.

· 南山(남산): 장안 남쪽에 위치한 종남산(終南山).

· 松柏樹(송백수): 상록수인 송백(松柏)은 영원히 변치 않는 애정을 상징한다.

· 松柏化爲心(송백화위심): 푸른빛이 변치 않는 송백의 모습을 내 마음으로 삼는다는 것.

· 合雙鬟(합쌍환): 좌우로 갈라 땋은 머리를 하나로 합쳐 묶다. 즉 여성이 성인이 되었음을 나타내는 것이다.

· 大人(대인): 연장자에 대한 경칭.

· 聘則爲妻奔是妾(빙즉위첩분시첩): 빙(聘)은 약혼의 예를 갖추어 맞는 것이며, 분(奔)은 그것이 없이 남녀가 함께 사는 것이다. 이 구는 『예기(禮記)』의 「내칙편(內則篇)」에 의거한 것이다.

· 奉蘋蘩(봉빈번): 빈(蘋)은 마름이라는 부평초. 번(蘩)은 흰 쑥. 봉빈번(奉蘋蘩)은 이들을 신령에게 바치는 일이다.

· 其奈(기내): 내하(奈何)와 같다. 어찌할 도리가 없다는 뜻.

· 親情(친정): 친한 친척. 일가.

· 癡小(치소): 세상 물정에 어두움. 또는 그런 사람.

41. 관우(官牛)

A: 官牛○諷執政也.

B: 官牛(くゎんぎう)○執政(しっせい)を諷(ふう)せり。

C: 관우(官牛) ○ 집정(執政)을 풍자한 것이다.

〈해설〉

・官牛(관우): 수레를 끄는 관청의 소. 새로 부임하는 대신이 타고 올 말이 진흙탕에 더러워지는 것을 막고자 대량의 모래를 힘들게 운반하는 소의 모습을 통해, 나랏일에 힘써야 할 대신의 책무를 강조하고자 쓴 시이다.

A: 官牛, 官牛, 駕官車. 滻水岸邊般載沙.

B: 官牛(くゎんぎう)、官牛(くゎんぎう)、官車(くゎんしゃ)に駕(が)す。滻水(さんすい)の岸(きし)の邊(ほとり)に般(か)って沙(すな)を載(の)す。

C: 관청의 소는 관청의 소는 관아의 수레를 끈다네. 산수(滻水) 강변에 끌려 나가 모래를 싣는다네.

A: 一石沙幾斤重. 朝載暮載將何用.

B: 一石(いっせき)の沙(すな)は幾斤(いくきん)の重(おも)さぞ。朝(あした)に載(の)せ、暮(ゆふべ)に載(の)せて、將(まさ)に何(なに)か用(もっ)てせんとす。

C: 한 섬 모래는 무게가 얼마나 될 것인가. 아침에 싣고 저녁에도 실어 날라 어디에다 쓰려는가.

A: 載向五門官道西. 綠槐陰下鋪沙堤.

B: 載(の)せて五門(ごもん)の官道(くゎんだう)の西(にし)に向(む)かふ。綠槐(りょくくゎい)の陰(かげ)の下(した)に沙堤(さてい)を鋪(し)く。

C: (모래를) 짊어지고 대명궁(大明宮) 오문(五門)의 큰 길 서쪽으로 가서, 푸른 홰나무 그늘 아래에 모랫길을 깔려는 게지.

A: 昨來新拜右丞相. 恐怕泥塗汚馬蹄.

B: 昨來(このごろ)新(あら)たに右丞相(うじょうしゃう)に拜(はい)せられたる、泥塗(でいと)の馬(うま)の蹄(ひづめ)を汚(よご)さんことを恐(お)ぢ怕(お)づ。

C: 어제 새로 우승상(右丞相)에 제수된 이(가 탈 말의) 말발굽을 진흙탕이 더럽힐까 두려워한 것이라네.

A: 右丞相馬蹄蹋沙, 雖淨潔, 牛領牽車欲流血

B: 右丞相(うじょうしゃう)の馬(うま)の蹄(ひづめ)は、沙(すな)を蹋(ふ)みて淨潔(じゃうけつ)なりといへども、牛(うし)の領(くび)は車(くるま)を牽(ひ)きて、血(ち)を流(なが)さんとす。

C: 우승상이 탄 말의 발굽은 모래를 밟고서 깨끗할지라도, (그 모래를 나르는) 소의 목은 수레를 끄느라 피가 나려 하네.

A: 右丞相但能濟人, 治國調陰陽, 官牛領穿亦無妨

B: 右丞相(うじょうしゃう)だも但(た)だ能(よ)く人(ひと)を濟(す
く)ひ、國(くに)を治(をさ)めて陰陽(いむやう)を調(ととの)ふ
るものならば、官牛(くゎんぎう)の領(くび)は穿(う)ぐとも、
亦(ま)た妨(さまた)げ無(な)からむ。

C: 우승상이 그저 백성들을 능히 구제하고 나라를 잘 다스려서 음양
을 조화롭게 한다면야, 관청의 소 목에 구멍이 뚫리더라도 이 또한
상관없을 것을.

〈해설〉

· 滻水(산수): 섬서성(陝西省) 남전현(藍田縣)의 남쪽에서 북서쪽으로
흘러 장안 동쪽을 지나 파수(灞水)와 합류하여 위수(渭水)로 흘러 들
어가는 강의 이름. 이 강의 강변에 쌓인 모래를 서쪽에 위치하는 장
안성에 운반하였다.

· 五門(오문): 대명궁(大明宮) 남쪽에는 다섯 문, 연정문(延政門), 망선문
(望仙門), 단봉문(丹鳳門), 건복문(建福門), 흥안문(興安門)을 말한다. 대
명궁은 황제의 거소(居所)로서, 정치의 중추기관이 모여 있는 장소이
기도 하였다.

· 官道(관도): 큰 거리.

· 沙堤(사제): 모래를 깔아 닦은 포장도로. 당나라 때에는 새로 재상이
임명되면 부현(府縣)에서 신임 재상의 사저에서 궁성까지의 길을 모
래를 깔아 닦았다고 한다.

· 右丞相(우승상): 황제의 보좌역을 담당하는 최고위 문관 중 하나. 좌
승상은 황제의 왼쪽에, 우승상은 황제의 오른쪽에 위치하였다.

42. 자호필(紫毫筆)

A: 紫毫筆○譏失職也.

B: 紫毫筆(しがうひつ)○失職(しっしょく)を譏(そし)れり。

C: 자호필(紫毫筆)○ (조정의 관리들이) 본분을 잃는 것을 비난하였다.

〈해설〉

· 紫毫筆(자호필): 토끼의 보랏빛 가는 털로 만든 붓. 안휘성(安徽省) 선주(宣州)의 특산이었다. 귀한 재료로 만들어진 고가의 붓을 조정 관리들이 함부로 사용 일을 가지고, 자신의 임무를 넘어서는 일을 행하는 것을 나무란 것이다.

A: 紫毫筆, 尖如錐兮利如刀.

B: 紫毫(しがう)の筆(ふんで)、尖(するど)きこと[134]錐(きり)の如(ごと)く、利(と)きこと刀(かたな)の如(ごと)し。

C: 자호필(紫毫筆), 뾰족하기가 송곳과 같고 날카롭기가 칼과 같네.

A: 江南石上有老兎. 喫竹飲泉生紫毫.

B: 江南(かうなむ)の石(いし)の上(うへ)に、老(お)いたる兎(うさぎ)有(あ)り。竹(たけ)を喫(く)らひ泉(いづみ)を飲(の)みて、紫(むらさき)の毫(さをげ)を生(お)ひたり。

C: 양자강 남쪽 돌 위에 늙은 토끼가 산다네. 대나무를 먹고 샘물을 마

---

134 좌훈으로 「ホソイコ」(ほそいこと)라고 적혀 있다.

시며 보랏빛 털이 난다네.

A: 宣城之人采爲筆. 千萬毛中選一毫.

B: 宣城(せんじゃう)の人(ひと)、采(と)りて筆(ふんで)と爲(す)[135]。千萬(せんまん)の毛(け)の中(うち)に、一(ひと)つの毫(さをげ)を選(えら)ぶ。

C: 선성(宣城)의 사람들이 (토끼 털을) 뽑아서 붓으로 만드네. 천만 털 중에 한 가닥 가는 털을 고르네.

A: 毫雖輕功甚重.

B: 毫(さをげ)は輕(かろ)しといへども、功(こう)は甚(はなは)だ重(おも)し。

C: 가는 털은 가볍지만, (붓을 만드는 데 드는) 수고는 무겁네.

A: 管勒工名充歲貢. 君兮臣兮勿輕用.

B: 管(つか)に工(たくみ)の名(な)を勒(しる)して、歲貢(さいこう)に充(あ)つ。君(きみ)も臣(しん)も輕(たやす)く用(もち)ゐること勿(な)かれ。

C: 붓대에 장인의 이름을 새겨 해마다 공물로 진상하네. 임금도 신하도 가벼이 쓰지 마소.

A: 勿輕用將何如.

B: 輕(たやす)く用(もち)ゐること勿(な)きこと、將(まさ)に何如

(いかん)せんとかする。

C: 가벼이 사용하지 말라 하면 (그러면) 어찌하라는 것인가?

A: 願賜東西府御史, 願頒左右臺起居.

B: 願(ねが)はくは、東西府(とうざいふ)の御史(ぎょし)に賜(たま)
へ。願(ねが)はくは、左右臺(さいうだい)の起居(ききょ)に頒
(あか)たん。

C: 바라건대 동서부(東西府)의 어사(御史)에게 하사하는 것이라네. 바라
건대 좌우대(左右臺)의 기거랑(起居郎)에게 나누어 주는 것이라네.

A: 握管趨入黃金闕, 抽毫立在白玉除.

B: 管(つか)を握(と)りて黃金(わうごむ)の闕(くゑつ)に趨(はし)り
入(まゐ)りて、毫(さをげ)を抽(と)りて、立(た)ちて白玉(はく
ぎょく)の除(には)に在(あ)らん。

C: (그들은) 붓대를 쥐고 황금 대궐로 달려가서, 붓을 쥐고서 백옥 섬
돌에 서있을 것이라네.

A: 臣有奸邪正衙奏, 君有動言直筆書.

B: 臣(しん)に奸邪(かんじゃ)有(あ)らば、衙(が)を正(ただ)しくし
て[136]奏(そう)せよ。君(きみ)動言(どうげん)有(ましま)さば、
筆(ふんで)を直(ただ)しくして書(しる)せ。

C: 신하에게 잘못이 있다면 관아에 아뢰게. 임금의 행동과 말씀이 있
으면 붓을 고쳐 기록하게.

---

136 「正衙(정아)」는 천자가 정사를 돌보는 곳이다. 따라서 한 단어로 파악하고 음독
하는 것이 바람직하다. 한문훈독문은 훈점에 따랐고, 번역은 본래 의미에 따랐다.

A: 起居郎侍御史, 爾知紫毫不易致.

B: 起居郎(ききょらう)侍御史(じぎょし)、爾(なんぢ)紫毫(しがう)の致(いた)し易(やす)からざることを知(し)るや。

C: 기거랑(起居郎)과 시어사(侍御史), 그대들은 자호필 만드는 어려움을 아는가?

A: 每歲宣城進筆時, 紫毫之價如金貴.

B: 歲(とし)每(ごと)に宣城(せんじゃう)の筆(ふんで)を進(たてまつ)る時(とき)に、紫毫(しがう)の價(あたひ)、金(きむ)の貴(たか)きが如(ごと)し。

C: 해마다 선성에서 붓을 진상할 때 자호의 값은 금값과 같다네.

A: 愼勿空將彈失儀. 愼勿空將錄制詞.

B: 愼(つつし)みて空(むな)しく將(もち)て失儀(しつぎ)を彈(ただ)すこと勿(な)かれ。愼(つつし)みて空(むな)しく將(もち)て制詞(せいし)を錄(しる)すこと勿(な)かれ。

C: 삼가 관리들의 무례함을 허망하게 질책하지 말게. 삼가 헛되이 임금의 칙령을 허망하게 기록하지 말게.

〈해설〉
· 江南(강남): 양자강(揚子江)의 남쪽.
· 工人(공인): 여기서는 필사(筆師)를 말한다.
· 功(공): 붓을 만드는 데 드는 장인의 수고.
· 管(관): 붓대.

· 勒(늑): 파서 새기다.

· 工名(공명): 붓을 만드는 장인 이름.

· 歲貢(세공): 해마다 바치는 공물.

· 東西府御史(동서부어사): 동쪽 수도인 낙양(洛陽)과 서쪽 수도인 장안(長安)에 있는 어사대부(御史臺府)의 전중시어사(殿中侍御史)를 말한다. 시어사는 관료들의 부정을 단속하는 직책이다.

· 左右臺起居(좌우대기거): 기거랑(起居郞)과 기거사인(起居舍人)을 가리킨다. 기거랑은 천자의 행동을 기록하는 직책이며, 기거사인은 천자의 말씀을 기록하는 직책이다.

· 抽毫(추호): 붓 뚜껑을 빼다.

· 白玉除(백옥제): 백옥으로 장식한 궁전의 섬돌.

· 正衙(정아): 선정전(宣政殿), 즉 천자가 평상시에 정사를 돌보는 곳.

· 直筆書(직필서): 사실을 굽히지 않고 쓰다.

· 彈失儀(탄실의): 관리의 무례함을 질책하는 일을 말한다. 어사(御史)의 직무로서 그것은 비교적 가벼운 업무이다.

· 錄制詞(녹제사): 천자의 제칙(制勅)을 기록하는 것을 말한다. 이는 기거사인의 임무로, 기거랑이 기록을 할 필요는 없다.

43. 수제류(隋堤柳)

A: 隋堤柳○憫亡國也.

B: 隋堤柳(ずいていりう)○亡國(ばうこく)を憫(かな)しめり。

C: 수제류(隋堤柳)○ 망국을 슬퍼하는 것이다.

〈해설〉

· 隋堤柳(수제류): 수나라 대운하 옆에 심어졌던 버드나무가 말라 쇠하는 모양을 읊어서 멸망한 나라에 대한 안타까움을 노래하고 현 황제에게 교훈을 주고자 한 시이다. 7세기 초 수나라 양제(煬帝)가 하남(河南)의 남녀 수백만을 동원하여 대운하를 파게 하였는데, 그 곁에 쌓은 제방이 수제(隋堤)이다. 황하와 양자강의 물을 남북으로 잇는 수로를 만들고는 이 수로 옆에 40여개의 이궁(離宮)을 짓고 배로 돌아다니며 놀았다고 한다.

A: 隋堤柳, 歲久年深盡衰朽. 風飄飄兮雨蕭蕭.

B: 隋堤(ずいてい)の柳(やなぎ)、歲(とし)久(ひさ)しく年(とし)深(ふか)くして、盡(ことごと)くに衰(おとろ)へ朽(く)ちたり。風(かぜ)飄飄(へうへう)として、雨(あめ)蕭蕭(せうせう)たり。

C: 수제의 버드나무, 세월이 오래고 오래되어 모두 시들어 말라버렸네. 바람 휘휘 불고 비 부슬부슬 내리네.

A: 三株兩株汴河口, 老枝病葉愁殺人.

B: 三株(さむしゅ)兩株(りゃうしゅ)汴河(べんが)の口(ほとり)、老(お)いたる枝(えだ)病(やも)へる葉(は)、人(ひと)を愁殺(しうさつ)す。

C: 몇 그루가 변하(汴河) 가에 있는데, 늙은 가지 병든 잎사귀 사람들을 근심케 하네.

A: 曾經大業年中春.

B: 曾(むかし)大業(たいげふ)の年(とし)の中(なか)の春(はる)を經(へ)たり。

C: 옛날 대업(大業) 연간 호시절을 보냈다네.

A: 大業年中煬天子, 種柳成行夾流水.

B: 大業(たいげふ)の年(とし)の中(なか)、煬天子(やうてんし)、柳(やなぎ)を種(う)ゑ、行(つら)を成(な)して、流水(りうすい)を夾(はさ)めり。

C: 대업 연간 수나라 양제(煬帝)가 흐르는 물을 옆에 끼고 두 줄로 버드나무를 심으셨네.

A: 西自黃河東至淮, 綠隱一千三百里.

B: 西(にし)のかた黃河(くゎうが)より、東(ひがし)のかた淮(わい)に至(いた)るまで、綠(みどり)の隱(かげ)一千三百里(いっせんさむびゃくり)。

C: 서쪽 황하(黃河)로부터 동쪽 회수(淮水)에 이르기까지 (버드나무의) 녹색 그늘 천삼백 리.

A: 大業末年春暮月, 柳色如煙絮如雪.

B: 大業(たいげふ)の末(すゑ)の年(とし)、春(はる)の暮月(ぼぐゑ
つ)、柳(やなぎ)の色(いろ)は煙(けむり)の如(ごと)く、絮(はな)
は雪(ゆき)の如(ごと)し。

C: 대업 연간 말년 늦봄 버들색은 연기와 같고 꽃은 눈과 같네.

A: 南幸江都恣佚遊. 應將此柳繫龍舟.

B: 南(みなみ)のかた江都(かうと)に幸(かう)して、佚遊(いついう)
を恣(ほしいまま)にす。此(こ)の柳(やなぎ)を將(もち)て、龍舟
(りょうしう)を繫(つな)ぎつべし。

C: 남쪽 강도(江都)[양주]로 행차하셔서 마음껏 노니네. 이 버드나무
에 용주(龍舟)[천자의 배]를 매었겠지.

A: 紫髯郎將護錦纜. 靑蛾御史直迷樓.

B: 紫髯(しぜむ)の郎將(らうしゃう)、錦(にしき)の纜(ともづな)を
護(まぼ)る。靑蛾(せいが)の御史(ぎょし)、迷樓(めいろう)に直
(ちょく)す。

C: 붉은 수염 무장들이 용주의 비단 닻줄을 보호하고, 푸른 눈썹 나인
들이 미루(迷樓)를 지킨다네.

A: 海內財力此時竭. 舟中歌笑何日休.

B: 海內(かいだい)の財力(ざいりょく)は、此(こ)の時(とき)に竭
(つ)くす。舟(ふね)の中(なか)の歌笑(かせう)は、何(いづ)れの
日(ひ)か休(やす)まん。

C: 온 나라의 재력은 이때에 다했네. 배 안의 노랫소리 웃음소리 언제나 그치려나.

A: 上荒下困勢不久. 宗社之危如綴旒.

B: 上(かみ)荒(あ)れ、下(しも)困(くる)しんで、勢(いきほ)ひ久(ひさ)しからず。宗社(そうしゃ)の危(あや)ふきこと、綴旒(ていりう)の如(ごと)し。

C: 위는 방탕하고 아래는 곤궁하니 나라의 기운은 오래지 않을 것이네. 종묘사직의 위태로움 (바람에 흔들리는) 깃대의 장식과 다름없네.

A: 煬天子自言, 福祚長無窮.

B: 煬天子(やうてんし)自(みづか)ら言(のたま)はく、福祚(ふくそ)長(なが)く無窮(むきう)なり。

C: 양제가 자처하여 말씀하시기를, 복조(福祚)가 길이 무궁하리라 하셨네.

A: 豈知皇子封酅[戶圭切]公.

B: 豈(あ)に知(し)らんや、皇子(くゎうし)の酅公(くゑいこう)に封(ほう)ぜられんといふことを。

C: 어찌 알았겠는가, 황제의 후손이 휴공(酅公)에 봉해질 것임을.

A: 龍舟未過彭城閤, 義旗已入長安宮.

B: 龍舟(りょうしう)未(いま)だ彭城(はうじゃう)の閤(かふ)をだも

過(す)ぎざるに、義旗(ぎき)已(すで)に長安(ちゃうあん)の宮(きう)に入(い)りぬ。

C: 용선이 아직 팽성각을 지나기 전에 의병이 이미 장안의 궁에 들어섰네.

A: 蕭牆禍生人事變. 晏駕不得歸秦中.

B: 蕭牆(せうしゃう)に禍(わざはひ)生(な)って、人事(じんじ)變(へん)じぬ。晏駕(あんが)して秦中(しんちう)に歸(かへ)ることを得(え)ず。

C: 내부 반란이 생기자 세상에도 변란이 일어나, 붕어 후에도 장안으로 돌아갈 수 없었네.

A: 土墳數尺何處葬. 吳公臺下多悲風.

B: 土墳(どふん)數尺(すうせき)、何(いづ)れの處(ところ)にか葬(はうむ)る。吳公臺(ごこうだい)の下(もと)に、悲風(ひふう)多(おほ)し。

C: 흙무덤 몇 자 어디에 묻었는가? 오공대(吳公臺) 아래에 슬픈 바람만이 불어대네.

A: 二百年來汴河路, 沙草和煙朝復暮.

B: 二百年(にひゃくねん)より來(このかた)、汴河(べんが)の路(ほとり)に、沙草(ささう)和煙(くゎゑん)[137]、朝(あした)にして[138]

---

137 「和」 좌측 하단에 붉은 색으로 「レ」가 가점되어 있다. 잘못 가점된 것이다.
138 「ニノ」와 같이 보인다. 그러나 문맥상 「ニメ」(にして)가 잘못 적힌 것으로 판단된다.

復(ま)た暮(ゆふべ)なり。

C: 그로부터 이백년, 변하(汴河) 부근 사초와 물안개가 아침저녁으로
반복되네.

A: 後王何以鑑前王, 請看隋堤亡國樹.

B: 後王(こうわう)何(なに)を以(もち)てか前王(ぜんわう)を鑑(か
ん)がみるならば、請(こ)ふ、隋堤(ずいてい)の亡國(ばうこく)
の樹(き)を看(み)よ。

C: 후대의 천자여, 무엇으로 전 왕조의 천자를 귀감으로 삼느냐 하면,
청컨대 수나라 망국의 (버드)나무를 보라.

〈해설〉

· 飄飄(표표): 바람이 부는 모양.

· 蕭蕭(소소): 비가 쓸쓸하게 내리는 모양.

· 汴河口(변하구): 수나라 통제거(通濟渠)를 말한다. 하남성 동쪽을 흐
르고 있던 강이다.

· 愁殺(추살): 대단히 염려하게 하다.

· 大業(대업): 수나라 제2대 황제 양제(煬帝)의 연호(605-617).

· 成行(성항): 가로수를 만들다. 항(行)은 항렬(行列).

· 絮如雪(서여설): 서(絮)는 버드나무 종자 위에 나는 솜털 같은 백모.
종자가 여물면 바람에 날려 흩어지는데, 이를 유서(柳絮)라고 부른
다. 일명 버들개지.

· 江都(강도): 지금의 강소성(江蘇省) 양주(揚州). 이곳에 양제의 이궁(離
宮)이 있었다.

· 佚遊(일유): 방탕하여 마음대로 노는 것.

· 龍舟(용주): 뱃머리에 용 장식을 붙인 배. 양제는 배로 이곳저곳의 이궁에서 놀았는데, 그때 민간에서 15-16세의 미녀 500인을 모아 전각녀(殿脚女)라 부르고 양과 함께 배에 맨 비단 밧줄을 끌게 했다고 한다.

· 紫髯郎將(자염랑장): 자염(紫髯)은 붉은 수염. 낭장(郎將)은 무관.

· 護錦纜(호금람): 비단 밧줄을 수호하다.

· 靑蛾御史(청아어사): 청아(靑蛾)는 미인을 가리킨다. 어사(御史)는 궁녀.

· 宗社(종사): 종묘사직. 요컨대 국가를 말한다.

· 福祚(복조): 하늘로부터 받은 제위(帝位).

· 皇子封酅公(황자봉휴공): 의녕(義寧) 2년(618) 양제의 손자인 공제(恭帝)인 양유(楊侑)가 당(唐) 왕조에 선양하고 휴국공(酅國公)에 봉해진 것을 말한다.

· 彭城閣(팽성합): 양제가 강도(江都)에 건조한 누각.

· 義旗(의기): 양제를 치기 위해 일어난 당나라 고조(高祖) 이연(李淵)의 의병. 그들이 장안성에 들어간 것은 의녕(義寧) 원년(617) 11월 갑자일(甲子日)이다.

· 蕭牆(소장): 문 안에 세운 흙담. 이로부터 의미가 전화하여 내부라는 뜻으로도 사용되었다.

· 人事(인사): 사람이 인위적으로 일으킨 난.

· 晏駕(안가): 천자의 붕어(崩御).

· 吳公臺(오공대): 남조(南朝) 송(宋)의 심경지(沈慶之)가 쌓은 대(臺). 강도(江都) 서북에 위치한다.

44. 초망망(草茫茫)

A: 草茫茫○懲厚葬也.

B: 草茫茫(さうばうばう)○厚葬(こうさう)を懲(こ)らせり。

C: 초망망(草茫茫)○ 호사스럽게 장사지내는 것을 꾸짖은 것이다.

〈해설〉

· 草茫茫(초망망): 호사스러운 묘로 인해서 사후에도 화를 입은 진시
황릉과 소박하게 장사를 지냄으로써 잘 보존된 전한(前漢)의 문제(文帝)의 묘인 패릉원(覇陵原)[139]을 대비하여, 호화스럽게 장사지내는 것을 경계한 시이다.

A: 草茫茫. 土蒼蒼.

B: 草(くさ)茫茫(ばうばう)たり。土(つち)蒼蒼(さうさう)たり。

C: 풀로 뒤덮여있고, 땅은 푸르스름하네.

A: 蒼蒼茫茫在何處. 驪山脚下秦皇墓.

B: 蒼蒼(さうさう)茫茫(ばうばう)として、何(いづ)れの處(ところ)にか在(あ)る。驪山(りざん)の脚下(ふもと)[140]、秦皇(しんくわう)の墓(はか)。

---

139 본문에는 「灞」로 되어있고 이것은 한국한자음으로 '파'이다. 그러나 일반적으로
문제의 묘는 「覇陵原(패릉원)」이다. 이하에서는 이에 따랐다.
140 「脚」과 「下」 사이에 훈합부와 음합부가 모두 가점되어 있다. 「脚下」를 「ふもと」
라고 한 단어로 훈독하였으므로 훈합부만 찍혀야 한다.

C: 푸르스름하고 풀로 뒤덮인 곳은 어디에 있나? 여산(驪山) 기슭 진시황의 무덤이라네.

A: 墓中下涸二重泉. 當時自以爲深固.

B: 墓(はか)の中(なか)に下(した)に二重(にぢう)の泉(いづみ)を涸(こ)せり。當時(そのかみ)自(みづか)ら以爲(おも)へらく深(ふか)く固(かた)めぬとおもへり。

C: 무덤 가운데 땅 아래에 두 번째 샘물까지를 봉해서 굳혔네. 당시에는 아마도 깊은 곳까지 굳건히 하였다고 여겼겠지.

A: 下流水銀象江海, 上綴珠光作烏兎.

B: 下(した)には水銀(すいぎん)を流(なが)して江海(かうかい)を象(かたど)り、上(うへ)には珠光(しゅくゎう)を綴(つづ)りて烏兎(をと)を作(つく)れり。

C: 아래로는 수은을 흐르게 하여 강과 바다를 본떴고, 위로는 빛나는 구슬을 엮어서 해와 달을 만들었다네.

A: 別爲天地於其間. 擬將富貴隨身去.

B: 別(べつ)に天地(てんち)を其(そ)の間(あひだ)に爲(つく)る。富貴(ふくゐ)を將(もち)て身(み)に隨(したが)へて去(さ)りなんと擬(ぎ)す。

C: (무덤 안에) 따로 천지를 그 사이에 만들고, 부귀를 제 몸에 거느리고 저승으로 떠나고자 하였네.

A: 一朝盜掘墳陵破龍椁. 神堂三月火.

B: 一朝(いってう)に盜(ぬすびと)墳陵(ふんりょう)を掘(あば)いて、龍椁(りょうくゎく)破(やぶ)れつ。神堂(しんだう)に三月(さむぐゑつ)の火(ひ)あり。

C: 어느 아침에 도적이 무덤을 파헤치고 용곽(龍椁)[천자의 관]을 부수었다. 신당(神堂)은 석 달이나 불탔네.

A: 可憐寶玉歸人閒. 暫借泉中買身禍.

B: 憐(あは)れむべし、寶玉(ほうぎょく)の人閒(じんかん)に歸(かへ)れることを。暫(しばら)く泉中(せんちう)に借(か)して、身(み)の禍(わざわひ)を買(か)へり。

C: 딱하구나, (묻어 놓은) 보화들이 이승으로 되돌아간 것이. 잠시 저승의 땅을 빌려서 일신의 화를 샀구나.

A: 奢者狼藉. 儉者安. 一凶一吉在眼前.

B: 奢(おご)れる者(もの)は狼藉(らうぜき)なり。儉(けむ)なる[141]者(もの)は安(やす)らかなり。一(ひと)りは凶(きょう)、一(ひと)りは吉(きつ)なること、眼(め)の前(まへ)に在(あ)り。

C: 사치스러운 것은 파헤쳐져 흩어지고 검소한 것은 평안하구나. 한 사람은 흉하고 한 사람은 길한 것이 눈앞에 있다네.

A: 憑君廻首向南望. 漢文葬在灞陵原.

B: 君(きみ)に憑(ねが)はくは、首(くび)を廻(めぐ)らして南(みな

---

141 좌훈으로 「ツヽマヤカナル」(つつまやかなる)라고 적혀 있다.

み)に向(む)かひて望(のぞ)めば、漢文(かんぶん)の葬(はうむ)りは灞陵原(はりょうぐゑん)に在(あ)り。

C: 그대에게 부탁하노니 고개를 돌려 남쪽을 바라보게나. 한나라 문제(文帝)를 장사지낸 곳은 패릉원에 있다네.

〈해설〉

· 厚葬(후장): 사치스러운 매장.

· 茫茫(망망): 풀로 뒤덮여 있는 모양. 넓고 아득한 모양을 의미하기도 한다.

· 蒼蒼(창창): 푸릇푸릇한 모양. 풀로 덮여서 새파래진 흙빛을 말한다.

· 驪山(여산): 장안 동쪽에 있는 산 이름. 진시황의 묘가 있다.

· 下涸二重泉(하고이중천): 무덤 밑을 깊이 파 내려가서 지하수가 두 번 나오는 곳까지 달하여 그곳을 단단히 봉하고 굳히는 일.『한서(漢書)』「유향전(劉向傳)」에는 「진시황은 여산 비탈에 장사지냈는데, 땅 아래로는 두 샘을 막고, 위로는 봉분을 높이 하였다(秦始皇帝葬於驪山之阿, 下錮三泉, 上崇山墳)」이라고 적혀 있다.

· 下流水銀(하류수은): 묘혈 안의 아래쪽에 수은을 채워서 양자강이나 대해(大海)를 본뜬 것을 말한다.『사기(史記)』「시황본기(始皇本紀)」에 「수은으로 강과 바다를 만들고, 황금으로 오리와 기러기를 만들었다(以水銀爲江海, 以黃金爲鳧雁)」이라고 적혀 있다.

· 烏兎(오토): 해와 달을 아울러 이르는 말. 태양에는 세 발 달린 까마귀가, 달에는 토끼가 살고 있다는 전설에서 유래한다.

· 龍槨(용곽): 천자의 관. 곽은 이중관의 외관을 말한다.

· 神堂(신당): 신령을 지키는 사당.

· 漢文(한문): 전한(前漢)의 5대 황제인 문제(文帝)를 가리킨다.

45. 고총호(古塚狐)

A: 古塚狐○戒艶色也.

B: 古塚狐(こちょうこ)○艶色(ゑむしょく)を戒(いまし)めり。

C: 고총호(古塚狐)○ 여색에 빠지는 것을 경계하였다.

〈해설〉

· 古塚狐(고총호): 옛 무덤의 여우. 옛 무덤의 여우가 가짜 미인으로 변
하여 사람들을 홀려 해를 끼치는 것보다, 진짜 미인이 사람들을 홀
려 해악을 끼치는 것이 더 큰 재앙을 초래할 수 있음을 노래함으로써
이를 경계한 시이다.

A: 古塚狐, 妖且老. 化爲婦人顔色好.

B: 古(ふる)き塚(つか)の狐(きつね)、妖(えう)にして且(また)老
(お)いたり。化(くゎ)して婦人(ふじん)と爲(な)りて、顔色(が
んしょく)好(よ)し。

C: 옛 무덤의 여우는 늙었으나 요사스럽네. 아름다운 얼굴의 부인으
로 변하기도 한다네.

A: 頭變雲鬂面變粧. 大尾曳作長紅裳.

B: 頭(かしら)は雲鬂(うんくゎん)に變(へん)じ、面(おもて)は粧
(よそほ)ひに變(へん)ず。大(おほ)きなる尾(を)は曳(ひ)きて、
長(なが)き紅(くれなゐ)の裳(も)と作(な)る。

C: 머리는 구름모양으로 땋은 머리가 되었고, 얼굴은 화장한 얼굴로 변했네. 땅에 끌릴 정도의 큰 꼬리는 긴 붉은 치마로 변했네.

A: 徐徐行傍荒村路.

B: 徐徐(やうや)くに行(ゆ)きて、荒村(くゎうそん)の路(みち)に傍(そ)ふ。

C: 천천히 걸어가다가 황량한 마을의 길에 이르렀네.

A: 日欲暮時人靜處, 或歌或舞或悲啼.

B: 日(ひ)の暮(く)れなんと欲(ほっ)する時(とき)、人(ひと)の靜(しづ)かなる處(ところ)に、或(ある)いは歌(うた)ひ、或(ある)いは舞(ま)ひ、或(ある)いは悲(かな)しび啼(な)く。

C: 날이 저물어 갈 무렵 인적이 드문 곳에서, 때로는 노래하고 때로는 춤추며 때로는 슬피 우네.

A: 翠眉不擧花顏低, 忽然一笑千萬態.

B: 翠(みどり)の眉(まゆ)擧(もた)げずして、花(はな)の顏(かほ)低(た)れり。忽然(こつぜん)として一(ひと)たび笑(ゑ)めば、千萬(せんまん)の態(わざ)あり。

C: 푸른 눈썹은 내리깔고 꽃 같은 얼굴은 떨구어, 홀연히 한번 웃으면 천만 가지 교태라네.

A: 見者十人八九迷.

B: 見(み)る者(もの)十人(じふにん)に八九(はちく)は迷(まど)ひ

ぬ。

C: 보는 이는 십중팔구 미혹된다네.

A: 假色迷人猶若是. 眞色迷人應過此.

B: 假(かり)の色(いろ)の人(ひと)を迷(まど)はすこと、猶(な)ほ是(か)くの若(ごと)し。眞(まこと)の色(いろ)の人(ひと)を迷(まど)はすこと、應(まさ)に此(これ)に過(す)ぐべし。

C: 가짜 미인이 사람을 홀리는 것이 이와 같다네. (그러나) 진짜 미인이 사람을 홀리는 것은 이를 뛰어넘네.

A: 彼眞此假俱迷人, 人心惡假貴重眞.

B: 彼(かれ)が眞(まこと)なるも此(これ)が假(かり)なるも、俱(とも)に人(ひと)を迷(まど)はせども、人(ひと)の心(こころ)假(かり)を惡(にく)みて眞(まこと)を貴重(くゐちょう)す。

C: 진짜 미인도 가짜 미인도 모두 사람을 홀린다고 하더라도, 사람의 마음은 가짜를 미워하고 진짜를 중히 여기네.

A: 狐假女妖害猶淺. 一朝一夕迷人眼.

B: 狐(きつね)の女(をんな)の妖(えう)を[142]假(か)れるは、害(がい)猶(な)ほ淺(あさ)し。一朝(いってう)一夕(いっせき)に人(ひと)の眼(まなこ)を迷(まど)はす。

C: 여우가 미인의 아리따움을 빌리는 것은 해악이 얕다네. 아침저녁으로 사람의 눈을 홀릴 뿐이네.

---

[142] 좌훈으로 「コヒヲ」(こびを)라고 적혀 있다.

A: 女爲狐媚害却深. 日增月長溺人心.

B: 女(をんな)の狐(きつね)の媚(こび)を爲(な)すは、害(がい)却(かへ)って深(ふか)し。日(ひび)に增(まさ)り月(つきづき)に長(なが)くして、人(ひと)の心(こころ)を溺(おぼ)らす。

C: 여인이 여우와 같은 교태를 부리는 것은 해악이 도리어 깊으니, 하루하루 커지고 다달이 길어져서 사람의 마음을 빠지게 만드네.

A: 何況, 褒妲之色善蠱惑, 能喪人家覆人國.

B: 何(いか)に況(いは)んや、褒妲(ほうだつ)が色(いろ)の、善(よ)く蠱惑(こわく)して、能(よ)く人(ひと)の家(いへ)を喪(さう)し、人(ひと)の國(くに)を覆(くつがへ)すをや。

C: 어찌 포사(褒姒)와 달기(妲己)의 여색만이 사람을 미혹시켜 집을 해치고 나라를 망하게 할 뿐이겠는가.

A: 君看, 爲害淺深間. 豈將假色同眞色.

B: 君(きみ)看(み)よ、害(がい)を爲(な)す淺深(せんしむ)の間(あひだ)を。豈(あ)に假(かり)の色(いろ)を將(もち)て、眞(まこと)の色(いろ)に同(おな)じくせんや。

C: 그대는 보라, 해악을 낳는 얕고 깊음의 차이를. 어찌 가짜 미인의 해악을 진짜 미인의 해악과 같다고 하겠는가?

〈해설〉

· 雲鬟(운환): 구름 모양으로 땋은 머리.

· 褒妲(포달): 포사(褒姒)와 달기(妲己). 포사는 주나라 유왕(幽王)의 총

희(寵姬). 달기는 은나라 주왕(紂王)의 총희. 두 왕은 모두 이들과 사랑에 빠져 나라를 망쳤다.

· 蠱惑(고혹): 유혹하다. 미혹시키다.

46. 흑담룡(黑潭龍)

A: 黑潭龍○疾貪吏也.

B: 黑潭龍(こくたむりょう)○貪吏(たむり)を疾(にく)めり。

C: 흑담룡(黑潭龍)○ 탐관오리를 미워하였다.

〈해설〉

· 黑潭龍(흑담룡): 용에게 바치기 위한 공물이 여우나 쥐가 빼앗아 가는 것을 빗대어, 탐관오리가 천자에게 향할 이익을 탐하는 것을 비난한 시이다. 용은 암군(暗君), 여우와 쥐는 탐관오리, 돼지는 백성을 비유한 것이다. 흑담의 위치에 대해서는 여러 설이 있지만, 탄곡추(炭谷湫)로 추정된다. 탄곡은 장안 남쪽 교외에 있는 종남산(終南山) 아래에 있는데 기우제를 지내는 곳이며 용이 산다고 전해졌다.

A: 黑潭水深色如墨. 傳有神龍人不識.

B: 黑潭(こくたむ)水(みづ)深(ふか)くして、色(いろ)墨(すみ)の如(ごと)し。神龍(しんりょう)有(あ)りと傳(つた)ふれども、人(ひと)識(し)らず。

C: 검은 연못은 물이 깊고 색은 먹물과 같네. 신룡이 있다고 전해지지만 사람들은 알지 못하네.

A: 潭上架屋官立祠. 龍不能神人神之.

B: 潭(たむ)の上(うへ)に屋(をく)を架(かま)へて、官(おほやけ)祠

(ほこら)を立(た)つ。龍(りょう)能(よ)く神(しん)ならざれども、人(ひと)之(これ)を神(しん)とす。

C: 연못가에 집을 짓고 관아에서는 사당을 세우네. 용은 신이 될 수 없는데 사람들은 이를 신으로 받드네.

A: 豐凶[143]水旱與疾疫, 鄉里皆言龍所爲.

B: 豐凶(ほうきょう)水旱(すいかん)と疾疫(しつえき)と、鄉里(きゃうり)皆(みな)言(い)ふ、龍(りょう)の爲(な)せる所(ところ)なりと。

C: 풍흉·수해·가뭄·역병, 마을 사람들은 모두 용이 한 짓이라고 말하네.

A: 家家養豚漉淸酒. 朝祈暮賽依巫口.

B: 家家(いへいへ)に豚(ゐのこ)を養(か)うて、淸酒(せいしゅ)を漉(した)む。朝(あした)に祈(いの)り、暮(ゆふべ)に賽(かへりまう)して、巫(かんなぎ)の口(くち)に依(よ)る。

C: 집집마다 돼지 치고 맑은 술을 걸러 내네. 아침 제사 저녁 참배 무당의 말에 따르네.

A: 神之來兮風飄飄. 紙錢動兮錦傘搖.

B: 神(しん)の來(きた)るとき、風(かぜ)飄飄(へうへう)たり。紙錢(しせん)動(うご)いて、錦(にしき)の傘(きぬがさ)搖(ゆ)らぐ。

C: 신이 강림할 때 바람이 휘휘 부네. 종이돈은 날리고 비단 양산은 흔들리네.

---

143 「ヲハ」(をば)라고 가점되어 있으나 문맥상 반영할 수 없다.

A: 神之去兮風亦靜. 香火滅兮杯盤冷.

B: 神(かみ)の去(さ)るとき、風(かぜ)亦(ま)た靜(しづ)かなり。香火(かうくゎ)滅(き)えて、杯盤(はいばん)冷(つめ)たし。

C: 신이 떠날 때는 바람 또한 잠잠하네. 향불이 꺼지고 제사음식 싸늘하네.

A: 肉堆潭岸石, 酒潑廟前草.

B: 肉(しし)は潭岸(たむがん)の石(いし)に堆(たい)して、酒(さけ)は廟前(べうぜん)の草(くさ)に潑(そそ)ぐ。

C: 고기는 연못 기슭 바위에 쌓아놓고 술은 사당 앞 풀 위에 뿌리네.

A: 不知龍神享幾多. 林鼠山狐長醉飽.

B: 知(し)らず、龍神(りょうしん)享(う)くること幾多(いくばく)ぞ[144]。林鼠(りむそ)山狐(さんこ)、醉飽(すいはう)に長(ちゃう)ず。

C: 알 수 없네, 용신이 얼마나 드셨는지. 들쥐와 산여우가 취하고 배부른지 오래라네.

A: 狐何幸. 豚何辜. 年年殺豚將餧狐.

B: 狐(きつね)は何(なん)の幸(さいはひ)ぞ。豚(ゐのこ)は何(なん)の辜(つみ)かある。年年(ねんねん)豚(ゐのこ)を殺(ころ)して、將(まさ)に狐(きつね)を餧(か)はんとす。

C: 여우는 무슨 복이 있고 돼지는 무슨 죄가 있기에, 매년 돼지를 죽여

---

144 좌훈으로 「イクハカリソ」(いくばかりぞ)라고 적혀있다.

서 여우를 먹이려 하는가.

A: 狐假神龍食豚盡. 九重泉底龍知無.

B: 狐(きつね)神龍(しんりょう)を假(か)りて、豚(ゐのこ)を食(く)
らひ盡(つ)くしつ。九重(きうちょう)の泉底(せんてい)に龍
(りょう)無(な)きことを知(し)る[145]。

C: 여우는 용신을 빌어 돼지를 먹어 치웠네. 구중 깊은 연못 속에 용이
없음을 아네.

〈해설〉

· 賽(새): 소원성취의 사례로 신불(神佛)에게 참배함.

· 依巫口(의무구): 무당이 말하는 대로 됨.

· 紙錢(지전): 신에게 제사지낼 때 사용되는 동화(銅貨)를 본떠 종이로
만든 돈.

· 錦傘(금산): 비단 양산. 신을 맞기 위해 쓰는 것으로 신의 위패에 건다.

· 九重泉(구중천): 깊은 못. 천자가 있는 궁전을 상징한다.

---

145 「龍知無」의 「無」는 의문을 나타내는 조자(助字)로, '용은 알고 있는가?'라고 번
역하는 것이 타당하다. 그러나 여기에서는 훈독에 따랐다.

47. 천가탁(天可度)

A: 天可度○惡詐人也.

B: 天可度(てんかたく)○詐人(さじん)を惡(にく)めり。

C: 천가탁(天可度)○ 거짓된 사람을 미워한 것이다.

〈해설〉

· 天可度(천가탁): 거짓으로써 사람들을 곤란에 빠뜨리는 사람을 경계하고 비판하고자 쓴 시이다.

A: 天可度. 地可量. 唯有人心不可防.

B: 天(てん)をも度(はか)つつべし。地(ち)をも量(はか)つつべし。唯(た)だ人(ひと)の心(こころ)のみ有(あ)り、防(ふせ)ぐべからず。

C: 하늘이라도 헤아릴 수 있고 땅이라도 헤아릴 수 있으나, 다만 사람의 마음만은 막을 수가 없네.

A: 但見丹誠赤如血. 誰知僞言巧似簧.

B: 但(た)だ丹誠(たんせい)の赤(あか)くして血(ち)の如(ごと)くなるを見(み)る。誰(たれ)か知(し)らん、僞(いつは)り言(い)ふことの巧(たく)みにして簧(くゎう)に似(に)ることを。

C: 다만 진심은 붉어서 피와 같이 보인다고 하네. (그러나) 누가 알 것인가, 거짓되게 말함이 교묘하여 생황(笙簧)과 같음을.

A: 勸君掩鼻君莫掩. 使[146]君夫婦爲參商.

B: 君(きみ)に勸(すす)めて鼻(はな)を掩(おほ)はしめりとも、君(きみ)掩(おほ)ふこと莫(な)かれ。君(きみ)が夫婦(ふうふ)をして參商(しむしゃう)と爲(な)らしめてん。

C: 그대에게 권하여 코를 가리라고 하더라도 그대는 가리지 말라.(그리하면) 그대의 부부로 하여금 참성(參星)과 상성(商星)처럼 멀어지게 하리라.

A: 勸君掇蜂君莫掇. 使君父子爲豺狼.

B: 君(きみ)に勸(すす)めて蜂(はち)を掇(と)らしめりとも、君(きみ)掇(と)ること莫(な)かれ。君(きみ)が父子(ふし)をして豺狼(さいらう)と爲(な)らしめてん。

C: 그대에게 권하여 벌을 (옷에서) 떼라고 하더라도 그대는 떼지 말라. (그리하면) 그대의 아비와 자식으로 하여금 승냥이와 이리처럼 으르렁거리게 하리라.

A: 海底魚兮天上鳥, 高可射兮深可釣.

B: 海底(かいてい)の魚(うを)も天上(てんじゃう)の鳥(とり)も、高(たか)くとも射(い)つべし、深(ふか)くとも釣(つ)りつべし。

C: 바다 밑의 물고기도 하늘 위의 새도, 높이 있더라도 쏠 수 있고 깊이 있더라도 낚을 수 있다네.

A: 唯有人心相對時. 咫尺之閒不能料.

---

146 어순지시부호「下」가 결락되어 있다.

B: 唯(た)だ人(ひと)の心(こころ)相(あ)ひ對(むか)へる時(とき)有(あ)り。咫尺(しせき)の間(あひだ)も料(はか)ること能(あた)はず。

C: 다만 사람의 마음은 서로 마주할 때가 있네. (그러나) 지척 간에 있어도 헤아릴 수가 없다네.

A: 君不見, 李義府之輩笑欣欣, 笑中有刀潛殺人.

B: 君(きみ)見(み)ずや、李義府(りぎふ)の輩(ともがら)の笑(ゑ)みて欣欣(きんきん)として、笑(ゑ)みの中(なか)に刀(かたな)有(あ)りて、潛(ひそ)かに人(ひと)を殺(ころ)すを。

C: 그대는 보지 못하였는가, 이의부(李義府)의 무리가 기쁜 듯이 웃지만, 웃음 속에 칼이 있어 남몰래 사람을 죽이는 것을.

A: 陰陽神變皆可測. 不測人閒笑是瞋.

B: 陰陽(いむやう)神變(しんぺん)をも皆(みな)測(はか)つつべし。測(はか)らざるは、人閒(じんかん)の笑(ゑ)みは、是(これ)瞋(いか)りなりといふことを。

C: (헤아리기 어려운) 음양(陰陽)과 신변(神變)이라 하더라도 모두 헤아릴 수 있다네. 헤아릴 수 없는 것은 세간의 웃음이 실제로는 분노일 수도 있다는 것이라네.

〈해설〉

· 丹誠(단성): 진실된 마음. 진심. 적심(赤心).

· 簧(황): 생황(笙簧) 소리와 같은 언변. 『시경(詩經)』 「소아(小雅)」에 「교

묘한 말솜씨가 생황 소리와 같네(巧言如簧)」라는 구절이 있다.

- 掩鼻(엄비): 위나라 왕이 초나라 회왕(懷王)에게 미인을 보내오니 회왕이 미인을 어여삐 여겼다. 회왕의 첩 정수(鄭袖)는 겉으로는 미인을 아끼는 척하면서 그녀를 해하려고 획책하였다. 그래서 미인에게 왕께서 그대의 코가 예쁘지 않다고 하시니 어전에서는 코를 가리도록 하라 일러주었다. 영문을 모르는 왕이 정수에게 연유를 물으니 그것은 미인이 왕의 몸에서 풍기는 악취를 꺼려한 까닭이라고 아뢰었고, 이에 진노한 회왕은 미인의 코를 베어버리게 하였다.

- 參商(참상): 참성(參星)[오리온자리의 별]과 상성(商星)[전갈자리의 별]. 이 두 별은 각각 서쪽과 동쪽에 서로 멀리 떨어져 있어 동시에 하늘에 뜨지 않는다. 멀리 떨어져 있어 만날 수 없는 것, 또는 부부나 형제의 이별이나 불화를 비유한 것이다.

- 掇蜂(철봉): 주나라 윤길보(尹吉甫)의 후처가 전처소생인 백기(伯奇)를 모함하기 위해 자기 옷깃에 벌을 붙였다가 그것을 백기에게 떼게 하여 마치 자신을 겁탈하는 것처럼 보이게 하였다. 이것을 본 아버지의 진노를 산 백기는 쫓겨났다.

- 李義府(이의부): 당나라 고종(高宗) 때의 재상. 교활하고 음험하였으며 시기심을 품고 상대를 꺾어놓으려 하였기에 당시의 사람들이 웃음 속에 칼이 있다고 하였다.

- 神變(신변): 사람의 지혜로는 헤아릴 수 없는 매우 신비로운 변화.

48. 진길료(秦吉了)

A: 秦吉了○哀冤民也.

B: 秦吉了(しんきつれう)○冤民(ゑんみん)を哀(かな)しめり。

C: 진길료(秦吉了)○ 원통한 백성을 불쌍히 여겼다.

〈해설〉

· 秦吉了(진길료): 광동(廣東)·광서(廣西)에서 서식하는 구관조를 닮은
새로, 사람 말을 잘 흉내낸다. 이 시에서는 닭과 제비를 고통 받는 백
성에, 솔개와 까마귀를 탐관오리에, 난새와 학을 고위 관리에, 봉황
을 천자에, 진길료를 간관(諫官)에 비유하고 있다.

A: 秦吉了出南中. 彩毛青黑花頸紅.

B: 秦吉了(しんきつれう)、南中(なむちう)より出(い)でたり。彩
毛(さいもう)青黑(せいこく)にして、花(はな)の頸(くび)紅(く
れなゐ)なり。

C: 진길료(秦吉了)는 남쪽에서 왔다네. 털빛은 빛나는 털은 검푸르고,
무늬가 있는 목덜미는 붉다네.

A: 耳聰心慧舌端巧. 鳥語人言無不通.

B: 耳(みみ)聰(さと)く、心(こころ)慧(と)くして、舌(した)の端(は
し)巧(たく)みなり。鳥(とり)の語(かた)らひ、人(ひと)の言(い)
ふこと、通(つう)ぜざること無(な)し。

C: 귀는 밝고 총명하며 혀끝은 재주가 있네. 새가 지저귀는 것이나 사람이 말하는 것 모두 통하지 않는 바가 없네.

A: 昨日長爪鳶, 今日大觜烏.

B: 昨日(きのふ)の長(なが)き爪(つめ)ある鳶(とび)、今日(けふ)の大(おほ)きなる觜(くちばし)ある烏(からす)。

C: 어제는 긴 발톱을 가진 솔개, 오늘은 큰 부리를 가진 까마귀.

A: 鳶捎乳燕一窠覆. 烏啄母雞雙眼枯.

B: 鳶(とび)は乳燕(にうゑん)を捎(す)りて、一(ひと)つの窠(す)覆(くつがへ)る。烏(からす)は母雞(ぼけい)を啄(ついば)んで、雙(なら)べる眼(まなこ)枯(か)る。

C: 솔개는 제비 새끼들을 빼앗아 가고 둥지 하나를 뒤집어엎네. 까마귀는 어미 닭을 쪼아 두 눈을 멀게 하네.

A: 雞號墮地燕驚去. 然後拾卵攫其雛.

B: 雞(にはとり)は號(さけ)んで地(ち)に墮(お)ち、燕(つばめ)は驚(おどろ)き去(さ)りぬ。然(しかう)して後(のち)に卵(たまご)を拾(ひろ)ひて、其(そ)の雛(ひな)を攫(え)つ。

C: 닭은 울부짖으며 땅에 떨어지고 제비는 놀라 둥지를 떠나네. 그 후에 알을 줍고 그 새끼를 잡아채 가네.

A: 豈無雕與鶚. 嗉[音素]中食飽不肯搏.

B: 豈(あ)に雕(わし)と鶚(みさご)と無(な)けんや。嗉(そ)[147]の中(な

か)に食(く)ひ飽(あ)きて、搏(つか)みを肯(がへ)んぜずや。

C: 어찌 독수리와 물수리는 없겠는가. 뱃속에 들어간 것이 너무 많아 굳이 먹으려 들지 않는 것이 아니냐.

A: 亦有鸞鶴群, 閑立颺高如不聞.

B: 亦(ま)た鸞鶴(らんかく)の群(ともがら)有(あ)りて、閑(みやび)やかに立(た)ちて高(たか)きを颺(あ)がりて、聞(き)かざるが如(ごと)し。

C: 또 난새와 학의 무리들이 있지만, 품위 있게 서 있거나 높은 곳에 날아올라 못 들은 척하네.

A: 秦吉了, 人云爾是能言鳥.

B: 秦吉了(しんきつれう)、人(ひと)の云(い)はく、爾(なんぢ)是(これ)能(よ)く言(い)ふ鳥(とり)なり。

C: 진길료(秦吉了)여. 사람들이 말하기를 너는 말을 잘하는 새라지.

A: 豈不見鷄燕之冤苦. 吾聞鳳凰百鳥主,

B: 豈(あ)に鷄燕(けいゑん)の冤苦(ゑんこ)するを見(み)ざらんや。吾(われ)聞(き)く、鳳凰(ほうわう)は百鳥(ひゃくてう)の主(しゅ)なり。

C: 어찌 닭과 제비의 원망스러운 고통을 모른 체한다는 말인가? 내가 듣기에 봉황은 백조의 왕이라지.

---

147 좌훈으로 「モノハミ」(ものはみ)라고 적혀있다.

A: 爾竟不爲鳳凰之前致一言, 安用噪噪閑言語.

B: 爾(なんぢ)竟(つひ)に鳳凰(ほうわう)の前(まへ)に、一言(いちげん)を致(いた)すことを爲(な)さずんば、安(いづ)くんぞ噪噪(さうさう)たる閑[148]言語(かんげんご)を用(もっ)てせん。

C: 네가 결국 봉황 앞에서 한마디 말도 안 한다면, 떠들썩하고 쓸데없는 말을 어디에 쓰겠느냐.

〈해설〉

· 花頸(화경): 무늬가 있는 목덜미.

· 觜(자): 부리. 주둥이.

· 捎(소): 털다. 떨다. 쫓아 버리다.

· 乳燕(유연): 태어난 지 얼마 안 된 새끼 제비.

· 窠(과): 둥지.

· 枯(고): 찌부러지다. 깨지다. (눈이) 멀다.

· 雕(조): 독수리.

· 鶚(악): 물수리.

· 嗉(소): 모이주머니.

· 搏(박): 붙잡으려 들다. 맹렬하게 달려들다. 덤벼들다.

· 鸞鶴(난학): 신조(神鳥)인 난새와 선조(仙鳥)인 학. 모두 신선이 타는 것으로 여겨지는 새로, 세속을 뛰어난 고위급의 문관에 비유하였다.

· 颺(양): 날아 올라가다.

· 冤苦(원고): 무고한 죄 등으로 인한 고통.

· 噪噪(조조): 왁자지껄 떠드는 모양.

· 閑言語(한언어): 쓸데없는 말.

---

148 좌훈으로「ミヤヒヤカナル」(みやびやかなる)라고 적혀 있다.

49. 아구검(鴉九劍)

A: 鴉九劍○思決壅也.

B: 鴉九劍(あきうけむ)○決壅(くゑつよう)を思(おも)へり。

C: 아구검(鴉九劍) ○ 장벽을 깨뜨릴 것을 생각한다.

〈해설〉

· 鴉九劍(아구검): 당나라 때 칼 만드는 장인 아구(鴉九)가 만든 검에 가
  탁하여서 좋은 말도 간신들에게 막혀 천자에게 다다르지 못하는 상
  황을 타개하고 싶다는 마음을 읊은 시이다.

· 決壅(결옹): 물건과 물건 사이의 장벽을 깨뜨리다.

A: 歐冶子死千年後, 精靈闇授張鴉[於加切]九.

B: 歐冶子(おうやし)死(し)して千年(せんねん)の後(のち)、精靈
  (せいれい)闇(あむ)に張鴉九(ちゃうあきう)に授(さづ)く。

C: 구야자(歐冶子)가 죽고 천년 후, 그 정령이 남몰래 장아구에게 전수
  되었네.

A: 鴉九鑄劍吳山中. 天與日時神借功.

B: 鴉九(あきう)劍(けむ)を吳山(ごさん)の中(うち)に鑄(い)る。天
  (てん)日時(じつじ)を與(あた)へて、神(しん)功(こう)を借(か)
  す。

C: 아구(鴉九)가 오산에서 검을 주조하였는데, 하늘은 (그것에 적합

한) 때를 주고 신은 능력을 빌려주었다네.

A: 金鐵騰精火翻焰. 踊躍求爲鏌鋣劍.

B: 金鐵(きむてつ)精(せい)を騰(あ)げて、火(ひ)焰(ほのほ)を飜(ひ
るがへ)す。踊躍(ようやく)して鏌鋣(ばくや)の劍(けむ)と爲
(な)らんことを求(もと)む。

C: 금철은 정기가 끓어오르고 불길은 활활 타오르네. (정련된 철은)
힘차게 뛰어올라 막야 검이 되려 하네.

A: 劍成未試十餘年, 有客持金買一觀.

B: 劍(けむ)成(な)りて未(いま)だ試(こころ)みざること十餘年(じ
ふよねん)、客(かく)有(あ)りて金(きむ)を持(も)ちて、買(か)う
て一(ひと)たび觀(み)る。

C: 검이 만들어지고도 쓰이지 않기를 십여 년이 지났는데, 어느 손님
이 돈을 가져 와 사서 한번 보네.

A: 誰知閉匣長思用. 三尺靑蛇不肯蟠.

B: 誰(たれ)か知(し)らん、匣(はこ)を閉(と)ぢて、長(なが)く用(も
ち)ゐられんことを思(おも)ふことを。三尺(さむせき)の靑蛇
(せいじゃ)、蟠(わだかま)りを肯(がへ)んぜず。

C: 누가 알았겠는가, 칼집이 닫힌 채로 오랫동안 쓰임 받기를 염원하
게 되리라는 것을. 세 척 푸른 뱀은 차마 도사리지 못한다네.

A: 客有心劍無目. 客代劍言告鴟九.

B: 客(かく)は心(こころ)有(あ)り、劍(けむ)は目(め)無(な)し。客
(かく)劍(けむ)に代(か)はりて言(い)うて、鴉九(あきう)に告
(つ)ぐ。

C: 손님은 마음이 있고 칼에는 눈이 없다네. 손님이 검을 대신하여 아
구에게 말하였네.

A: 君勿矜我玉可切. 君勿誇我鐘可削.

B: 君(きみ)我(わ)が玉(たま)の切(き)っつくべきに矜(ほこ)ること
勿(な)かれ。君(きみ)我(わ)が鐘(かね)の削(けづ)りつべきに誇
(ほこ)ること勿(な)かれ。

C: "그대는 내가 옥도 자를 수 있다 자랑하지 마시오. 그대는 내가 종
도 깎을 수 있다 과시하지 마시오.

A: 不如持我決浮雲, 無令漫漫蔽白日.

B: 如(し)かず、我(われ)を持(も)ちて浮雲(ふうん)を決(くゑっ)し
て、漫漫(まんまん)として白日(はくじつ)を蔽(かく)さしむる
こと無(な)からんには。

C: 미치지 못할 것이오, 나를 가지고서 뜬구름을 베어서 (구름이) 넓
게 퍼져 태양을 가로막는 일이 없게 하는 것에는.

A: 爲君使無私之光及萬物, 蟄蟲昭蘇萌草出.

B: 君(きみ)が爲(ため)に私(わたくし)無(な)き光(ひかり)をして萬
物(ばんぶつ)に及(およ)ぼして、蟄蟲(ちっちう)萌草(まうさう)
を昭(て)らし蘇(よみがへ)り出(い)ださしむ。

C: 그대를 위해 사사로움 없는 빛을 만물에 미치게 하여, 숨어있는 벌레와 새싹을 비추어 소생하여 나오게 하기를."

〈해설〉

· 歐冶子(구야자): 춘추시대 월(越)나라의 유명한 칼 만드는 장인의 이름.

· 吳山(오산): 오(吳)나라에 있는 산. 지금의 강소성(江蘇省)이다.

· 鎮鋣(막야): 막야는 오나라의 유명한 칼 만드는 장인 간장(干將)이 왕 합려(闔閭)를 위해 만든 명검. 막야(莫耶)라고도 적는다.

· 三尺靑蛇(삼척청사): 검을 푸른 뱀에 비유한 시어.

· 漫漫(만만): 구름이 널리 퍼지는 모양.

· 蔽白日(폐백일): 백일은 태양. 그것을 뒤덮는다는 것은 사악한 신하가 임금의 총명을 가린다는 비유임.

· 無私之光(무사지광): 사심 없는 공평한 빛.

· 蟄蟲(칩충): 구멍에 틀어박힌 벌레가 깨어나 소생하고 싹튼 풀이 자라는 것.

50. 채시관(采詩官)

A: 采詩官○監前王亂亡之由也.

B: 采詩官(さいしくゎん)○前王(ぜんわう)の亂亡(らんばう)の由
(よし)を監(かんが)みる。

C: 채시관(采詩官)○ 전대 왕의 난망의 이유를 거울삼아 보는 것이다.

〈해설〉

· 采詩官(채시관): 채시관은 고대에 천자가 백성들의 삶을 알기 위하
여 두었던 각 지역의 민요를 채집하는 관리이다. 이러한 채시관이
지금은 사라졌음을 말하고, 전대 제왕이 세상을 혼란하게 하고 나라
를 멸망시킨 이유를 돌아보고, 시가에서 풍간(諷諫)의 말을 찾도록
현 황제에게 간언하고자 한 시이다. 신악부(新樂府) 전 50편을 총괄하
고 있다.

A: 采詩官, 采詩聽歌導人言.

B: 采詩(さいし)の官(くゎん)、詩(し)を采(と)り歌(うた)を聽(き)
きて、人(ひと)の言(こと)を導(みちび)く。

C: 채시관(采詩官), 시를 모으고 노래를 들어 백성의 말을 이끌어내네.

A: 言者無罪聞者誡. 下流上通上下泰.

B: 言(い)ふ者(もの)は罪(つみ)無(な)く、聞(き)く者(もの)は誡(い
まし)む。下(しも)の流(なが)れ上(かみ)に通(つう)じて、上下

(しゃうか)泰(やす)し。

C: 말하는 자는 죄가 없고 듣는 자는 경계하네. 아래의 흐름이 위로 통하여 위아래가 편안하네.

A: 周滅秦興至隋氏, 十代采詩官不置.

B: 周(しう)滅(ほろ)び、秦(しん)興(おこ)りて、隋氏(ずいし)に至(いた)るまでに、十代(じふだい)采詩(さいし)の官(くゎん)置(お)かれず。

C: 주나라가 망하고 진(秦)나라가 흥하고 수나라에 이르기까지 열 번의 왕조 동안 채시관을 두지 않았네.

A: 郊廟登歌讚君美. 樂府艶調悅君意.

B: 郊廟(かうべう)の登歌(とうか)、君(きみ)の美(び)を讚(さん)ず。樂府(がふ)の艶調(ゑむてう)に君(きみ)の意(い)を悅(よろこ)ばしむ。

C: 교묘 제사 가곡들은 임금을 찬미하고, 악부관청의 염가(艶歌)로 임금을 기쁘게 하네.

A: 若求諷諭規刺言, 萬句千章無一字.

B: 若(も)し諷諭(ふうゆ)規刺(きし)の言(げん)を求(もと)めば、萬句(ばんく)千章(せんしゃう)に一字(いちじ)も無(な)けん。

C: 혹여 풍유하고 훈계하는 언사를 찾아봐도 천 편 노래 만 구 중에 한 자도 없네.

A: 不是章句無規刺. 漸及朝廷絶諷議.

B: 是(これ)章句(しゃうく)の規刺(きし)無(な)きにあらず。漸(やうや)くに朝廷(てうてい)の諷議(ふうぎ)を絶(た)つに及(およ)べり。

C: 이 장구 중에 훈계와 풍자가 없었던 것은 아니지만, 점차 조정의 풍의(諷議)가 끊어지기에 이르렀네.

A: 諍臣杜口爲冗員, 諫鼓高縣作虛器.

B: 諍(あらが)ふ臣(しん)、口(くち)を杜(ふさ)ぎて、冗員(じょうゐん)と爲(な)し、諫鼓(かんこ)高(たか)く縣(か)けて、虛(むな)しき器(うつはもの)と作(な)りんたり。

C: 간관마저 입을 닫으니 쓸모없는 관리요, 신문고는 높이 걸렸으나 허망한 도구가 되어버렸네.

A: 一人負扆常端默. 百辟入門皆自媚.

B: 一人(いちにん)扆(い)を負(お)うて、常(つね)に端默(たんもく)なり。百辟(ひゃくへき)門(もん)に入(い)りて、皆(みな)自(みづか)ら媚(こ)びたり。

C: 천자는 병풍을 등에 지고(남면하여 앉아서) 언제나 말없이 정좌하고 있네. 백관은 입조하여 모두 나서서 아첨하네.

A: 夕郎所賀皆德音. 春官每奏唯祥瑞.

B: 夕郎(せきらう)の賀(が)する所(ところ)は、皆(みな)德音(とくいむ)なり。春官(しゅんくゎん)の每(つね)に奏(そう)するは、

唯(た)だ祥瑞(しゃうずい)のみなり。

C: 황문시랑(黃門侍郎)은 모두 덕음(德音)이라 하례하네. 예부(禮部)의 관원은 언제나 아뢰기를 그저 상서롭다는 말뿐이네.

A: 君之堂兮千里遠. 君之門兮九重閟.

B: 君(きみ)の堂(だう)は千里(せんり)遠(とほ)し。君(きみ)の門(もん)は九重(きうちょう)閟(と)ぢたり。

C: 임금 계신 궁궐은 천 리로 멀고 임금 계신 궁문은 아홉 겹으로 닫혀 있네.

A: 君耳唯聞堂上言. 君眼不見門前事.

B: 君(きみ)の耳(みみ)は唯(た)だ堂上(だうじゃう)の言(げん)のみを聞(き)く。君(きみ)の眼(め)は門前(もんぜん)の事(こと)をだも見(み)ず。

C: 임금의 귀는 그저 당상의 말만을 듣고, 임금의 눈은 문 앞의 일도 보지 않네.

A: 貪吏害民無所忌. 奸臣蔽君無所畏.

B: 貪吏(たむり)民(たみ)を害(がい)して、忌(い)む所(ところ)無(な)し。奸臣(かんしん)君(きみ)を蔽(おほ)うて、畏(おそ)るる所(ところ)無(な)し。

C: 탐관오리 백성을 괴롭히고 꺼리는 바 없고, 간신은 임금을 가려 두려워하는 바 없네.

A: 君不見, 厲王胡亥之末年, 群臣有利君無利.

B: 君(きみ)見(み)ずや、厲王(れいわう)胡亥(こがい)の末(すゑ)の
年(とし)に、群臣(ぐんしん)は利(り)有(あ)りて、君(きみ)は利
(り)無(な)かっしを。

C: 그대는 보지 못했는가, 주나라 여왕(厲王), 진(秦)나라 호해(胡亥) 말
년에, 신하들은 이득 보고 임금은 이득 없었던 것을.

A: 君兮君兮願聽此, 欲開壅蔽達人情, 先向歌詩求諷刺.

B: 君(きみ)たり[149]君(きみ)たり[150]、願(ねが)はくは此(これ)を聽
(き)きて、壅蔽(ようへい)を開(ひら)きて、人情(にんじゃう)を
達(たっ)せんと欲(ほっ)すとならば、先(ま)づ歌詩(かし)に向
(む)かひて、諷刺(ふうし)を求(もと)めよ。

C: 임금이여 임금이여, 원컨대 이 말을 들으시어 가로막힘을 열고 민
심을 알고자 하신다면, 먼저 노래와 시를 보고 풍자를 찾으소서.

〈해설〉

· 導人言(도인언): 백성이 생각하고 있는 것을 자유롭게 말할 수 있도
록 함.

· 言者無罪聞者誡(언자무죄문자계): 시가에 자기의 뜻을 노래한 경
우, 무엇을 말하든 말한 자에게 죄는 없으며 이것을 듣는 자에게 있
어서는 교훈이 된다는 뜻.

· 下流上通(하류상통): 상하간의 마음이 통함.

---

149 좌훈으로 「トシ」(きみとし)라고 적혀 있다.
150 좌훈으로 「トシ」(きみとし)라고 적혀 있다.

- 十代(십대): 진(秦)·한(漢)·위(魏)·진(晉)·송(宋)·제(齊)·양(梁)·진(陳)· 수(隋)·당(唐)의 10왕조.
- 郊廟(교묘): 교(郊)는 천지를 제사지내는 것. 묘(廟)는 조상을 제사지 내는 것. 이때 아악(雅樂)이 연주된다.
- 登歌(등가): 악인이 당상에 올라가 부르는 가곡.
- 樂府(악부): 원래 음악을 관장하는 관청을 말한다. 여기에서 지어져 관현을 타며 연주하는 가곡도 악부라고 부른다.
- 興諭(흥유): 무엇에 비유해서 깨우치는 일.
- 規刺(규자): 잘못을 고치고 간하다.
- 諷議(풍의): 풍간(諷諫)의 취지를 지닌 논의.
- 諫鼓(간고): 백성들이 천자에게 간하고자 할 때 두드리는 조정의 문 밖에 설치된 북. 신문고와 같으며 조고(朝鼓), 또는 등문고(登聞鼓)라 고도 불렸다. 당나라 시기에는 장안과 낙양에 두었다고 한다.
- 一人(일인): 천자를 말함.
- 負扆(부의): 의(扆)는 도끼 모양을 그린 병풍으로서 칸막이로 쓰였 다. 천자의 어좌 뒤에 세워지므로 부(負)라고 했다.
- 端默(단묵): 말없이 정좌하다.
- 百辟(백벽): 백관.
- 夕郎(석랑): 한나라 때 황문시랑(黃門侍郎). 매일 저녁 궁정 문을 향하 여 배례하므로 이렇게 말하였다.
- 德音(덕음): 인(仁)과 덕(德)이 넘치는 말. 당나라 때에는 천자의 조칙 를 이르는 명칭의 하나로 쓰였다.
- 春官(춘관): 예의(禮儀)를 관장하는 관리. 즉 예부(禮部)의 관원.
- 千里遠(천리원): 백성과의 거리가 천 리나 멀리 떨어짐.

· 九重閟(구중비): 몇 겹으로 닫히다.

· 厲王(여왕): 주(周)나라 천자의 이름. 파수꾼을 두고 자신의 욕을 하
  는 사람의 입을 막게 한 암군.

· 胡亥(호해): 진(秦)나라 2대 황제. 재상 조고(趙高)의 전황을 방임하여
  진나라를 망하게 한 암군.

· 雍蔽(옹폐): 천자의 눈과 귀를 가려 막다.

‖ 저자약력 ‖

‖ 대표저자

오미영吳美寧

이화여자대학교 경영학과 졸업
일본 慶應義塾大學 日本語日本文化研修課程 수료
한국외국어대학교 대학원 일어일문학과 석사과정: 문학석사
일본 北海道大學 大學院 문학연구과 박사과정: 문학박사
현재 숭실대학교 일어일문학과 교수

『日本論語訓讀史硏究 上‧下』(제이앤씨, 2006)
『韓日 初期飜譯聖書의 어학적 연구』(제이앤씨, 2011)
『新일본어학개설』(공저, 제이앤씨, 2012)
『유네스코가 들려주는 아시아 아홉 문자 이야기』(공저, 한림출판사, 2012)
『일본 논어 훈점본의 해독과 번역 上‧下─일본 동양문고 소장 『논어집해』를 대상으
    로─』(한문훈독연구회 총서 1‧2, 공저, 숭실대출판국, 2014‧2015)
『일본 천자문 훈점본의 해독과 번역─일본 동경대학 국어연구실 소장 『주천자문』을
    대상으로─』(한문훈독연구회 총서 3, 박문사, 2019)
『일본 중용장구 훈점본의 해독과 번역─일본 동경대학 국어연구실 소장 『중용장구』
    를 대상으로─』(한문훈독연구회 총서 4, 공저, 박문사, 2019)

‖ 공동저자

신웅철申雄哲

숭실대학교 일어일문학과 졸업
숭실대학교 일어일문학과 석사과정: 문학석사
일본 北海道大學 大學院 문학연구과 박사과정: 문학박사
일본 京都大學 大學院 문학연구과 외국인특별연구원(일본학술진흥회)
현재 경성대학교 한국한자연구소 HK연구교수

문현수文玄洙

고려대학교 국어국문학과 졸업
고려대학교 국어국문학과 석사과정: 문학석사
고려대학교 국어국문학과 박사과정: 문학박사
일본 北海道大學 大學院 문학연구과 연구생
현재 숭실대학교 일어일문학과 박사후연구원

정문호鄭門鎬

숭실대학교 일어일문학과 졸업
숭실대학교 일어일문학과 석사과정: 문학석사
현재 일본 北海道大學 大學院 문학원 박사과정생